细讲中国历史

从康乾盛世到惊天巨变

清

冯贤亮 著

上海人民出版社

序一

上海的郭志坤先生是我的多年老友。在十几年前世纪之交的时候，我同郭先生曾经有过一次非常愉快的合作，就是依照他的提议，共同编写了一本通俗讲述中国古代历史的图书，题为《中国古史寻证》，列入上海科技教育出版社“名家与名编——世纪初的对话”丛书出版。当时没有料到，这本书印行后博得相当不错的反响，使郭先生和我都觉得所作的一番努力是值得的。

以这件事为契机，郭志坤先生同我有不少次机会谈起历史学的通俗化问题。我们都认为，有必要组织编写一套系统讲说中国历史，将学术界的丰硕成果推广于大众的图书。郭先生精心拟出规划，并很快约请到多位学养深厚的作者，形成老中青结合的团队，投入了撰写的工作，其成果便是现在这套“细讲中国历史丛书”。

“细讲中国历史丛书”从夏商周三代写起，一直到最末的王朝清朝为止，全套共十二册。这套丛书的编写，贯穿了两条原则：就书的性质和对象来说，是“面向大众”；就书的体裁与风格而言，是“通俗化”。我认为郭志坤先生的这两条提得好，也提得及时。

先说“面向大众”。我近些年在不同场合屡次说过，历史虽不能吃，也不能穿，似乎与国计民生渺不相关，实际却是社会大众的一种不可缺少的精神需求。我们每一个人，不管从事什么职业，处于何种身份，都会自然而然地对历史产生一定的兴趣，这或许可以说是人的天性使然吧。一个人活在世界上，不但要认识现在，也必须回顾过去，这就涉及了历史。我从哪里来，又往哪里去，是每个人都会意识到的问题，这也离不开历史。人们不能只想到自己，还总会考虑到我们的国家和民族，这就更应该了解历史。社会大众需要历史，历史学者自当“面向大众”。

抗日战争时期，历史学前辈钱穆先生在西南联大讲授《国史大纲》，所撰讲义一开头便标举：“当相信任何一国之国民，尤其是自称知识在水平线以上之国民，对其本国已往历史，应该略有所知”，“否则最多只算一有知识的人，不能算一有知识的国民。”历史学者的工作任务，不应只限于自身观察历史、探索历史，更有责任把所认识、所了解的历史，原原本本地告诉广大的社会大众，使大家对历史有应有的认识和必要的了解。

特别是在今天，当我们的国家、民族正在走向伟大复兴之际，尤其有必要推动历史学“面向大众”。中国有五千多年的文明历史，我们的先人创造了辉煌而且源远流长的文化，对人类的发展进步做出过丰富卓越的贡献。我们有义务把这样的史实告诉社会大众，提升大家建设祖国、走向世界的凝聚力和自信心，从而为今后人类的发展进步做出更多更新的贡献，这应当成为历史学者的襟怀和抱负。

再谈“通俗化”。“面向大众”与“通俗化”是结合在一起的，要想真正做到“面向大众”，历史著作就必须在语言和结构上力求“通俗化”。

说起“通俗化”，我联想到我国“二十四史”之首《史记》的作者司马迁。司马迁是学究天人的大学者，是“读万卷书、行万里路”的典范，然而他撰著历史，引经据典，还是在通俗上下了很大功夫。比如他论述唐虞以来古史，自然离不开《尚书》，而他本人曾受学于《尚书》博士孔安国，亲得古文《尚书》之学的传授，然而他在引用《尚书》时，对于古奥费解的字词，都采用意义相同的字来代替，这应该说是在“通俗化”方面的重要创意。另外，司马迁还尽力将史事的叙述情节化，使之活现于读者眼前，无愧于历史家的大手笔。这都是后人需要学习的。

必须说明，“通俗化”并不意味着降低历史学著作的学术水准。相反的，编写“通俗化”的历史作品，实际是对作者设立更高的要求，绝不是轻易就能够做到的。在这里，我还想附带说一句，即使是专供学术界专业阅读的论著，其实也应当(而且也能够)写得简明流畅一些。不少著名的前辈学者，例如胡适、郭沫若、冯友兰等先生，他们的著作不都是这样的么？

“细讲中国历史丛书”是“面向大众”的，并且在“通俗化”方向上作了很大的努力。郭志坤先生还说过：“通俗，通俗，只有通，然后能俗。”这也很有道理。这十二册书是一个整体，作者们在上下五千年的一个“通”字上花费了不少精力，对于内容的构架和文字作风也下了一番苦功夫，相信这套书的读者都会体认到他们的用心。

李学勤

2014年8月17日

序二

我和李学勤先生在讨论历史学的通俗普及问题的时候，很自然回忆起吴晗先生。二十世纪五十年代末，吴晗以史学界权威和北京市副市长的身份，向学界提出：“要求各方面的学者、专家也来写一点通俗文章、通俗读物，把知识普及给民众。”吴晗不仅撰文提倡，向史学界游说，还亲自主编影响很大的“中国历史小丛书”。这段回忆让我们萌发了组织编纂“细讲中国历史丛书”的打算。

当我向李先生提交了编纂方案后，他认为，这对以史鉴今、以史资政、以史励人是极有意义的事，很值得编纂。随后，我们又把多年酝酿的编纂构想作了大致的概括：突破“阶级斗争为纲”和“残酷战争”描写的局限，注重于阶层、民族以及世界各国之间的友好交融和交流的记述；突破“唯帝王将相”和“否帝王将相”两个极端的局限，注重于客观反映领袖人物的历史作用以及“厚生”“民本”思想的弘扬；突破长期分裂历史的局限，注重阐述统一始终是主流，分裂无论有多严重，最终都会重新走向统一；突破中原文化中心论的局限，注重全面介绍中华文化形成的多元性和影响力；突破历朝官方（修史）文献的局限，注重正、野史兼用，神话传说等口述历史与文物文献并行；突破单一文字表述的局限，注重图文并茂，以考古文物图表佐证历史。

“细讲中国历史丛书”的编纂重在创新、面向大众和通俗化。李先生认为这一美好的愿望和构想，要付诸实施并非容易的事。他特别强调要组织专业队伍来撰写，并提出“让历史走向民众是史家们义不容辞的责任”。令我欣喜的是，精心撰写这部“丛书”的作者本身就是教师。他们中有的是学殖精深、卓有建树的史学名家，有的是常年立足于三尺讲台的传道、授业、解惑者，有的还是以“滔滔以言”享誉学界的优秀教育工作者，其中多为年轻的历史学博士。由这样一个教师团队来担当编写中国历史读物的重任，当得起，也信得过。

我们把编纂的原则性方案统一后，在同作者商议时遇上了某些疑虑：一是认为这类图书没有多大市场，二是认为通俗作品是小儿科，进不了学术专著之殿堂。经过一番调查分析后，我们取得了共识，一致认为，昨天的历史是创造明天的向导，从中可以汲取最好的营养，好的历史通俗读物是很有市场的，因为青年读者中普遍存在一种历史饥饿感。本套“丛书”的作者深感，编写中国历史通俗读物，历史工作者最有得天独厚的条件和义不容辞的责任。旅外学者得悉我们在编纂这套“丛书”，认为这是很有价值的，也很及时。美国纽约州立大学历史学博士张德文参加撰写并专门来信期待我们早日推出这套丛书。信中说：“在知识大众化、数字化的年代，历史学者不应游离在这个历史进程之外。个人电脑以及智能手机的普及，大大促进了微知识的渴求。在此背景下，历史学者的通俗表述为微知识的传播提供了必要的积淀和范本。”行文虽然不长，但一语中的，说清了普及历史知识的重要性。复旦大学历史地理研究中心邹逸麟教授、华东师大历史系王家范教授等读了“丛书”的文稿后还专门撰文评说，认为这既是一套通俗的、面向大众的历史读物，又是一套严谨而富于科学精神的史著，对于广大读者学习和发扬中华民族的爱国传统、学习和发扬中华民族的奋斗精神，为推动中华民族复兴的中国梦早日实现很有作用。

这一切，让我们得到莫大的鼓舞。作者在通俗方面作了极大的努力，他们中的不少人在写作中进行了刻苦再学习。从史实的查证，到篇章的构架，再到文字的通俗易懂以及图片的遴选，都花费了他们大量的时间和心血。丛书采用章节结构的叙史形式，目的在于从目录中就一目了然书中的大概内容。中国历史悠久，史料浩如烟海，读史者历来有“一部二十四史，不知从何读起”之叹，讲史时“以时间为纲”，即可以从纷繁中理出头绪来，再辅之以“专题为目”，这样在史料取舍上就更加突出主题、把握中心。细讲中注重故事取胜，以真实的历史故事吸引人、感动人、启迪人。图文并茂也是本丛书通俗化的一途。中国历来重视“右文左图”，以文注图，以图佐文。

通俗而雅，也是这套丛书的一大特色。雅者，正也。通俗不是低俗，亦不是庸俗，它是建立在科学和学术的基础上而展开的。把应该让读者知道的历史现象和历史观念用最浅显明白的方式告诉读者，这就是我们所需要并强调的通俗。本套丛书的学者们在撰写时一是力求在语言上的通俗，二是着力于情节中的通俗，继承和发展了太史公司马迁那种“以训诂代经文”的传统，把诘屈聱牙的古文经典用活了。所以说，深入浅出的通俗化工作更是一种学术活动。

为了增加生动性、可读性，作者尽量选择对某些有意义的人和事加以细讲，如对某些重大的出土文物的介绍评说，对悬而未解的疑问加以释惑，对后人误传误解的问题予以纠正，对某些典故加以分析，对某些神话传说进行诠释。在图表上尽量做到随文佐证。在每册图书之后增加附录，旨在增强学术性和通俗性：附录“大事记”，旨在对本段重大历史事件有个大致了解；附录“帝王世系表”，意在对本朝创业、守业和虚位之王的传承有所知晓；附录“历史地图”，在于对本段历史地理形势方位有个立体印象；附录“主要参考书目”，目的在于提供进一步学习本段历史的索引。

意愿和努力是如此，最终的结果如何？诚望读者鉴定。

郭志坤

2014年8月19日

目录

导语

清人的前身是女真族人。女真人长期居住在中国的东北地区。女真各部分裂涣散，派系林立，互相杀掠。后来，女真族中出了一个叫努尔哈赤的领袖。他统一了女真各部，被尊为“英明汗”，相当于汉民族所说的“英明领袖”。他宣布建国，国号为“后金”，年号为“天命”。此时，后金人与汉人之间既有斗争，又相互融合，把自己的崛起称为天命所归，就是一种汉化的观念。

在疆场征战十年后，鞍马劳顿的努尔哈赤去世了。接任的是皇八子皇太极，改元为天聪。之后是所谓的“五入长城”，屡次击败明王朝的军队。他在登上皇位十年的时候，即天聪十年（明崇祯九年，1636）称帝，改国号为大清，改年号为崇德。

这里可以讲一点有趣的掌故。

先说这年号。所谓年号，就是帝王纪元所立的名号，始于汉武帝建元元年。立年号的目的，或为纪念某一重大事件，或为表达某种意愿和向往。明、清两帝的名号之争，也真是挺有意思的。皇太极与明崇祯差不多是同时接任各自的政权的。明皇起了个年号叫“崇祯”，皇太极不甘示弱，排着名起年号，叫做“崇德”。什么意思啊？这是在损明朝的皇帝啊！你“崇祯”皇帝不是崇尚的是祯祥吗，你无非以为自己的皇位是“天赐祯祥”。我皇太极可不这样想，我皇太极崇尚的是“德”，有德才有祥瑞，才有皇位，因此叫“崇德”，“崇德”比你那个“崇祯”行，更时尚，也更文化。这么看来，在思想观念上，公允地说，皇太极的确是高出了一筹，当然也胜出了一筹。

再说那国号，也很有意思。“清”那实际上也是冲着明政权来的。在称帝之前，皇太极其人的汉学根底比人们想象的要深得多。他让人把《四书》、《五经》、《三国演义》、《大明会典》、《黄石公素书》、《武略》以及《宋史》、《辽史》、《金史》、《元史》这样一些经典和史册，翻译成新创的女真字，即满文，延请老师认真学习，为了学习汉文化，他有时彻夜不眠，决心是够大的。他在考虑国号“清”时，充分考虑了汉文化的丰富内涵。

汉人是相信阴阳五行的，皇太极利用了这一点。“清”是三点水旁，五行中属“水”。“明”，就是日、月相加为明，含有“火”义。水可克火，水可灭火，从五行相克的视角看，也应该是以清代明。这是第一义。

此外，还有文献上的依据。《诗经》上有“维清缉熙”一语。皇太极以为，那说得多好呀！“熙”就是光明，也就是“明”，“缉”就是缉拿，就是征服。这句话本身是一个含沙射影的“寓言”，是说清朝一定会征服明朝。这是第二义。

还有，在中国历史上，从来就有以清、浊区分人员群体的。明时朝政即有清流、浊流之说，为此，还有大的争斗，极而言之，成为党争。《尚书·尧典》有“直哉惟清”的说法，“清”意味着明澈、清纯、洁净、高洁。大概是皇太极目睹了明代后期的浊政，决心要建设廉洁的清政。在当时，他也许真是那样想的。这是第三义。

总之，以"清"为国号，皇太极既考虑到了最普通民众心目中的迷信因素，又考虑到了士大夫崇尚的文献依据，还考虑到了人们要求出现清廉政府的世俗要求。

这当然是一种伟大的承诺。

至于在清王朝自1636年改国号为"清"算起，到1911年被推翻为止的二百七十六年间，凡历十一帝，其间何时算得上清廉、清正，何时又浊流泛滥，那只有在读者诸君读完本书后才能真正清楚了。

顺治开国 01

山海关外

山海关，自秦朝修筑“万里长城”以来，一直是中国北方的军事要隘，也是一道文化屏障。以此为限，可以分为关内、关外，关外又俗称关东。到关外谋生的，过去多称“闯关东”。

这里，有广袤的东北大平原，松花江、牡丹江、黑龙江等大河交汇其间，土地较为肥沃。明代初期，在这里生活的主要部族是女真，分为野人女真、海西女真和建州女真三大部。明朝政府先后设立建州卫、左卫及右卫，授以建州女真首领为指挥使，对这些地方进行有效的管辖。至于后来建立的奴儿干都指挥使司，管辖范围包括了西起鄂嫩河，东至库页岛，北抵外兴安岭，南濒日

清太祖爱新觉罗·努尔哈赤

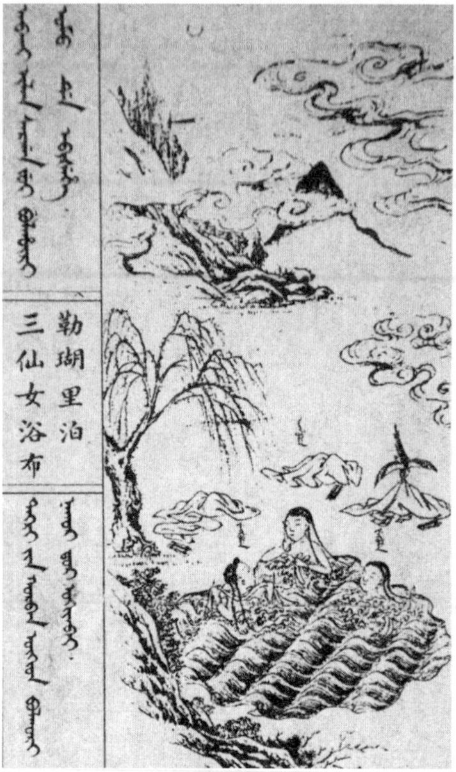

《清实录》满族起源传说版画

本海的广大地区，一时堪称太平鼎盛。

到了明代中后期，因各地叛服不定，王朝对于周边民族的统治已开始日渐疲弱。

万历十一年（1583），建州女真的首领努尔哈赤开始了统一女真各部的活动。努尔哈赤（1559—1626），姓爱新觉罗，号淑勒贝勒。入清后被尊为“太祖”，属于明代建州左卫苏克素护部赫图阿拉（今辽宁新宾）人。

努尔哈赤的先祖们，生于长白山地。长白山高二百余里，绵延长达一千余里。山上的闼门潭，周围有八十里，是鸭绿、混同、爱滹三江的发源地。会望气堪舆的人说，这个地方将会产生圣人，统一东北地区。

在长白山的东面，有布库里山，山下面是布尔瑚里池，相传有三个仙女曾在这儿洗澡。其中一个叫佛库伦，洗浴后，有一只神鹊衔了一枚红果放在她的衣服上，她就吃了，不料就此有了身孕，后来产下一个男孩。这个男孩生下来就会说话，体貌长得也很奇异。小男孩长大后，佛库伦跟他讲了这段奇事，并说：“天生汝以定乱国，其以爱新觉罗为姓，布库里雍顺为名。”讲完后，佛库伦就凌空而去。男孩后来果然被当地人拥戴为领袖，居住在长白山的东俄漠惠之野鄂多里城，号称满洲。

数传之后，就是努尔哈赤的祖上了。

努尔哈赤的祖父觉昌安，曾任建州左卫都指挥，后称景祖翼皇帝。他继承祖业，住在赫图阿拉。其他几个兄弟如德世库、刘阐、索长阿，各自筑城而居，近的只有五里，远的也不过二十里，环卫而居，通称“宁古塔贝勒”。

父亲塔克世，是觉昌安的四子，后称显祖宣皇帝，曾打败为患女真各部的硕色纳、加虎二族，由此强盛。曾任建州左卫指挥。

努尔哈赤是塔克世的长子，据传为母亲喜塔喇氏怀胎十三月而生，时为明朝嘉靖三十八年（1559）。努尔哈赤后来因不堪忍受继母的虐待，就离乡从军，投靠在明辽东总兵李成梁麾下。他为人大度，意志坚定，志向高远，且屡建战功，威望渐高。

觉昌安、塔克世曾随明军攻打建州右卫阿台，被误杀。为此，努尔哈赤一直耿耿于怀，立志报仇。明政府为释其怨恨，授予其建州左卫指挥。

到万历年间，为了全力统一女真，努尔哈赤实行“远交近攻”的方针，表面上与明王朝、蒙古、朝鲜都保持友好的关系。

到万历四十四年（后金天命元年，1616），努尔哈赤在赫图阿拉称汗，国号大金，史称“后金”。值得称道的是，努尔哈赤还创立了八旗制度。八旗制度规定，三百人编为一个牛录；五个牛录为一个甲喇；五个甲喇为一个固山。各级首领分别称牛录、甲喇和固山额真。每固山编为一旗，为正黄、镶黄、正白、镶白、正红、镶红、正蓝、镶蓝，共八色，故称八旗。它是一种兵、民合一的组织，平时生产，战时出征，

努尔哈赤建元即位图

是女真人攻占中原的根本力量。

后金的发展壮大，给明王朝的北方统治带来了极大的威胁。两者之间因此争战不休。万历四十五年，努尔哈赤以“七大恨”为由，誓师准备攻伐明朝。这七大恨是：我祖宗与南朝看边进贡，忠顺已久，忽将我二祖无罪而诛，一恨；我与北关同是外番，事一处异，二恨；汉人私出挖人参，遵约伤毁，勒要十夷偿命，三恨；北关与我同是夷属，卫彼拒我，畸轻畸重，四恨；北关老女改嫁西虏，五恨；逼令退地，田禾丢弃，六恨；萧伯芝大作威福，百般欺辱，七恨。

万历四十六年（1618）四月，努尔哈赤兵分两路，进攻明朝统治的辽东，正式与明朝决裂。不久，攻陷了抚顺、东州、渭河诸城，整个辽东大为震动。

此时，已有三十多年不理朝政的万历皇帝，恍若大梦初醒，知道边事已十分危急，遂任命杨镐为辽东经略，率杜松、李如柏、刘綎等部下，会同女真的叶赫部、朝鲜兵，号称四十七万，于1619年二月到达沈阳，准备分兵四路，围攻后金国都赫图阿拉。杨镐则坐镇沈阳，调度各军。当时连日大雪，给战事的展开造成了障碍，杜松、刘綎等人建议待机出战，遭到杨镐反对。而在努尔哈赤一方，早有准备，决定采取集中优势兵力歼灭明军主力的战术，先用六万兵力和明西路军主力三万人决战于萨尔浒河畔，西路全军覆灭，主将杜松战死疆场。努尔哈赤乘胜挥戈北上，与明北路军会战于尚间崖，明军再次大败，主将马林逃奔开原。努尔哈赤随即又率军攻击明东路军，这支军队一直艰难行进于崇山雪地之间，已经疲惫不堪，明军再次大败。看到这样的局面，杨镐急令南路撤兵。后金以少胜多，赢得了对明战争的第一次重大胜利。很快，努尔哈赤率军赴开原、铁岭，灭女真叶赫部，最终统一了海西四部。

天启元年（后金天命六年，1621），后金军队先后攻陷沈阳、辽阳，明辽东经略袁应泰被迫自杀。后金国都同时由赫图阿拉迁至沈阳。

1626年，后金利用明巡抚王化贞与经略熊廷弼的矛盾，攻占广宁等四十余座城市，将占领区推进到了山海关外。崇祯二年（1629）以后，后金军队多次进入京畿、山西等地，甚至屯兵到明皇陵所在的天寿山。

天启五年（1625），辽东的明军只有袁崇焕还坚守在宁远（今辽宁兴城）。次年正月，努尔哈赤亲率大军攻打宁远，为城上的红衣大炮击退，因久攻不下，被迫退兵。在七月份，努尔哈赤身患毒疽病死，

清“皇帝之宝”玉印

一些史料上则说，他是因炮伤过重而死。

努尔哈赤死后，皇太极继位。到1636年，皇太极称皇帝，改国号为“大清”，改族名为“满洲”。皇太极仿照明朝的建制，中央设置六部和内三院等机构；又在原满洲八旗外添置了汉军八旗、蒙古八旗。在十七世纪三十年代后期，皇太极不但统一了东北各地，还征服了蒙古各部。所有这些，都为清军入关创造了必要的条件。[①]

李自成进京

相对于关外“大清”日益强盛的发展态势，关内的明朝统治则显得疲惫不堪，天灾人祸不断。明军与清军在山海关外的战争已到了最后阶段。

崇德八年（崇祯十六年，1643），皇太极病死，年仅六岁的爱新觉罗·福临继位，在清代被尊称为世祖。由于年幼，由叔父和硕睿亲王多尔衮、从叔父和硕郑亲王济尔哈朗共同辅政。年号顺治，将第二年甲申年（1644）改为顺治元年。

在皇太极时代，汉人、清秘书院大学士范文程曾建议多尔衮应该趁中原内乱纷起，进入关内，占领北方地区。多尔衮统领了三分之二的满洲、蒙古兵准备入关。明降臣洪承畴上疏说，清军兵强马壮，中原流寇完全可以一举荡除，入关的目的，在于灭“贼”，建立大统。他提议：有抗拒者，必加诛戮，不屠民众，不焚庐舍，不掠财物。布告各府县，开门归降，官则加升，军民秋毫无犯；若抗拒不服，城下之日，官吏悉诛，百姓仍予安全；有首倡内应者，破格封赏，此要务也。②

多尔衮像

他们的策议，显然对多尔衮的军事行动产生了积极影响。

1644年，为清军的顺利入关创造良机的，是李自成进军北京。

当时，正处于三方鼎峙、相互牵制的复杂格局之下，北京地方官绅军民的心态与行动也是相当复杂的。反对农民军，是要维护明朝的大统；抵抗清军，是要保护民族国家的立场。明王朝的决策有时又游移不定，似乎“攘外必先安内”总是最后的选择。不曾想，农民军却很顺利地进入了北京。

早在1643年，京城流行一种怪病，说是有人身上长出赘肉，会化脓，然后暴死。到1644年初，又流行呕血病，十分恐怖。后来有人分析说，当时流行了鼠疫。同时天气也很糟糕，沙尘暴一日三见，少的时候隔两三天就会来一次。整座京城仿佛死城，使人感觉死亡随时都有可能降临到任何一个人的头上。

数量不菲的官员们在干什么呢？也许在祈祷禳灾，也许还在搜刮财物，当然也有可能真的是在“忧国”，因为大批暴怒的农民正在

孝庄皇后像

快速接近京城，关外还有清军铁骑的虎视，这都让他们坐卧不安。

三月份的一个夜晚，有个叫曹化淳的太监，居然不顾崇祯帝往日的信任，将外城西面的广宁门打开，使农民军顺利进城。十八日，早已在昌平投降的太监杜勋，还充当李自成的谈判代表，用软梯进入内城，要求崇祯逊位，遭到严词拒绝。

当天夜里，崇祯听说外城已被攻破，徘徊不能就寝，就同太监王承恩登上煤山（万岁山，今景山），望着城内，已经是烽火烛天。

两人回到乾清宫，崇祯写了朱笔手谕："成国公朱纯臣提督内外诸军事，夹辅东宫。"即命内臣将手谕拿到内阁。谁知那些阁臣早已逃走了。崇祯与皇后说："大事去矣！尔为天下母，宜死。"皇后恸哭道："妾事陛下十八年，卒不听一语。今日同死社稷，亦复何憾！"语气凄怆。崇祯叫左右进酒，连喝了十几杯后，大声传呼，让两宫娘娘与懿安后马上自尽，说："莫坏皇祖爷体面！"接着又叫道："传主儿来！"也就是他的三个儿子太子、永王和定王。三位皇子还穿着日常礼服，崇祯骂道："此何时，弗改装乎！"下令让内侍给他们换上破衣服，然后，拉着他们的手告诫道："社稷倾覆，使天地祖宗震怒，实尔父之罪也。然尔父亦已竭尽心力。汝今日为太子、明日为平人，在乱离之中匿形迹、藏名姓，见年老者呼之以翁、少者呼之以伯叔。万一得全，来报父母仇，无忘我今日戒也！"国破家亡之际的嘱托，更令人悲泣。崇祯到中宫，看到皇后已经自杀身亡，就到寿宁宫，十五岁的长平公主正在哭泣。崇祯叹道："汝何故生我家？"挥剑向她砍去，长平公主的左手臂立时断了。崇祯又到昭仁殿，将年仅六岁的昭仁公主砍死了。接着，在宫中被崇祯砍死的还有袁贵妃及妃嫔数人。崇祯又召王承恩进宫谈话。两人喝了一会儿酒，时漏下三鼓，就一起换了衣服，带了几十名太监，出东华门后，一路经齐化门、崇文门、正阳门、安定门，都没有可逃的生路。漏下五鼓时，他们回到了御前殿。崇祯拿着自鸣钟，要召集百官，结果一个人都没有来。崇祯绝望之下，遣散了太监，到煤山上吊自杀了。陪他自杀的，仍是王承恩。据记载，当时有人找到了崇祯死前留在衣服上的血诏。崇祯写道："朕登极十七年，致敌入内地四次，逆贼直逼京师。虽朕薄德匪躬上干天咎，然皆诸臣之误朕也。朕死无面目见祖宗于地下。去朕冠冕，以发覆面，任贼分裂朕尸，勿伤百姓一人。"也有记载血诏的内容是："朕之失天下，皆因文官不合心、武臣不用命，以致如此。文武可杀，百姓不可杀。"③两者内容大同小异，都充满了崇祯的自责之情、对百姓的爱护之心，甚至宁愿让人残毁他的尸体，以求不伤百姓一人。

第二天，在兵部尚书张缙彦的主动迎降下，农民军开始大批进入内城。一路上，市民百姓已得到招呼，都在门前摆设代表李自成政权的"永昌"香案，在门上写上"顺民"二字，以求平安无事。

王朝更替

农民军并未在皇宫中找到崇祯。到二十二日，经人传言，确知崇祯帝在煤山自缢身亡了。李自成下令，要对崇祯礼葬。

王朝的更替似乎就这样顺利地完成了。李自成也准备择日登基。但没过多久，有人开始大肆拷掠原明朝的官员，逼他们交出财物。抄家的军兵随处可见，普通士商都不敢上街，店铺闭门。京城的百姓深感恐惧。

四月中，城里忽然传出流言，说明朝气数未尽，原东宫太子将做皇帝，大明就会中兴。山海关守将吴三桂已在南下，准备投顺李自成，半路上得知家中被抄，一怒之下就剃发投清，回到了山海关。对于此举，明末清初著名的文人吴伟业曾有诗作，意思是说，吴三桂是因爱妾陈圆圆被掠，而有“冲冠一怒为红颜”之举。

吴三桂原是南直隶高邮人，父亲为提督京营的吴襄；吴襄因事下狱后，吴三桂就做了总兵，骁悍善战。李自成到北京，重新让吴襄提督京营，并封吴三桂为平西伯。吴三桂得知京城危机，带了五十万人马兼程赶往京城，到山海关时，京城已被李自成拿下了。吴三桂犹豫不决，不知是否应该归顺李自成。

李自成逼吴襄给吴三桂写信，说：“汝以君恩特简，得专阃任；非真累战功历年岁也，不过为强敌在前，非有异恩激劝，不足诱致。此管子所以行素赏之计，而汉高一见韩、彭即予重任，盖类此也。今尔徒饬军容，徘徊观望，使李兵长驱直入；既无批吭捣虚之谋，复乏刑格势禁之力。事机已去，天命难回；吾君已逝，尔父须臾。呜呼！识时势者，亦可以知变计矣！昔徐元直弃汉归魏，不为不忠；子胥违楚适吴，不为不孝。然以二者揆之，为子胥难、为元直易。我为尔计，不若反手衔璧，负锧舆棺。及今早降，不失通侯之赏，而犹全孝子之名。万一徒恃愤骄，全无节制，主客之势既殊，众寡之形不敌；顿甲坚城，一朝歼尽，使尔父无辜并受戮辱；身名俱丧，臣子均失，不亦大可痛哉！语云‘知子者莫若父’。吾不能为赵奢，而尔殆有疑于括也。故为尔计，至属至属！”大意是说，古来成大事者，无非识时务为俊杰者，人生在世，忠孝也可两全，要让吴三桂投顺李自成。李自成也适时地派人送去了白银四万两作为犒赏。④

吴三桂像

吴三桂看到父亲的信后，就带着精锐部队前往京城请降。半路走到滦州，遇到父亲的一个小妾及其奴仆，就很奇怪，问道：“吾家无恙乎？”回答：“籍之矣！”吴三桂急问：“吾父无恙乎？”回答说：“拘縶矣！”吴三桂终于明白，他的家早已被抄，父亲也被抓了起来。他厉声又问：“我那人亦无恙乎？”

“那人”就是指他的爱姬陈圆圆。至于吴三桂如何得到陈圆圆的，史料记载说法不一。吴三桂带兵出山海关后，将陈圆圆留在家中。李自成的手下闯到吴府，掠走了陈圆圆，献给了李自成。李十分惊喜，让陈演示歌舞，陈就用吴语唱了一会。李自成皱着眉说：“何貌甚佳，而音殊不可耐也？”觉得不好听，就让其他女子弹阮筝，自己拍掌相和。李自成就问陈圆圆：“何如？”陈圆圆说：“此曲只应天上有，非南鄙之人所及也。”后来李自成对她十分宠爱。也有记载说，陈圆圆是被刘宗敏所得，与李自成无关。

吴三桂得知陈圆圆被抢走后，大怒道：“大丈夫不能自保其室，何以生为！”由此率军入关，为祭其父缟素发丧。

这种解释，虽非完全符合历史，但影响较广，成为后来人们对于这段历史的一些基本认识，并大为流行。

李自成得知吴三桂反叛后，即亲率大军奔赴山海关前线，与吴三桂开战，结果大败而回。据记载，四月二十九日，农民军回城后，吴家大小三十四口，就全被杀掉。第二天清晨，农民军仓促撤出京城，开始向西安方向退却。

京城的百姓得知吴三桂胜了，以为明朝的太子将重建大明王朝，都在准备迎接。香案摆好了，路上已净水泼街，为了表示对崇祯的哀悼，许多官绅都穿着白衣，迎候在东郊。令人们感到惊异的是，进城的并非吴三桂，而是奇装异服、骑着马的满人。对此，有个“葫芦道人”在《馘闯小史》卷一中写道：当时“城中百姓俱不知……及至，则秃发长髯，语言不同，官民皆相顾失色”。

有人传信，要官绅们速速除去白衣，迎接大清的摄政王多尔衮。原来，吴三桂已受命不准进城，直接去追杀西去的农民军了。

1644年五月，清政府就向朝鲜、蒙古发出捷报，表明其胜利之姿态。清朝的大军进驻北京城，多尔衮住在宫中的武英殿，下令手下人等不许擅入民居，使百姓生活平安；归顺的明朝官员，予以加官进爵；同时，给死去的崇祯帝举行隆重的丧礼。

九月份，顺治的车驾进入了山海关，经过永平、通州来到京城，从正阳门入宫。十月一日，顺治携文武大臣们到南郊祭告天地，正式即皇帝位。这标志着清王朝定鼎中原的开始。

顺治十八年

顺治帝像

王朝变革给中国的地方社会与民众生活，显然带来了极大的影响。但如果从大的政治、制度变化来说，又显得平淡无奇，依然延续着中国几千年来朝代兴替的陈旧故事。

顺治朝很短，从1644年开始到1661年结束，不过十八年的光景。但这短短十八年，却开启了清代二百多年的政治、社会、经济、文化等方面的制度，树立了不少典范。

当时有学者认为，明朝的亡国，“三饷”也是一大原因。所以清人推出了“养民之道”，主要在于“省刑罚，薄税敛”，将明朝的“弊政”，特别是加派辽饷、剿饷、练饷等，尽行废止。依照原来“会计录”的标准收税，并且在很多地方下令蠲免逋负钱粮。为使田赋征收有章可循，顺治十四年又照明万历年间的征收则例颁布了第一个《赋役全书》。这是清朝政府较为宽松的一面，意在安抚民心。但是，顺治十八年出现的江南奏销案，却又展示了其实施严紧政治统治的另一面。

这一松一紧的政治策略，在清初十分明显。降臣、原明朝刑部侍郎金之俊曾有十条“十从十不从”的纲领性建议，堪为代表。基本内容是：“男从女不从，生从死不从，阳从阴不从，官从隶不从，老从少不从，儒从而释道不从，娼从而优伶不从，仕宦从而婚姻不从，国号从而官号不从，役税从而言语文字不从。”

金之俊在顺治元年（1644），以兵部侍郎的身份，要求清政府下令各平定之区，招抚“土寇”；有率众归顺的，地方州县可以编置牌甲。他的这些建议，全被采纳。这正说明一个民族的融合过程。明清鼎革以后，满汉民族之间在文化上经历了一个从剧烈冲突到磨合，进而逐渐融合的过程。

金之俊在清初成为了重要的阁臣。这位大学士身故后，得以荣耀地归葬故乡吴江县。

清立朝伊始，就在对汉族士大夫的笼络和驾驭上获得了成功，为其治国方略的有效实施奠定了很好的基础。这是十分值得称道的事。后来清廷又下诏举行博学鸿词科，请明朝的遗老遗少们编修《明史》，种种举措逐渐使士大夫们围绕在清政府的统治轨道上，为清朝的稳固和发展而努力。

范文程的贡献似乎更大。范文程的曾祖在明代做过兵部尚书，世居沈阳。文程少时即好读书，颖敏沉毅。天命三年（1618），努尔哈赤占据抚顺后，范文程与兄长一起去拜见他，受到努尔哈赤的赏识。努尔哈赤和他的部将们说：“此名臣后也，善遇之！”此后，范一直跟随努尔哈赤南征北战。皇太极时，仍是陪侍左右的重要谋士。范文程负责的工作，都是最机密的事。每次商议政事，皇太极一定会问一下：“范章京知否？”如觉得臣下策议中有不妥当的地方，又说：“何不与范章京议之？”当大家说是与范文程共商后才决定的，皇太极才会表示同意执行。⑤

在清朝的统一战争中，范文程不断建议说：“好生者天之德也。

兵者，圣人不得已而用之，自古未有嗜杀而得天下者。”国家要统一，必须安抚百姓，所以又申严纪律，“妄杀者有罪”。进入北京后，他建议用厚礼安葬崇祯帝。当时皇宫中一片灰烬，他又收集各种籍册文书等物，事无巨细，参与决策性的讨论。他特别指出，一定要革除明朝弊政。

顺治二年十月，江南已经基本平定，范文程又上疏指出：“治天下在得民心，士为秀民，士心得则民心得矣。宜广其途以搜之。请于丙戌会试后，八月再行乡试；丁亥二月再行会试。”他的策议，全部得到批准实行。范本人还充当了顺治三年、四年两届会试的主考官。

顺治三年参加会试中进士的宛平人张国宪，后任给事中一职，上疏说：“前朝厂卫之弊，如虎如狼，如鬼如蜮。今易锦衣为銮仪，此辈无能逞其故智。乃臣闻有缉事员役，在内院门首访察赐画。赐画特典，内院重地，安所用其访察？城狐社鼠，小试其端，臣窃谓宜大为之防也。”张的上疏也得到了批准，从此厂卫特务之祸始息。此事还被写入了《清史稿》，说明后世对张国宪为更定清初制度所作努力的肯定。

顺治帝性聪慧，善于绘画，侍从之臣往往以得到他的赏赐为荣。顺治的形象，据说有士大夫之风，并且以赐画结交名人墨客为常，又可以说是儒雅。于是也有人指出，顺治一朝的政绩实际与顺治帝本人无关，相反，清朝开国诸亲王中明智者，都能信用汉族官僚，所谓“以汉制汉”，说明清朝之有天下，并非偶然。但也因为顺治的怠政，造成了诸亲王、权贵的跋扈。

到顺治七年（1650）十二月，摄政的和硕睿亲王多尔衮死于喀喇城，年仅三十九岁。据说，他是死于好色，生前广搜八旗美女、蒙古有夫之妇，还让朝鲜方面选送女子给他。对于顺治，他可能觉得只是个小孩子，皇位也是自己让出来的，并未把顺治放在眼里。顺治叫他“皇父”，因为太后孝庄下嫁于他。

至此时，顺治终于可以追论多尔衮之罪，削其尊号，籍其家产，下诏说：“国家政务，悉以奏闻。朕年尚幼，暗于贤否，尚书缺员，其会推贤能以进。”显然，他对以往朝廷政治的认识一直是清醒的，只是慑于多尔衮而未能显露一二。

次年，顺治幽禁了阴谋作乱的和硕英亲王阿济格，其他党羽论罪不等。开始亲政的顺治，在御殿上接受百官朝贺，下诏大赦天下，说：“朕躬亲大政，总理万几。天地祖宗，付托甚重。海内臣庶，望治甚殷。自惟凉德，夙夜祗惧。天下至大，政务至繁，非朕躬所能独理。凡我诸王贝勒等及中外文武群臣，其各殚忠尽职，洁己爱人，利弊悉以上闻，德意期于下究。百姓亦宜咸体朕心，务本乐业，共享泰宁之庆。”顺治希望上下一心，共同治理天下，使百姓也能共享升平之乐。这是顺治的理想和抱负。这一年，他才十四岁。

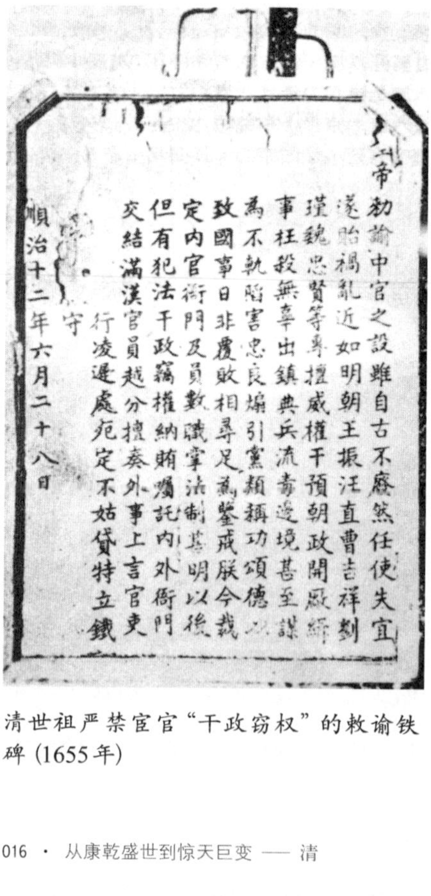

清世祖严禁宦官“干政窃权”的敕谕铁碑（1655年）

顺治的治政颇有开明之处，比如，鉴于明末宦官专权的教训，设立内十三衙门铁碑，严禁中官干政；信用洪承畴等汉族大臣，不拘满汉之嫌和明末党争门户之见，“从逆”(投大顺政权)的陈名夏、“阉党”(魏忠贤余党)冯铨均受提拔重用。顺治十年，他又下诏说“言官不得捃摭细务，朕一日万几，岂无未合天意、未顺人心之事。诸臣其直言无隐。当者必旌，戆者不罪”，鼓励臣下上书言事，对历史上一些著名帝王的治政得失也注意借鉴。他曾问历史上的汉高祖、汉文帝、东汉光武帝、唐太宗、宋太祖、明太祖孰优孰劣，秘书院大学士回答说唐太宗最好，他很不以为然，说：“明太祖立法可垂永久，历代之君皆不及也。”说明他对历代为政得失很有自己的见解。他也很清楚，边疆地区尚未完全平定，需要有一个较长的时间来完成。这样的统一大业，对于年轻的顺治而言，实在太沉重了。顺治九年，五世达赖亲赴北京朝见顺治帝。清廷赐其金册金印，并敕封“达赖喇嘛”的封号。这是顺治朝加强边疆控制较为值得称赏之举。

清朝颁发给达赖喇嘛的金印

清政权入关后的前十八年，基本上都属清王朝的开创阶段，平定中原，西征南伐，国基初定。正因如此，长期战乱后的中国还很不稳固，社会生产遭到了严重破坏，人民生活并不十分安定。为了巩固统治，顺治朝采取了一些加强中央集权、稳固地方统治以及恢复和发展生产的措施。

当时，名义上最高的中央行政机关是内阁，设有满汉大学士、协办大学士及学士，但实际权力不大。真正的权力中枢是议政王大臣会议，其成员都由满族贵族组成，又称“国议”。它的存在不仅与皇权相抵触，而且也影响到汉族上层对中央的支持。这种局面的改变，要晚到康熙时期，增设南书房，起到了削弱议政王大臣会议权力的作用。此后，从雍正七年（1729）设军机房，到雍正十年军机处正式成立，与顺治朝的权力结构有着一定的内在联系。军机处后来完全取代了议政王大臣会议，而且机构精简，行政效率颇高。

与明朝相同的是，中央还有吏、户、礼、兵、刑、工六部，长官均为满、汉各一人。理藩院是专门管理边疆民族地区事务的机构，其编制与六部相同，但官员全由满、蒙人担任。此外，还有都察院、大理寺、通政司、国子监等机构。

在地方上，行政机构大致分为省、道、府（直隶州）、县四级。其中省级长官为总督和巡抚，号称“封疆大吏”。比较特殊的是，在东北三省、蒙古、新疆、青海和西藏等地，设有特别行政区，加以行政管理。具体而言，在东北地区，清朝先后设置盛京内大臣、奉天将军、宁古塔昂邦章京、宁古塔将军及黑龙江将军等，对这一广大地区进行管理。在蒙古地区实行盟、旗制度，乌里雅苏台（今蒙古国乌里雅苏台）、库伦（今蒙古国乌兰巴托）及西宁（今属青海）等地任命将军、参赞大臣等官员，以特派大员的身份掌管本地区的军政大权。至于蒙古的重要事务，主要由中央理藩院具体掌管。在西藏，设有驻藏大臣，与达赖、班禅具有同等的权力和地位，共同管理当地事务。而在西南各省少数民族区，清初仍沿袭了明代的土司制度，这一制度直到雍正朝“改土归流”工作完成以后才得以改变。

军事上，清朝的军队主要分为八旗和绿营两种。八旗分为满洲、蒙古和汉军八旗。八旗军又分为守卫京师的“禁卫兵”和驻防全国各地的“驻防兵”。绿营兵则包括了马兵、步兵和水师等兵种，主要任务是镇守地方。

法制建设方面，清朝编修的《大清律》，内容基本承袭了《大明律》，但在司法操作中，清朝常常具有重例轻律的特点。当然，皇帝的有关谕旨、内外条奏，也都可以定为条例，让全国遵守。

至于在文化意识形态的管治方面，顺治朝可算仁厚。耶稣会传教士汤若望以渊博知识赢得顺治帝的器重和礼遇。顺治曾下令汤若望见他时免除跪拜，并屡加厚赐。他常常召汤若望至宫中，谈至深夜；还多次亲临汤若望住宅，“作较长之晤谈”，仅顺治十三、十四两年间临宅晤谈就达二十四次。汤若望在考察了当时的情况后说，“皇帝亲到民宅，这是非常稀少的事情”。这客观上为天主教在中国的传播营造了一种宽松的环境。然而，顺治四、五年间发生的“剩上人私史”案，一般认为是清代的第一起笔祸，却成了清代文字大狱之肇端。

汤若望像

顺治朝只有十八年。

在中国的南方，这十八年

里，一直演绎着一段悲壮的历史，使后世永远难忘。

清朝定鼎中原后，仍分兵继续消灭各地残余的农民军，横扫江南。顺治二年（1645）打下了南京，灭南明弘光政权，改南京为江南省。中央命大学士洪承畴总督军务，招抚江南，经略西南；洪承畴为此十分操劳，几乎双目失明。

弘光政权灭亡以后，南方各地的抗清斗争，逐渐汇集于隆武、鲁监国、绍武、永历等南明政权的旗帜下。志在抗清复明的士大夫，各自拥戴不同的藩王。

在浙江，弘光政权灭亡的消息传来后，原籍鄞县的明末官僚钱肃乐，联合号称“六狂生”的宁波秀才董志宁、王家勤、毛聚奎、华夏、张梦锡等人，在宁波举起反清大旗；原明定海总兵王之仁起兵响应。在这一事件的推动下，余姚、东阳等地都出现了抗清义军。余姚山中的一支义军，是由著名学者黄宗羲组织的。浙江地方义军和原弘光朝廷的官僚，将流落在台州的鲁王朱以海迎到绍兴，以监国的名义建立政权。在鲁监国的旗号下，义军控制了福建的长乐、永福、兴化、海口、福安等地。清兵南下浙、闽，鲁监国的军队接战不利，经营的地盘相继失去。大臣张煌言、武将张名振等奉朱以海占据舟山。顺治六年，清军攻下舟山。朱以海沿着金门、天台一带逃亡。顺治八年，张煌言劝说朱以海去鲁监国名号，接受永历政权的辖制。

唐王朱聿键像

清顺治二年闰六月，差不多与鲁监国建立政权同时，原弘光朝廷委任的镇江总兵郑鸿逵、南安伯郑芝龙、礼部尚书黄道周、福建巡抚张肯堂等人，迎奉唐王朱聿键在福州称帝，改福建为福京，福州为天兴府，建元隆武，由郑氏兄弟主持军事，黄道周为首辅，张肯堂为左都御史，政权粗具规模。隆武政权得到了福建以外各地义军的拥护。明湖广巡抚何腾蛟招抚了李自成的部将李过、郝摇旗、袁宗第、王进才等以及左良玉的旧部，号称荆、襄十三家军，也投到隆武的旗帜下。朱聿键被推上皇帝宝座后，对邻近的鲁王政权一直有所猜忌，对明末农民军的余部也不是很信任。因此，各派抗清力量根本无法真正联合起来。朱聿键的主要依靠是郑芝龙的军事力量，郑芝龙本是福建沿海一带的海盗头目，后来接受明朝的招安。他虽然拥立朱聿键，但对反清复明其实并不热心。降清的明朝大臣洪承畴又和他是同乡，二人私下里早有秘密往来。

黄道周像

黄道周出师北伐，是隆武政权下最壮烈的一幕。黄道周的弟子大多散布江西，他就请求去江西募兵。朱聿键要郑芝龙资助粮饷，郑一文钱都不给。黄道周无奈，凭着朱聿键发给的密札，招来门下约百人，但闻风而至的群众有数千人，大家没有武器，就用农具、木棍装备起来，号称“扁担兵”。黄道周的夫人还组织了“夫人军”作为后援。他们北伐至广信府后，准备攻打徽州，结果大败，黄道周被清兵俘获，不屈而死。在他穿的袍子上，还有用血写的“大明孤臣黄道周”七个大字。郑芝龙后来以征剿海寇为名，自己回到南安老家，完全不顾朱聿键的安危。不久，这位隆武帝在福建汀州被俘，后死于福州。

郑芝龙降清后，清廷没有对他封王，也没有任命他为闽粤总督，而是把他送到北京，做了“寓公”，后因其子郑成功不肯投降，就把他处死了。

隆武政权的大学士苏观生在朱聿键死后，到广州拥立朱聿键的弟弟朱聿𨮁称帝，建元绍武。绍武政权根本没有来得及和清军交手，李成栋率领的清兵就打进了广州城。这个政权只存在了四十天。

隆武政权灭亡后，原弘光朝廷的两广总督丁魁楚、广西巡抚瞿式耜等，在广东肇庆拥立桂王府永明王朱由榔，建立了永历政权。这个政权地盘不小，占有两广、湖广、云南、贵州、四川、江西等地，但核心在广西，由瞿式耜镇守桂林，形势一度比较稳定。

永历政权是南明政权中历时最长的。包括大顺军余部在内的荆、襄十三家军，以及张献忠的部将李定国、孙可望等，先后归附永历政权，在一定程度上实现了南明政权和明末农民军的联合抗清。在明末官僚中，何腾蛟、瞿式耜都是比较开明务实的人物。但永历政权下的官兵派系重重，矛盾也深，同样无法真正团结在一起。郝摇旗就因受不了官军的歧视，与刘体纯等人仍然屯兵在荆襄地区，后来发展为夔东十三家军，永历政权也管不了，从而削弱了抗清的力量。

但是，在顺治四年，情况有了一点改变。在广东的清军大将李成栋和在江西的大将金声桓等，分别在广州和南昌打出了反清的旗号，表示依附永历政权。李成栋还派人接朱由榔回到肇庆，并与金声桓一起策划夺取赣州，打开广东北上江西的通路。这一变化，使永历政权得到了极好的发展机会。不久，何腾蛟的部将收复了全州，瞿式耜的部将围攻永州，李过、高一功攻打长沙，北上汉水。不过，李成栋与金声桓二部未能实现协同作战的计划，也没能与永历政权的其他力量有效联合，只维持了一年时间，他们都被清军逐一击败。

顺治六年初，湖广地区以荆襄十三家军为首的抗清武装因内部矛盾，致使首将何腾蛟被清兵俘杀，抗清力量被瓦解。顺治七年底，清兵大举攻入广西，瞿式耜、张同敞（总督，张居正的后人）都被捕杀，桂林丧失，永历政权在广西无立足之地。朱由榔只好依附孙可望、李定国，辗转至贵州、云南等地。孙、李二人却为了争夺权位，矛盾激化。顺治十二年，李定国奉朱由榔至昆明。孙可望则由贵州进攻云南，被李定国打败后投降。顺治十五年，清军分三路进攻云南，永历政权由昆明退到永昌（今保山），由永昌退到腾越（今腾冲），再由腾越逃入缅甸。李定国沿怒江一线设了三道埋伏，都被吴三桂攻破，但是也遏制了清兵穷追猛打的势头。后来到康熙元年（1662），缅甸当局把朱由榔移交给清政府，吴三桂用弓弦将他绞死，一说是被逼死的。李定国得知这一消息，也悲愤而死，坚持了差不多十五年的永历政权，由此灭亡。南明的历史宣告终结。

在顺治朝的前八年，顺治本人基本无所作为，政权为多尔衮等把持。此后十年间，军事上的进展主要依靠洪承畴与降将吴三桂、尚可喜、耿继茂等统帅的满汉联军镇压抗清武装力量，使南明最终灭亡。政治上，依靠的是满汉文臣的共同辅佐。这就使清朝的开国局面逐步走上正轨，为以后康乾盛世的到来，奠定了重要基础。

顺治八年，十四岁的顺治大婚，皇后是蒙古亲王吴克善之女，原是多尔衮所选，因而顺治一开始就不满意，过了三年就废了。十九岁时，他又热恋弟媳妇襄亲王妃，痴心多情，使他弟弟羞愤而死，顺治乘势将弟媳妇纳入宫中，封为贤妃。据说，这就是著名的董鄂妃，是建州董鄂部人，当时她才十八岁，入宫才一月，被晋封为皇贵妃，次年产下一子，封为崇亲王，顺治还希望立为皇太子，不料夭折了，这是顺治十五年正月的事。到顺治十七年八月，董鄂妃也死了，顺治更是伤心，几欲自杀，还剃了头发，说是要出家当和尚，被太后阻止。

顺治在宫中的养心殿死时，年仅二十四岁。关于顺治的死因，历来众说纷纭。

《清实录》中这样记录道：顺治十八年正月壬子（初二日），“上不豫”，很快病情加重；初六日夜，“上崩于养心殿”，接着遗诏迅速颁示天下。从顺治生病到死亡极短的时间内，宫中的活动都是在消灾祈福，还派人传谕“京城内除十恶死罪外，其余死罪及各项罪犯悉行释放”。⑥

据考证，顺治死于痘疫。也有人考证说，他的确是到五台山出家了。他的遗诏是孝庄太后主持拟的，顺治在遗诏中的自责其实是孝庄对其不满的表达。后一说法没有什么确证，不太可信。不过，顺治与一些和尚往来后，喜好佛法，颇悟禅机，向佛之心可能也是有的。据说，宁波天童寺的一位长老就讲过，顺治曾自言其前身是和尚，礼佛之情甚殷。

顺治临死之前的遗诏，是对自己一生的评价，罗列了十四条罪过，堪称“罪己诏”。这份遗诏，还经过御前大臣的三次修改。在遗诏中，首先，顺治自谦从亲政以来，“纪纲法度，用人行政，不能仰法太祖、太宗谟烈，因循悠忽，苟且目前”；皇太后慈育的隆恩，也无法回报，反而让太后哀痛，“是朕之罪”；接着，在诏书中一一罗列自己的“罪过”，包括不能很好地使用人才，财政问题不能很好地解决，生活上靡费甚多，与廷臣接见也比较稀疏，好虚文之举，不能省改，等等。最后，他在诏书中要求：“命内大臣索尼、苏克萨哈、遏必隆、鳌拜为辅臣”，忠心辅保幼主玄烨。

不过，《清史稿》卷五《世祖本纪二》结尾，对顺治一生有很高的评价：“顺治之初，睿王摄政。入关定鼎，奄宅区夏。然兵事方殷，休养生息，未遑及之也。迨帝亲总万几，勤政爱民，孜孜求治。清赋役以革横征，定律令以涤冤滥。蠲租贷赋，史不绝书。践阼十有八年，登水火之民于衽席。虽景命不融，而丕基已巩。至于弥留之际，省躬自责，布告臣民。禹、汤罪己，不啻过之。”

顺治的宽仁爱民、勤政理国，是应该肯定的。这是后来人对顺治的认识，也是对这个年轻君王不幸人生的一种体谅。

注释：

① 本节参考（清）蒋良骐：《东华录》卷一，齐鲁书社2005年版。

②（清）蒋良骐：《东华录》卷四，齐鲁书社2005年版。

③（清）徐鼒：《小腆纪年附考》卷四。

④ 本节参考（清）徐鼒：《小腆纪年附考》卷四。

⑤《清史稿》卷二百三十二《范文程传》。

⑥《清世祖实录》卷一百四十四，“顺治十八年辛丑春正月”条。

康熙大帝 02

康熙继位

顺治十八年辛丑，正月初七日，世祖顺治皇帝驾崩。世祖三子、时年八岁的爱新觉罗·玄烨（1654—1722）继承皇位，是为圣祖，改明年为康熙元年。没有几天，新皇帝康熙继位的政令，就传达到了各级地方基层政府。

据说，康熙幼年时，就表现出了非凡的识见。六岁时，有一次与二兄福全一起向顺治请安。顺治问他们以后有什么愿望要实现，福全答道："愿为贤王。"但玄烨说："愿效法父皇。"这让顺治感到玄烨这个小孩非同寻常。

金庸的小说《鹿鼎记》，使韦小宝与年轻的康熙家喻户晓，也让很多人知道了鳌拜。鳌拜是四位顾命大臣之一，仗着年轻时立有不少军功，地位不断攀升，顺治十四年时，已是太子太保兼少保了。康熙登基不久，他利用权谋，整死了不少政敌，到康熙六年，就连另一位顾命辅政大臣苏克萨哈也被他下套绞死了，株连数十家人同死。至此，他大权在握，专横跋扈，朝野上下没有人再敢和他顶撞，这让年轻的康熙皇帝深感不安。康熙决心整治鳌拜等人。

康熙皇帝像

康熙八年（1669）五月，和往常一样，十六岁的康熙处理了日常政务，升黄机为吏部尚书、郝惟讷为户部尚书、龚鼎孳为礼部尚书，起用王弘祚为兵部尚书，这些都是重用汉人的大措施，似乎与乃父的政治路线并无二致，也没有什么让人感到异样的地方。过了几天，康熙就突然下诏逮捕专权的顾命大臣鳌拜，进行审查。此举让朝野上下十分震动，也使人们看到了康熙的过人之处。原来，康熙为擒鳌拜，深谋远虑。

康熙深知，鳌拜行伍出身，孔武有力，很难生擒，为此，他早就在侍卫当中挑选年少有力的数人，训练扑击之术。这次当鳌拜上朝时，就以迅雷不及掩耳之势，将他拿获。康熙严肃地指出："鳌拜于朕前办事，不求当理，稍拂意之处，即将部臣叱喝"；引见官员时，"鳌拜在朕前，理宜声气和平，乃施威震众，高声喝问"；科道官上疏奏事时，"鳌拜屡请禁止，恐身干物议，闭塞言路"；凡在用人行政的决策时，"鳌拜欺朕专权，恣意妄为……文武各官尽出伊门下，内外用伊奸党，大失天下之望"……所谓"种种恶迹，难以枚举"。

过了两天，朝廷就讨论鳌拜的罪状，大家列举了三十款，要求实行族诛。但康熙并没有完全这样做。他说:“鳌拜愚悖无知,诚合夷族。特念效力年久,迭立战功,贷其死,籍没拘禁。”下令将其弟弟、侄儿和几个党羽杀掉,其他的相关人员只做遣黜的处罚而已。

他还经常告诫年幼的王子们要多读书,多学习骑射,绝不允许恃贵放纵。

鉴于明亡的教训,康熙很注意整肃吏治,严禁朋党,推行措施十分果断。比如,为了沿袭皇太极、顺治时代的汉化政策,反对满蒙贵族圈占汉人田地,在康熙八年,他下令将一部分明代藩王所占的田地,退还给原耕种的农民,并且可“世业”。由于这种做法仅变更了田主的姓名,实际耕种者依然不变,所以就称“更名田”。第二年又规定,“更名田”田户不用再交纳原来的“租银”,而与其他民户“一例输粮”。此项政策与废止“圈地”于同年颁布,既阻止了满族贵族的非法私欲,也安抚了民心,确属明智之举。

朝廷内部的问题得到解决后,康熙决心“撤藩”,从根本上消除地方权臣或武将的割据,加强君主集权,从而巩固中央王朝。因此,就有了“平定三藩”之举。

三藩之乱

“三藩”原为清初所封的三个汉族藩王,都在清初的统一战争中立有较大的功勋。除了镇守云南的平西王吴三桂外,其他两个均已由其子孙袭爵,他们分别是镇守福建的靖南王耿精忠(耿仲明之孙,耿继茂之子),镇守广东的平南王尚之信(尚可喜之子)。

吴三桂在云南昆明杀掉南明永历帝后,就被清廷晋封为亲王,坐镇云贵一带。而耿仲明、尚可喜则率军帮助清军迅速荡平了广东以后，分别坐镇福建与广东。吴三桂在当时降将中的威望，远远高于孔有德、耿仲明、尚可喜等人。

耿仲明父子相继病死后，由其孙耿精忠袭爵。到顺治末年，南方事实上已是“三藩”的天下，并构成了三方鼎足之势，与地方割据没什么两样。当然，其中实力最强的，就是吴三桂。

当时，吴三桂拥有旗兵五十三佐领，绿营兵六七千。他原来的部将又分别担任陕西、贵州提督与四川总兵，所谓“四方精兵猛将，多归其部下”。他自己在云贵一带圈占民田，广征关市，开矿铸钱，经济与军事力量同样雄厚。清政府的法令约束，在吴三桂这边根本不起作用。

康熙六年的时候，吴三桂就听说有“撤藩”之议，以“两目昏瞀，精力日减”为理由，请求清廷解除其总管云贵两省的事务，实际是在试探动向。康熙帝抓住时机，果断同意辞呈，解除其云贵总管事权，表面上还客气地说：“如边疆遇有军事，王自应经理。”还派人去云南，看望吴三桂。吴三桂显然不太高兴，就挑动苗、蛮两族争斗，以边疆需用兵镇压为借口，向朝廷索要军饷，结果“藩属将吏士卒糜俸饷钜万，各省输税不足，征诸江南，岁二千余万”。吴三桂骄恣日甚。

康熙十二年又因尚可喜归辽东之请，拒绝其子尚之信袭爵，进而又以“藩镇久握重兵，势成尾大，非国家利”，决定撤去三藩，令三藩兵丁全数撤到山海关外，并于该年八月派大员分赴云南、福建、广东，实施撤藩。吴三桂眼看大势将去，又不甘覆没，即于同年十一月举兵反清。为掩盖其私心，盗用“复明”名义，伪称拥立前明“三太子”，自任“兴明讨虏大将军”、“总统天下水陆大元帅”，移檄耿、尚及各地前明官吏将领，并邀约台湾郑经共同讨清。

反清檄文中提到了“朱三太子”，说是“刺股为记，寄命托孤”。在北京，果真有个人叫杨起隆，以“朱三太子”为号召而起义了。当时谣言四起，人心惶惶。有意思的是，天地会后来也拥戴朱三太子，对吴三桂寄予了很高的期望。康熙四十五年左右，天地会首领、浙江大岚山的一念和尚（俗名张念一），也奉“朱三太子”为名起义，结果一样失败了。“朱三太子”在山东蓬莱县李家，是已年老的教书先生，康熙四十七年被拿获。

“朱三太子”朱慈焕在明末尚是一个小孩，后来当了和尚，在浙江又还了俗，娶了妻。到他被捕时，已是一个垂垂老者，哪里还有什么精力去搞谋反活动。所以他被押到杭州后，在审讯中这样辩解说：“七十年来，改易姓名，冀以避祸，今年七十五岁，血气已衰，鬓发皆白，尚敢有谋反之事乎？”那个一念和尚也坦白说：“原是假他名色，以鼓动人，委实不认识他。”看来，这个老头实在是无辜被连累了。但朝廷却以其“虽无谋反之事，未尝无谋反之心”的理由，将朱慈焕及其子嗣全部杀害。后来，雍正在《大义觉迷录》中也说：“从前康熙年间，各处奸徒窃发，动辄以‘朱三太子’为名，如一念和尚、朱一贵者，指不胜屈。”

康熙十三至十五年，吴三桂进兵湖南，耿精忠、尚之信在福建、广东举兵，台湾的郑经渡海进兵泉、漳、潮，广西、四川、陕西也纷纷叛清，一时声势浩大，震惊朝廷。

年轻的康熙果断地决定，先派兵集中打击势力最大的吴三桂，然后再慢慢对付耿、尚。不久，叛清阵营内部发生了分裂。耿精忠因与郑经争夺漳、泉，被迫再次降清。在此之前，陕甘提督王辅臣已率先投降。吴三桂失去了左右的配合，在湖南战场陷于孤立。后来尚之信也降清了，整个战局对吴三桂越显不利。

康熙十七年 (1678) 三月，战争已持续了六年，局势日蹙。六十七岁的吴三桂为了稳定日益低落的军心，在衡州称帝，改国号为“周”。三桂采取了一系列开国的措施，大封将相功臣，制定新的历法，在云、贵、川、湖地区举行乡试；在衡州建造宫殿，并于衡山设坛，准备举行郊天大礼，接受部下的朝贺，不料适逢大风雨，典礼就草草结束了。不久就生了重病，史料上说是“病噎”。八月份，“又病下痢，噤不能语”，很快就死了。

康熙十八年清廷先后平定湖南、江西、陕西、四川、广西，大军进取云贵。康熙二十年，清廷三路大军会师，围攻昆明，十月城破，吴三桂的孙子吴世璠势穷自杀。三藩之乱终告平定。

收复台湾

作为康熙统一大业的另一重要事件，便是从郑成功之孙郑克塽手中收回台湾。

郑成功像

郑成功在永历的旗号下，进行了较长时间的抗清斗争。郑成功本名森，隆武帝对他十分喜欢，赐姓朱，所以后来人称“国姓爷”。父亲郑芝龙降清后，郑成功深以为耻，举起“背父救国”的大旗，他的队伍都用隆武

崇福寺碑，记载了康熙三次率军平定准噶尔部噶尔丹叛乱的事迹。

年号，隆武政权失败后改用永历年号。郑成功将中左千户所（今厦门）改为思明州，作为抗清的根据地，并积极准备北伐。到顺治十五年为止，他发动三次北伐战争，成为清廷统一中国东南的最大对手。顺治十六年，郑成功自任招讨大元帅，以张煌言为监军，联合北伐。此次军事行动规模较大，共出动水陆大军十七万，分八十三营。他们在崇明岛登陆以后，连续攻破瓜洲、镇江，包围了南京，使清廷大受震动。可惜的是，由于轻敌和指挥上的失误，他们对南京的围攻最终失败，郑成功被迫撤回福建。而在皖南徽州征讨的张煌言，因势单力孤，也被清军打败，他在浙东的抗清斗争维持到康熙三年被捕牺牲为止。

郑成功退回福建后，自思北伐暂无取胜的可能，决定从荷兰殖民者手中夺回台湾岛，以之作为反清的根据地。

荷兰人早在明朝天启四年（1624）就进入了台湾，后来从西班牙殖民者手中夺取了整个台湾岛。顺治十八年，郑成功率领舰队，直攻台湾，只经过几个月的战斗，荷兰人就投降了。郑成功在台湾推行了十分有效的政治、经济、法律和教育措施，为台湾经济和文化的发展奠定了重要基础。

康熙二十二年，清廷派福建水师提督施琅进攻台湾，从六月十九日攻破澎湖列岛开始，七月十九日就打入了鹿耳门，进入台湾本岛。二十二日，无奈之下的延平王郑克塽，率领故明鲁王第八子朱柏等人，奉表归降。[①]随后，清廷设立台湾府，下辖台湾、凤山、诸罗三县，归台湾、厦门巡道管理。

到康熙二十二年为止，清朝已经成功地将原明朝的版图全部占取；此后，又成功地抵御了沙俄对东北边境的侵犯，签订《尼布楚条约》；康熙曾三次亲征，平定了准噶尔部噶尔丹的叛乱；晚年派军进入西藏，镇压了策妄阿拉布坦的叛乱，稳定了西藏局势。康熙的“武功”实在显赫，为大清的全盛和版图的稳固，奠定了极其重要的基础。

开明治世

另外，康熙开明的气概，也很令人钦佩。

康熙亲政后，依据汉制，改内三院大学士为殿阁大学士，请侍臣讲解汉族文化经典，广泛接见理学名士。

康熙一朝文化典籍的整理编修工作也很出色。例如，编纂完成

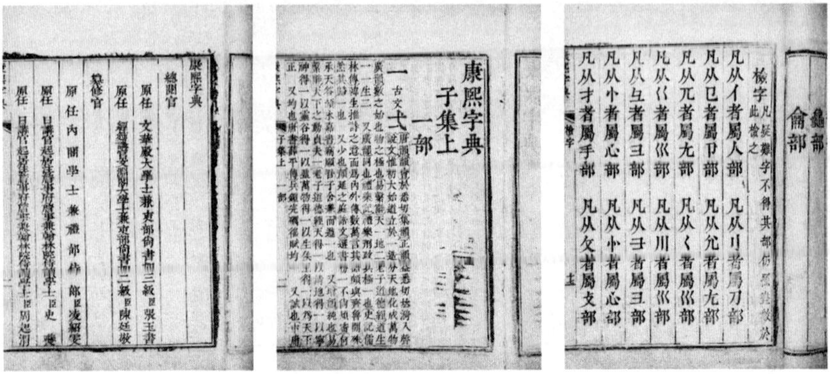

《康熙字典》书影

了《康熙字典》、《皇舆全览图》、《全唐诗》等；开馆修史书，启动了《明史》、《古今图书集成》的编纂工程。

《明史》编修工作急需那些绩学能文之士。康熙下令要开启博学鸿词科，无论现任及已仕、未仕、布衣、罢退之士，不管是京城的还是外地的，除翰林外，均准予荐举，以罗致真正的饱学之士。

清廷在康熙十八年(1679)三月初一日始，正式开设"博学鸿词科"，希望消弭海内漠视新朝之心，网罗天下士子，为清朝服务。

当时推荐到京城的，总计有183人，主要有直隶省推荐的15人、江南67人、浙江49人、山东13人、山西12人、河南5人、湖广6人、陕西9人、江西3人、福建3人、贵州1人，正在打仗的省份都未参与。经过体仁阁面试，共取50人，一等彭孙遹等20名，二等李来泰等30名，后来都安排纂修《明史》。这项制度没有强制性，像誓死不就的顾炎武、傅山、李颙等人，都未作追究，使他们保持了"清高名节"。著名思想家黄宗羲自誓不仕新朝，但是，他却派他的儿子黄百家和学生万斯同参与《明史》的编修工程。后来在雍正十一年、乾隆元年、乾隆十七年都重开此科。这几次开“博学鸿词科”，号称“得人最盛”。②

黄宗羲像

康熙极为重视从历代治乱兴亡史事中，吸取治政经验，广泛阅读史籍。晚年还告诫臣僚说：过去梁武帝也是创业英雄，后至耄年，为侯景所逼，于是有“台城之祸”；隋文帝也是开国君主，却不能预知炀帝之恶，以致国运不克全终。类似的情形，历史上还有不少，都是由于不能及早察知；至于汉高祖传遗命给吕后，唐太宗定储位于长孙无忌，朕每览之，也深以为耻。所以，他主张要以史为鉴，要善于洞察奸恶并及早杜绝。他还说：我已年近七旬，在位五十多年，天下也算粗安，四海尚属承平，虽然未能做到移风易俗、家给人足，但是，时刻都怀着小心谨慎的态度，夙夜不敢懈怠，殚心竭力，数十年如一日；有人说，帝王只需大纲，不必躬亲细务，朕觉得不对；在朕看来，一事不谨，即贻四海之忧，一时不谨，即贻千百世之患。都要谨慎啊！这些话颇有见地。

康熙五十二年（1713）三月初，康熙与臣下讨论时指出，国家安定才是真正的康安，才是天下人的福气，也是他的福气，不应只为他祈福保安。所以又说：“各省祝寿老人极多，倘有一二有恙者，可令太医看治。朕于十七日进宫经棚，老人已得从容瞻觐。十八日正阳门行礼，不必再至龙棚。各省汉官传谕知悉。”要求优待天下高寿老人。不久就是万寿节，康熙到太和殿接受百官的朝贺，下令要赐高年、举隐逸、旌孝义、蠲逋负、鳏寡孤独无告者官为养之、罪非殊死咸赦除。请各地官民六十五岁以上的，赐于畅春园大宴；八十岁以上的老人，由他亲自敬酒。这天参与畅春园大宴的，九十岁以上有三十三人，八十岁以上有五百三十八人，都获得了朝廷的赏赐。

康熙五十四年，四月初二，策试天下贡士于太和殿时，康熙说，尽管现在国家在他的治理下，安定已有五十余年，但他还是夙夜担忧，古代的帝王都是“谨小慎微”，“克终厥德”，这样才能久安长治。他告诫大臣说：“朝野内外，保无有习于恬嬉以疏略而渐几丛脞者乎？”③这都说明康熙时刻提醒自己也警示臣下要居安思危，才能保持长治久安的局面。

康熙五十六年十一月，皇太后病重，康熙十分不安，要为太后祈福，同时下诏说：“帝王之治，必以敬天法祖为本。合天下之心以为心，公四海之利以为利，制治于未乱，保邦于未危，夙夜兢兢，所以图久远也。”这是帝王的责任，也是康熙为政的自况。对自己五十多年的帝王生涯，他作了一个自我评价：“朕自幼读书，寻求治理。年力胜时，挽强决拾。削平三藩，绥辑漠北，悉由一心运筹，未尝妄杀一人。府库帑金，非出师赈饥，未敢妄费。巡狩行宫，不施采绩。少时即知声色之当戒，佞幸之宜远，幸得粗致谧安。”他强调“天下大权，当统于一”，国家统一，社会安定，是最重要的事。

十一月二十一日，康熙在乾清宫东暖阁，召见众皇子及满汉大臣，作了一次谈话。康熙的这次“面谕”，据说大部分都在后来的遗诏中出现了。康熙从他小时读书讲起，将生平得意之事作了重要概括后，对太子的册立问题，进行了重点阐述。他说，自古帝王多以死为忌讳，每次看他们的遗诏，也不像帝王的语气，遗诏说的并不是他们本人的真正意思，“今朕年将七十，子孙、曾孙百五十余人，天下粗安，四海承平。虽不能移风易俗、家给人足，但孜孜汲汲，小心敬慎，夙夜不遑，未尝少解。”天下的安康，得来不易。立储的问题，关系到江山的永固。最后，康熙说：“此谕已备十年，若有遗诏，无非此言。”[④]康熙把意思已讲得十分清楚，以后如有遗诏，主要内容就是他今天讲的话。

四年后是康熙在位的六十整年。百官请上“万寿节”尊号，康熙不以为然，觉得这些虚文没有意义，爱民才是根本，再说西部边疆还需用兵，民苦于军需转输，“朕方修省经营之不暇，何贺之有？”晚年的康熙依然深知，什么才是最重要的事情。所以后人评论这位雄才伟略的君主时，有很高的评价：“圣祖仁孝性成，智勇天锡。早承大业，勤政爱民。经文纬武，寰宇一统，虽曰守成，实同开创焉。圣学高

《康熙万寿图卷·演戏图》(局部，清宫廷画家绘，故宫博物院藏)。此图表现了康熙五十二年(1713)康熙帝六旬“万寿圣典”时庆贺的场面。

深，崇儒重道。几暇格物，豁贯天人，尤为古今所未觏。而久道化成，风移俗易，天下和乐，克致太平。其雍熙景象，使后世想望流连，至于今不能已。”[5]作为帝王的康熙和康熙开创的盛世局面，在后人看来，都令人景仰。

注释：

① (清) 刘献廷:《广阳杂记》卷一。

② (清) 福格:《听雨丛谈》卷四，“博学鸿词制科、经学制科”条，中华书局1984年版。

③《清圣祖实录》卷二百六十三，“康熙五十四年乙未”条。

④《清圣祖实录》卷二百七十五，“康熙五十六年丁酉十一月”条。

⑤《清史稿》卷八《圣祖本纪三》。

03 盛世景象的「另一面」

庄廷鑨与戴名世

康熙即位的当年，上海黄浦江以东住着一位在县衙里做吏员工作的人，叫姚廷遴，当时他三十五岁。因去年的大饥荒，这年春天米价暴涨，百姓生活颇为困难。上海县令组织人手，在广福寺、积善寺两地煮粥施赈，救济饥民。

在这样的困难时节，姚廷遴的堂姑夫正逢六十大庆，三月二十八日排寿宴，姚本人也去参加了。众人欢饮祝贺之际，姚听到了一个令人震惊的消息，并在《历年记》中写了下来："有嘉兴府南浔镇人朱姓，据说其家有几万之富，养一子，少年聪慧，无书不读，为擅修国史事发，全处死。连累浙、直二省富宦名家廿户，并害现任宪司官府俱削籍，构成大狱。妇女皆发配满洲，用囚车解北，见闻颇惨。此江南第一巨案也。"①

姚廷遴讲的，正是康熙朝第一起文字大狱，史称"庄廷鑨刊刻明史案"。由于是听说，对西边浙江的情况又并不了解，误将湖州府乌程县的南浔镇说成是嘉兴府的；而真正的案主庄廷鑨也未提及，只讲了个“朱姓”之人。但值得注意的是，姚是在康熙元年听到这个传闻的，而且将案发缘由和结局都记了下来，说明在康熙元年这个案子就已了结了。这与其他史料的记载有些不同，因为据一般的记载，此案是在康熙二年终结的。

由于此案关系重大，当时一般人绝不敢随便在自己的书信著作中轻易提及，惟恐惹祸上身。因此，有关这个案件的材料就很少，连清廷的《文字狱档》中也没有收录，仅有为数不多的几则笔记提及。那么，这个案子的具体经过究竟如何呢？

浙江湖州府的南浔镇上，住着一户姓庄的人家，为当地大姓，号称书香门第。户主庄允城与弟弟允坤、允埰，还有他的儿子廷鑨、廷钺，允埰的儿子廷镳、廷鋆、廷镜、廷铣，都有很高的才学，闻名浙江一带，湖州人称他们为“庄氏九龙”。起初，庄家世居苏州府南面的震泽陆家港，到庄允城的时候，才迁居南浔。[②]允城是明末的贡生，也是“复社”的遗老，据说擅长望气之术。有一次他偶然游经南浔夏家园，发现这里的金银气很旺，就决定购地居住，果然“得藏金无算”。

南浔镇上有一个人叫朱佑明，父亲是木匠，与附近庙里的老僧关系甚好。父亲死后，朱佑明就为庙里打点零工为生，老僧也很信任他。

先前，有一个湖广商人带着重金来江南做生意，因为路上适逢战乱，便将银钱藏在桐油篦中，然后寄放在庙里，与庙里约好，五年后他不回来，庙里可以将这个桐油卖了。这时，市面上桐油价涨了好几倍，老僧就决定让佑明把油卖了，再等商人回来。

佑明发现了篦中的秘密，将银钱取出，骗老僧说是掘窖得来的。过了七年，商人回来了，向庙里索要桐油不得，只好将实情托出。老僧说："不用担心，佑明是个老实人，不会做对不起我的事。"两人一起去找佑明。佑明急忙之间倒穿着鞋出来迎接，说："赖客赀得厚其息，请以原数归，仆取其羡。"意思是银两愿意原数奉还，他只取升值的利息好了。商人大喜，晚上留下来吃饭喝酒，结果在醉中被佑明带的壮男给刺杀了。佑明实话告诉老僧，老僧十分失望。佑明说："大恩难报，舍之不祥。"老僧说："算了，二十年后与汝了此公案。"佑明也将他杀了。有知情的，看到佑明这样凶暴，也不敢告发。老僧临终之言，不过是讲佑明杀人迟早会遭报应，不料这个报应真的来了，而且很快。

在这之后，佑明家更加富有，为人更加放纵，一般的读书人都耻与交往。后来与曹村住的金相国家缔结姻亲。相国送女儿来的时候，佑明将他们迎到新建的豪宅，装修华美，饮食更是奢侈。相国对客人说："美哉！室蔑以加矣，而题署者无一巨公长德，何也？"意思是这里少了点文化的味道，可谓美中不足。佑明为此感到很难堪，不久他就买到了前明相国朱国祯的"清美堂"，这三字还是著名书画家、华亭人董其昌写的。佑明将相国的落款去掉，重新上漆装裱。

朱佑明还将女儿嫁给了庄廷鑨。廷鑨可谓少年才子，十九岁就取得了拔贡的功名，不幸的是，眼睛失明了。廷鑨想到司马迁在《史记》中曾说"左丘失明，厥有《国语》"，决心著书，成一家之言，以扬名天下。

廷鑨买到了朱国祯留下来的明代史事钞本，就召集宾客，日夜编辑，成《明书》一部。但廷鑨不久就死了。廷鑨无子，父亲允城十分感伤，说："我当先刻其书，而后为之置嗣。"

其实，朱国祯已有刊印成书的《明史》，未刊的手稿部分，大多是明代列朝诸臣的传记。庄廷鑨从朱家买走的，正是未刊的这部分。廷鑨想将它据为己有，请人补上了崇祯朝的史事，刊刻流传。这就是所谓的《明书》，也称《明史概》。他的岳父朱佑明负责了刻印工作，将书印上了“清美堂藏版”标记，也借此为自己增光。此书共计一百册，里面还详细罗列了参订人员达二十四人，都是当时的名士。

顺治十八年初，顺治皇帝已经驾崩，进入了康熙时代，但年号至次年才改。有个二十多岁、因贪赃而落职的前任县令吴之荣，来到朱佑明家，看到了印刷漂亮的《明书》，但里面内容着实让他吃惊。此书没有志、表、帝纪、世家，止有列传，书中讲到南明历史时，仍沿用弘光、隆武、永历等年号“正统”，而不是用1644年以来大清顺治朝的年号纪年，并且毫不隐讳地提到了明末东北建州女真的事情，还有“长山衄而锐士饮恨于沙磷，大将还而劲卒销亡于左衽”之类的言语。③这些在官方看来都是大逆不道的言词。吴之荣就以此去恐吓廷鑨的父亲允城，却被顶了回来，吴很不高兴，就向官府告发，结果让他十分意外，从地方官府到将军衙门，他都被逐了出来，根本不当一回事。原来，允城事先已经全部打点好了，同时以最快的速度，将旧版《明书》收回，重新改版重印，去掉了其中可能触犯忌讳的地方。吴之荣不死心，花了很大力气买到了有问题的初版，一举告入京师，康熙的顾命辅佐四大臣亲自过问，派官到杭州，将允城押走。当时允城的嗓子哑了，据说是吴之荣派人下的药。

康熙元年的冬天，允城死在京城的大理寺狱中。案子判下来，列名在书中的庄家直系亲属十八人全部处死，除了允坤已死于成书之前可以不论，成书前死去的廷鑨却不能免，开棺焚尸，庄家家产全部籍没；作为姻亲的朱佑明家受到连坐。为《明书》参订的二十四位地方名士中，吴江县人董二酉已死两年，被剖棺锉尸；张隽投水自杀了；胡某逃到海滨为僧；归安人茅元锡、吴之镛、吴之铭，吴江的潘柽章、吴炎等十人，和那些刻书工匠、贩书商人，全部在杭州的弼教坊被杀。这时是康熙二年五月五日。

为《明书》作序的礼部侍郎李令皙及其儿子全部死于此案。将军松魁及其幕僚程维藩被抓到北京，松魁只被免官，但程维藩就被杀掉了。乌程县的两位学官被斩。湖州知府谭希闵、推官李焕皆以"隐匿"罪名被绞死。

此前，苏州浒墅关榷货主事听说阊门书坊有此书卖，曾派手下人去买，书店一位姓朱的邻居还从中为双方的讨价还价做过中人，主事出差到北京时以"购逆书"的罪名被杀，书店老板和主事的手下在杭州被斩；朱姓邻居因年逾七十，可以免死，但须与其妻发配边疆。

此次文字大狱，死的有七十多人，被发配的有一百多人。吴之荣却因此案而飞黄腾达，朱佑明家被抄没的家产都赏给了他，后来官至右佥都御史。浙江地方官虽有含冤背屈的，但都怕吴之荣，"不敢奏雪也"。

在此案中例外的是，著名诗人、海宁世家查继佐得以获释。据王士禛的《香祖笔记》、钮琇的《觚賸》和蒲松龄的《聊斋志异》"大力将军"篇中的说法，清初名将吴六奇早年落魄行乞海宁时，得到查的欣赏和无私帮助，后来六奇从军，以军功擢至两广提督；此案发生后，由于六奇力保，查才得以免罪，可谓九死一生。海宁的另一名士范文白也被免罪，据说都是六奇的功劳。乌程县人闵毅夫、仁和县人陆丽京入狱不久后就被释放。

庄氏史案发生在康熙即位的当年，那时康熙尚未真正亲政。案件的处置过程，应与康熙本人没有直接的关系。时鳌拜独揽大权，擅虐大臣，此案牵连如此之广，可能与鳌拜也有一点关系。

康熙在位时期（1662—1722），先后发生过二十多起文字狱。最有名的，除上述庄廷鑨刊刻明史案外，还有南山集案，对当时士人震动极大。全祖望在《鲒埼亭集外编》中予以特别指出："本朝江浙有两大狱，一为庄廷鑨史祸，一为戴名世《南山集》之祸。"他把这两个案件记在这部文集中，目的是要提醒读书人，要"为妄作者戒"，不要轻易去触犯文网。

戴名世是安徽桐城人，曾在康熙四十八年获殿试一甲第二名，授官翰林院编修，得以参与编修《明史》。他的同乡方孝标学士著有《钝斋文选》一书，里面收了《滇黔纪闻》两篇，讲的都是明末清初的事情，戴名世很感兴趣。他的学生余湛遇到一个和尚犁支，说是原来明桂王的宦官，熟悉不少明末的史事。戴觉得《滇黔纪闻》有不少值得推敲的地方，正好可以找这个和尚对证一下，就写信给余湛，让他将和尚带来商讨商讨。他在信中所讲的，无非是一个读书人想了解一些历史事实的企盼，全无政治影射，更无叛逆之意。戴名世也自认为现在文字上的禁忌已经宽松了，不应该还像其他人一样避忌万端，信中用词，一时就放松了警惕。这封信中，不仅涉及南明史事和吴三桂等人，而且直接用南明诸帝王的年号，本来都是应该注

蒲松龄像

意的。戴名世都是随心直书，毫不忌讳，显然是大意了。

康熙五十年，时任左都御史的赵申乔看到了《南山集》中收录的这封信，据以告发。他说：戴名世"前为诸生时，私刻文集，肆口游谈，倒置是非，语多狂悖。逞一时之私见，为不经之乱道。……今名世身膺异数，叨列巍科，犹不追悔前非，焚削书板。似此狂诞之徒，岂容滥厕清华？"他们就在戴名世的文集中，找到了戴名世对南明政权表示同情的倾向，当然还有南明小朝廷的年号。

万寿瓶（故宫博物院藏）。瓶上篆书一万个寿字，寓意"万寿无疆"。此为康熙帝六十寿辰而特制。

此案本来判戴名世凌迟处死，被从宽改为处斩。康熙五十一年，戴名世在刑部大牢中，还能修订他的《四书朱子大全》。可是，案件牵连了三百多人，戴的门人龙云鹤因翻刻过《南山集》也被杀了；余湛病死在大牢中。案件到五十二年才终结。康熙帝还算宽大，只杀了戴名世。这一年，戴六十一岁。方孝标虽然已死，但要开棺锉尸。方家、戴家以及为书作序的名士方苞等，都作充军入旗的惩罚。

方苞本来也应该处死的，由于名声太大，加上理学家李光地的竭力救护，得以出狱，后来还受到康熙的优待。他在《方望溪先生全集》中回忆康熙五十年的这场大案说："余以《南山集序》，牵连赴诏狱，部檄至，日方中，知江宁县事苏君偕余入白老母，称相国安溪李公特荐，有旨召入南书房，即日登程，吾母嗷然而哭。是夕下江宁县狱，二三同学急求护心柔骨之药以行。"他以为必死无疑，还骗老母亲说只是受皇上召见而去北京。谁知还有生还之日，居然"肢体无伤，子孙亲戚尽在左右"。④

《南山集》案之所以处置如此之酷，株连如此之广，还是由当时清王朝的政治大气候所决定的，这是清廷对知识分子进行思想钳制的需要。清廷兴"庄刻明史案"、"《南山集》案"，无非是借此起到敲山震虎、杀一儆百之作用。由于清政府抓住此事大做文章，《南山集》案就由单纯的年号、明史事而渲染成了旨在谋反的叛逆之举，戴名世也因此被推进了万劫不复的绝境。

从《南山集》案来看，康熙本人对知识分子的态度又有怀柔的一面。《南山集》案发时，明清之际的一批遗民如顾炎武、黄宗羲、王夫之等人虽已故去，但他们提倡"反清复明"、讲究"夷夏之别"的影响仍然存在，其弟子布于天下，内中都有明显的民族情绪，未被追究，可以作为一个旁证。要是庄廷鑨生活在康熙亲政的时代，命运或许会有不同罢。

奏销和哭庙

奏销案是清初发生于江南地区的政治事件。顺治十八年(1661)，清廷将上年奏销有未完钱粮的江南苏州、松江、常州、镇江四府并溧阳一县的官绅士子予以全部黜革，史称“奏销案”。除了文字狱外，对江南知识分子打击最大的，应属“奏销案”了，差不多就发生在庄氏史案期间。

从顺治二年（1645）江南平定后开始，中央下令废除沉重的苛捐杂税，赋税只照旧额的二分之一征收。这让江南人十分高兴。当时上海人叶梦珠在《阅世编》中说，“一时人心，翕然向风”，此后又“裁不急之征，减可缓之税，节可缓之用”，比较下来，民众的负担远较明末天启、崇祯年间为轻。[⑤]到顺治末年，地方财政税收拖欠的情况多起来了，地方官常因积逋太重而被罢官。每个人都要向省里上缴钱粮，有的地方就想用新征的方法来推补积欠。一些县在新旧县令交接之际，出现了互相推卸责任的情况。[⑥]

江宁巡抚朱国治无法向中央交差，将责任推到了地方士绅和衙门官吏身上，要求中央进行严惩。当时提出首先要这样整治的地方，是在常州府的无锡县和苏州府的嘉定县。政府出台了这样的条例：凡绅衿欠八九分者，革去名色，枷两个月，责四十板，仍追未完钱粮；即至三四分以下，亦责二十板，革去名色，但免枷号。这就导致了江南地方士绅的强烈不满。

在此期间，还有一个重要的插曲，也发生在顺治十八年，就是苏州府首县吴县的“哭庙案”。此案的发生，与奏销钱粮政策的推行有莫大关系。新任吴县知县任维初为了执行中央政策、加紧征收地方欠税，制定了颇为苛刻的措施，引起地方士人的极大愤慨。

二月初二，顺治的遗诏到达苏州府，地方官员们准备“哭临”。初三，生员倪用宾等人向巡抚朱国治上书，揭露知县任维初指使粮仓总管吴行之私粜漕粮七百石、贪污受贿、滥用酷刑等罪。二月初四，一批文人聚集到神圣的文庙中，参加哀悼顺治皇帝的活动，实际目的是要发泄对时事的不满。同时，任维初已被摘掉官印，看押在土地庙中。任维初见人就说，是巡抚朱国治“要我银子，故此粜粮”。朱国治也很紧张，认为问题的症结在那些读书人，就按“诸生惊扰哭临，意在谋叛”的说法，上疏朝廷。朝廷认同了朱的意见，五月份即在江宁府（即今南京）举行初审，将领头的倪用宾、沈琅、顾伟业、薛尔张、姚刚、丁澜、金人瑞、王重儒八人判成死罪，家产充公，妻孥流放；另外，张韩、来献祺、丁观生、朱时若、朱章培、周江、徐玠、叶琪、唐尧治、冯郅十人也被判死刑，所谓“太身典刑”，到八月七日一起执行。至于其他受株连而被害的，就更多了。⑦其中，最著名的人物，当属金人瑞，也就是金圣叹，是著名的文艺批评家。作为当时的文人代表，他被处死给知识分子造成了极大的压力。

也因为“哭庙案”的发生，使政府决定，本来限于嘉定、无锡两县推行的奏销措施，到五月份后，推广到整个苏州府、松江府、常州府和镇江府地区，统一要求“陈明钱粮拖欠之由补入年终奏销之例”。到年底，政府以嘉定县乡绅生员拖欠国家粮额为由，兵备道“擒拿”了数十人作为典型，锁押在尊经阁中。

这件事使地方官员备受震惊。顺治十八年原来也要照常规进行追索欠额，但顺治帝于当年驾崩，地方暂得幸免。不料康熙登基后，将康熙元年视为顺治十八年，不到一月时间，即下令仍要催纳顺治十七年的奏销钱粮，地方上顿时紧张起来。胆小怕事的，很快就在正月内结清，但大多数坚持对抗的姿态。这些人的拖欠数占了总数的十分之八。七月间，中央再次下达正式文件：凡在二月份以后输纳钱粮的士绅，一律革职。

当时，地方官吏和士绅们当中，确有拖欠钱粮的，民欠的则更多。大家认为开国之时的法令推行，只是试试而已，并不认真对待。所以官衙里造统计册时，“只照当日尾欠，草草申报”。这里面就出现了严重的问题，因为有的已完成钱粮的被写成“欠”，有的拖欠数量不多的被误作“多”，有的即将完成上交任务在预填册上全被写作“欠”。问题被揭出来后，中央部门经过讨论，确定了解决措施：“不问大僚，不分多寡，在籍绅衿，按名黜革，现在缙绅，概行降调。”这是直接针对地方士绅的惩罚措施，对江南士绅的打击是很大的。

这次奏销过程中，江南乡绅张玉治等2 171人、生员史顺哲等11 346名，都列在降革名单中。起初，只要求将他们提解到北京，严加议处。江南人心惶惶。但是不久又下规定，凡最后通牒下达之前已经完成税粮任务，可以免于被解送入京，又使人们松了一口气。不过，苏、松、常、镇四府地区被提解入京的士绅还有不少。当时只有江宁府没有受到惩治，据说是知府提前将逋欠补足，应付了中央的任务，然后再向地方士绅追缴，这样就让地方士绅免受罚责。

经过此次奏销案后，地方官借机实行十年征收计划，做好税粮征收的准备工作；士绅们看到了政府的态度，没有人再想拖欠了。从此，在江南经常可以看到“或一日而应数限，或一人而对数官”的景象。地方衙吏乘机作威作福，势同虎狼。交不足钱粮的人家只好告债，高利贷行业兴盛起来，“每月利息加二加三，稍迟一日，则利上又复起利”。士绅百姓又有什么办法呢？说是借十两，扣除利息之类，到手只有九两，估足纹银不过八两几钱。这样的情况，所在多有。有的不能及时上缴钱粮的，哪怕是拥有百亩之产的大户人家，最终也会落得家产、房屋、人口被籍没的悲惨结果。很多老百姓眼看无法支撑下来，索性弃田出逃，得过且过。所以当时人说："赋税之惨，未有甚于此时者也。"

康熙元年十一月十五日，江南地方讹传，说康熙皇帝已经下谕，要求各年拖欠的钱粮都要在这一天全部完足，否则"欠者籍没，全家流徙绝域"。谁都不想被抄家产、被发配边疆，所以有办法的都争先恐后地在这一天当中，到衙门去交钱粮，衙门胥吏们从早到晚，忙得不亦乐乎。

奏销一案，据苏、松、常、镇四府和溧阳一县的统计，共欠有条银五万多两，被黜革的士绅达一万三千多人。由于康熙并未亲政，事事由四位辅佐大臣决断，江南是汉人强势集居之地，他们处理起来自然绝不手软。比如，探花、编修官叶芳蔼只欠一厘，就被降职，时有"探花不值一文钱"之谣；松江府学生程兆璧的粮册上开明只欠七丝，一厘都不到，被革除了功名。哪怕是欠一毫，也与欠千金同罪，政令可谓严苛。

康熙六年五月，康熙有了亲政的机会，曾让臣下进言，有人就要求对士绅采取宽宥的措施，特别是江南地区。譬如，在初六日，兵部尚书龚鼎孳就上疏请求宽免奏销。他说："臣伏读康熙四年三月初五日恩诏，凡顺治十八年以前拖欠钱粮及官吏侵欺偷盗库银者，一概宽免，大恩溥遍，薄海欢呼矣。乃顺治十八年内各省奏销十七年绅衿欠粮等案，该抚不论多寡，一概指参，该部未经查核，一概降革，以致三吴财赋最重，故明三百年来从不能完之地，而年来俱报全完，虽惕息于功令，不敢不勉力输将，然该抚朝夜拮据及地方剜肉医疮之状，可以想见。"他提出，朝廷提出奏销措施后，地方推行中常常一刀切，不论轻重，士绅都被参革，地方就被迫剜肉医疮，以弥补拖欠钱粮，实在有不妥之处；奏销之中要分别情形，酌情开复士绅功名职位，以减轻民困，这样才更能体现皇上的恩泽。结果，和其他奏请宽免的奏疏一样，都未被批准。这可能与康熙无关，因为真正主政的，还不是康熙本人。

康熙八年，总督麻勒吉到江南巡视，苏、松地方士绅上书诉苦，麻总督对他们的遭遇深表同情。他连同苏、松、常地方知府一起上书，要求对江南士绅给予照顾，同样被驳了回来。自此地方上无人再敢上书。

次年，全国发生水灾，中央下令："凡被灾之地，白银蠲免十分之三，漕米分作三年带征折色。"再次年，康熙下诏，规定以前拖欠的钱粮暂行停征，以示国家轸恤之意。

康熙对江南日渐重视起来，在康熙十三年(1674)四月又下诏说："江南连岁水灾，康熙十四年分钱粮蠲十之五。"这个政策，根本未经中央部门讨论，是康熙亲自颁布的，让江南民众十分感激。第二年，因边疆战事未休，军饷缺乏，户部决定在"捐省条例内"议开一款："顺治十七年奏销一案，凡绅衿无别案被黜者，分别纳银，许其开复，原系职官，照品级纳银，自六千两起至五百两止，进士纳银一千五百两，举人纳银八百两，贡、监生纳银二百两，生员纳银一百二十两，俱准开复。若运米豆、草束于秦、楚、闽、粤危疆输纳者，减本省之半。"意思无非是让江南士绅们为保住原来的社会、经济和政治地位而捐钱支持前方战事，既解决军备问题，也体面地恢复士绅们的地位。

然而，即使这样的要求，大部分士绅还是无力再出这么多钱，只能望功名而兴叹，无法再回复到以前的逍遥时日了。然而，奏销案有一点是值得肯定的，即暂时地解决了江南钱粮累年拖欠的惯习。据明末清初上海浦东青村人、诸生曾羽王以亲身经历所写《乙酉笔记》中所说，以往拖欠最多的，就是那些乡绅，连县官也拿他们没办法。[⑧]经过奏销一案，士绅们感到了恐惧，对这个新王朝产生了敬畏之心。

奏销案可能还有惩戒江南士人反清、抗清的意思在里面。清朝建立之初，很多士人对于前明怀恋之情，仍然较为浓厚。江南地区讲学之风盛行，结社甚多，但都是各立门户，且互相排挤。其中，文人金圣叹因名著当时，在这些讲社之间起了很大的调和作用。他经常用嬉笑怒骂的方式，调侃清朝的权贵。他参与哭庙活动，自然会引来杀身大祸。清政府借哭庙之机，罗织大狱，剪除那些清议时事的名士。康熙亲政后断续出现的优免措施，也不过是在严打气氛下稍微表示的笼络之态。

但是，这种影响却是巨大的，在地域上也并不仅仅局限于太湖流域地区。到康熙二十七（1688）、二十八年（1689），政府对东南地区士绅的打压依然严酷。

戴名世曾回忆说："岁戊辰、己巳以后十余年来，江南缙绅之体陵夷极矣。其祸始于一二家之横，致得重罪，他处遂多效之。官吏务以挫辱士大夫为能，逢迎上官，皆得美擢。"就连普通百姓，也经常让曾经威风煊赫的士绅们斯文扫地，即使发生诉讼纠纷，老百姓往往能够胜诉。最后，在与百姓发生纠纷时，居然有士绅冒充布衣百姓，才敢到官府打官司。戴名世对此很不解，知情的人就说："生员辈与百姓讼，无问曲直，必百姓胜，遂有自匿衣衿而诈称百姓，遂获直者。"[⑨]原来，只有诈称普通百姓，在诉讼中才有获胜的机会，否则，即使有理也打不赢官司。

社会控制

在清朝中央政权稳固后，如何对全国疆域范围实行有效的统治，是一件十分重要的事情。从顺治到康熙，清廷为了安定民心，多次推行休养生息的措施，使民众深切感受到了新王朝恢复和发展社会生产的决心。整个社会生产日渐繁荣起来，地方行政的施展日见成效。其中，对民众及土地的有效控制，是稳定维持这个庞大帝国正常运转的最基本的内容。这个帝国是如何让数量庞大的城乡百姓忠实地为其政府按期服劳役、纳赋税，供养其中地位远高于自己、但占人口比例又极小的一群人的呢？这就需要了解传统中国的基层行政。

在清代，许多制度都是仿照明朝的，而明朝的朱元璋曾明确地表示过，他们是学唐朝的。因此，清代基层行政系统及其控制措施，有着很强的历史传承性。中央政府的任何一项政治举措，都要基层行政的有力配合，才能收到良好的成效。

康熙在位期间，不仅注意稳固中央君主集权，也很关注地方政治的实效。除了认真考核地方官的工作外，他还很愿意到处巡视，观察这个帝国生活中底层人民的状况，并以此作为考察地方官吏们工作成绩的参照。

康熙特别注重思想教化，他认为“移风易俗”是一件很重要的事情，但也很困难，所以在晚年他还说并未能做到“移风易俗、家给人足”。康熙五十三年正月，他下令给礼部，要求进一步整顿社会风气，特别是那些有碍思想健康的民间小说等淫书的传播，要予以严格控制，加大惩治力度。朝廷讨论后决定：“凡坊肆市卖一应小说淫辞，在内交与八旗都统、都察院、顺天府，在外交与督抚，转行所属文武官弁，严查禁绝，将板与书一并尽行销毁。如仍行造作刻印者，系官革职，军民杖一百，流三千里；市卖者杖一百，徒三年；该管官不行查出者，初次罚俸六个月，二次罚俸一年，三次降一级调用。”康熙对这样的处置意见，欣然同意。[⑩]

而“乡约”法的推行，正可以起到正人心、厚风俗的功用，是当时地方社会思想教化工作的重要依赖。

所谓“乡约”，应当是在乡村中为了一个共同目的（包括御敌保乡，扬善惩恶，广教化，厚风俗），依地缘或血缘关系联合起来的民众组织所制定的规约。乡约作为民间规范，起源甚早，宋代由于理学的昌盛，一度十分风行。最为著名的便是陕西蓝田的“吕氏乡约”，它成了后世地方乡绅行使乡约的典范。乡约制度的实质，不过是由政府简选的约正、约副等人，定期（也叫“约期”）向乡村民众讲解“圣谕”中德业相劝、邻里互助等道理。这种制度，在明代的乡村极为普遍，乡约的主要内容是宣讲“圣谕”，即明太祖朱元璋的“六言圣谕”：“孝顺父母，尊敬长上，和睦乡里，教训子孙，各安生理，毋作非为。”[⑪]康熙学习朱元璋的做法，推出了自己的“圣谕”十六条。康熙九年（1670）十月，十七岁的康熙下谕礼部，提出了十六条《圣谕》，要求内外文武官吏，督率学习。这十六条是：[⑫]

敦孝悌以重人伦　　笃宗族以昭雍睦

和乡党以息争讼　　重农桑以足衣食

尚节俭以惜财用　　隆学校以端士习

黜异端以崇正学　　讲法律以儆愚顽

明礼让以厚风俗　　务本业以定民志

训子弟以禁非为　　息诬告以全良善

诫窝逃以免株连　　完钱粮以省催科

联保甲以弭盗贼　　解仇忿以重身命

康熙将《圣谕》颁布天下后，各个地方十分积极地将它纳入了乡约活动的重点，每一条都有详细的解说，语言简单，意义清楚，使不识字的乡村民众也能准确地领会康熙教化的意思。

乡约成了规范地方社会的一种重要形式。康熙年间颁布的《圣谕》十六条与雍正时期扩展的《圣谕广训》，是清代乡约宣讲的主要内容，成为朝廷正式的道德教材，除了日常教育外，在许多场合都可以看到《圣谕》的影子，定期督讲成了地方官员们应尽的职责。以后到乾嘉时期，一直奉行不辍。

乡村控制中，治安的维持有时是最关键的，也是政府施政和赋税制度展开的重要基础。因此，历代对于乡村治安都有着极为细密的措施和基层建制。如“老人”之制，目的即为主持乡间的“风俗词讼”。所以，“乡约”的施行，实际上是从精神体系上重构了民间生活，核心就是传统的“乡党道德”。加上它与保甲制度的相辅施行，使民间都被有效地纳入良好的控制体系。

制度保障与乡约教化联合，就会起到很好的思想改造或警示的作用，为地方行政措施的有效展开，提供了重要的舆论和制度基础。

州县社会是国家权力结构中的基层组成部分，其稳定和发展是国家长治久安的根本。在这方面，传统国家曾创制了一系列的行政管理制度和措施，长期发挥着重要的效能。当然，地方官吏们的勤政爱民，同样重要。

清代有一千五百多个县级行政单元，由于环境条件和社会发展程度的不同，差别悬殊。《清史稿·职官志》对县级政府主要官吏的职责，都有比较明确的解释：知县主掌一县政治，包括决讼断辟、劝农赈贫、讨猾除奸、兴养立教等，“凡贡士、读法、养老、祀神，靡所不综”。一县之中，除知县外，还设有县丞、主簿，分掌粮马、征税、户籍、缉捕诸职，典史则掌稽检、狱囚；若无丞、簿，典史也可兼领其事。知县是七品官，每年正常的俸银仅四十五两，但要管治的事情却多如牛毛。所以对他们的考核，主要在听讼、催科、缉盗，这些工作做好了，就是第一等好牧令，其他的教养诸善政，方能赖以生根。

所以对州县官员来说，他们的首要职责是，必须保证“国家”钱粮赋税按时按数上交朝廷，为此不惜对基层代理征收者与纳税民户实施催比、捉拿、处罚等，所有钱粮等情况，一般都要登记在案，以便事后自己稽查和应付上级政府的考核。

县官的职任十分繁重，庞大帝国的正常运转，没有勤政的基层官吏，那情形是很难想象的。同样可以想象的是，与一些繁荣的州县不同，在穷苦的地方，民众的疾苦与赋役负担该是多么沉重。

而在州县的衙门改建举措中，可以透视其为政思想，即便是粉饰，也希望向官方与民间表达其正面的从政形象，如“岁有堂”、“牧爱堂”、“赞政厅”、“可近堂”、“乐民亭”、“亲民堂”等这些建筑名目，最具代表。衙署的每一次重修、改建或扩建，基本出现于新任知县的初期政治工作中，既有恢扩旧政的意思，也有新政新貌的期许，更有再建官府声威的目的。康熙十二年（1673），后来任嘉定知县的陆陇其，在一首颂赞衙门建筑的《“有仪轩”歌》中说道“恭宽信敏惠，斯须不可离”，[13]颇能反映像陆陇其这样吏治勤敏的地方官员的一些心声。

当陆陇其于康熙十四年正式到嘉定任知县时，他的从政方针和措施，很能称合康熙的心意。嘉定是江南大县，赋税重，风俗侈，陆陇其以俭约秉政，以德化民，收到了良好的效果。江宁巡抚慕天颜向康熙的汇报中，特别强调了在嘉定这样政务繁杂、逋赋沉重的县份，陆陇其仍能做到清廉勤政，实在难得，称他“操守称绝一尘”。[14]

康熙四十九年（1710）六月，时任总理粮储提督军务、巡抚江宁等处地方、都察院右佥都御史的张伯行，向康熙上了一份奏折，大受赞赏。张伯行奏折的语言简洁明了，前面是讲上折的理由和为臣子

乾清宫宝座与正大光明匾

的道理，中间是讲地方收成和雨水情况，后面是表示忠心之意。关键在于，张伯行强调了作为一个地方高官，要时刻以皇上的意思为指导，一切有益民生的工作都要尽心筹划办理，努力做到“家给人足、闾阎乐业”，方才是康熙盛世的应有景象。作为臣子，只不过是替皇上管理地方，一切措施都要以皇上的要求为准则，与朝廷保持高度一致。

康熙看了以后，朱笔批道：“做官之道，此折内都说尽了。朕有何言，只看后来如何。”喜悦之情，溢于词外。

正因有陆陇其、汤斌、张伯行这样的“良吏”的努力，康熙朝才得以稳定，社会日渐繁荣。

李煦奏折

李煦，正白旗满洲人，祖籍山东莱州，主要生活在康熙年间。他家属于内务府包衣，也就是皇室的奴仆，身份固然很低微，但由于接近皇室，时常会有特殊机会，或担任要职，或委以重任，受到很高的宠信。李煦的父亲李士桢就是由于这样的缘故，后来做了广东巡抚。相比之下，李煦本人显然要幸运得多。何况，他的母亲文氏，还是康熙的保姆，他便几乎可称是康熙的奶兄弟。他的舅表妹王氏，是康熙的密嫔，后被封为顺懿密妃。因此李煦与康熙从亲属关系上讲，更为亲近。所以，他从内阁中书做起，历任广东韶州知府、浙江宁波知府、北京畅春园总管等职，都是不错的差使。

康熙三十二年（1693），李煦被派任江南苏州织造，又先后八次兼任巡视两淮盐课监察御史，这都是肥缺。康熙四十四年（1705），康熙第五次南巡江南，李煦的筹办接待工作让他十分称心，加衔为大理寺卿。所以，李煦的名头一般呼作“巡视两淮盐课、管理苏州织造事务、大理寺卿”。后来在康熙五十六年（1717）时，又因补充了盐课方面的欠空，议叙加“户部右侍郎”衔。

但是，李煦的主要工作，还在织造府任上。与明代一样，清代也在江宁（今南京）、苏州、杭州三地各派驻织造官员一员，负责承办皇室、官署所需的各种绸缎纱罗和纺丝布匹等物。这样重要的人选，往往是从内务府郎中或员外郎内选派，品级不高，也就五品，而且开始都是临时差遣，似乎没什么威权，但因是皇帝钦点，可以特事专奏或密奏，故而就具有了十分重要的地位。

康熙年间，这三个织造都是由康熙的亲信担任，一般认为是康熙派往江南的耳目，负有特殊使命。康熙说过：“朕无可以托人打听，尔等受恩沉重，但有所闻，可以亲手书折奏闻才好。此话断不可叫人知道！若有人知，尔即招祸矣。”（见于康熙四十八年十月间李煦上《请安折》后的朱批）

李煦深受皇恩，自然不负康熙的嘱托，事事处处都替康熙着想，按着康熙的意思暗中监视官场、民间情况随时密报。康熙对他的工作一直十分满意，因此李煦这个织造官一做就是三十年，实在是很不一般。

曹雪芹的祖父曹寅是李煦的妹夫，同样是内务府的包衣，担任苏州、江宁织造有二十多年，曹寅的父亲和两个儿子也都做过江宁织造。曹、李两家与康熙有着特殊的关系，都成为康熙在江南的政治心腹。

从康熙三十二年（1693）到六十一年（1722），李煦在织造局任上，给康熙呈过大量的奏折，统计下来，是整个康熙朝回缴官员朱批奏折中数量最多的。据查，这些材料现在都藏在故宫博物院明清档案部。根据这些奏折，我们可以清楚地看到康熙朝政治的许多实际面貌，以及康熙是如何精心管理国家、加强对地方行政的掌控以维护中央皇权的。

正因为李煦的特殊身份，江南地方官员们对品级不高的李煦十分敬重，有的时候，巡抚的折子都通过李煦代交，而康熙的旨意，也往往是通过李煦向江南地方官作口头传达的。

吏部尚书宋荦曾在江南为官，康熙三十二年三月初一日，李煦刚到江南苏州，头衔是“管理苏州织造员外郎加二级”，宋荦亲自到城外迎候，还“跪请圣安”。李煦口传了康熙旨意：“你做官着实好。钦此！”李煦俨然成了康熙的替身。地位之高，由此可见一斑。

在李煦向康熙的奏折中，表面上看，都是大量的民间生活状况的汇报。

比如，康熙四十年（1701）九月的一份《请安并报稻禾收成折》中这样说：“今年苏州地方，十分收成，早稻已割，至于晚禾，现在登场，而百姓腾欢，具见盈宁之象，皆我皇上洪福所致也。并奏以闻。”康熙的朱批是三个字：“知道了。”同年十一月的《苏州修建祝圣道场折》写道：“今年苏州地方，稻谷十分收成，冬景晴和，民安物阜。又蒙圣恩蠲免四十一年分地丁钱粮，黄童白叟无不感激，欢声雷动。现今士民修建祝圣道场，仰报洪恩，臣煦亦不胜欢庆。理合奏闻，伏乞睿鉴施行。”康熙的回复也是“知道了”。

有些情况若是汇报迟了，李煦就会受到委婉的批评。康熙四十八年（1709）四月十五日，李煦上《闻浙江处州府属有人聚众起事折》:“臣煦在苏州闻得往来传言,说浙江处州府属之龙泉县、遂昌县,有土贼猖聚,扰劫乡民,官兵现在会剿,未知确实。臣煦已差人往浙江处州一路探听实信,再为启奏。理合先行奏闻,伏乞圣鉴。”康熙的朱批是:“朕已早知道,此折奏迟了。”显然透着一点不高兴,因为各个方面的事情,康熙都希望能够及时了解和掌握。

至于探听地方官场动静,言辞就比较隐晦,康熙依然要求保密。康熙四十八年十二月初二日,李煦上《扬州冬雪折》,表面上是与民生有关的晴雨折,实际上是要讲地方稳定情况的:“窃扬州地方,于十一月二十九日,已得冬雪,明年春熟,可以期望。至于扬州、苏州近日米价,上号的仍一两之内,次号的仍九钱之内。人情安贴,地方无事。理合奏闻。”后面讲的“人情安贴,地方无事”,才是这个奏折的重点。所以康熙十分注意,朱批道:“知道了。尔亲手写的折子,打发回去,恐途中有所失落不便,所以不存了。尔还打听是甚么话,再写来。密之,密之。”康熙特别提醒李煦,他的折子还需要提高保密程度,不能出现纰漏。

对于地方税务的亏空,总由地方官而起,江南又是财赋重地,这样的情况自然不利于国家的财政收益。康熙一直很关心这方面的情况,李煦在奏折中汇报得也多。康熙四十九年(1710)九月十一日的《苏、扬田禾收折》中,李煦就讲到了:“伏闻圣驾自口外回京,臣翘首殿廷,实深犬马恋主之诚,因盐差之期在十月十三日方满,未能即日起身。谨叩头具折,恭请圣安,伏乞睿鉴。”后面还有几句,说的是苏州、扬州的田禾收成与天气晴雨情况。康熙重视的当然是李煦前面汇报的情况,朱批道:“知道了。每闻两淮亏空甚是利害,尔等十分留心!后来被众人笑骂,遗罪子弟,都要想到方好。”

当然，地方民生、农业丰歉、天气晴雨等，都是直接关涉到民生稳定与社会安定的具体问题，康熙也不会漠视的。有的时候没有别的大事，这方面的汇报自然要及时准确，李煦在康熙五十年（1711）二月二十九日上了《苏州米价甚平并进晴雨册折》，康熙认为上晚了，在折上朱批："晴雨录如何迟到今年才奏，不合。明白回奏。"康熙的不满让李煦感到十分惶恐。因此，四月十二日李煦马上呈去《迟进晴雨录原因并请处分折》，作出解释："窃苏州冬季晴雨录，理应去冬奏闻。臣迟至今年二月启奏，蒙圣恩不即加罪，令臣明白回奏。臣闻命自天，感激无地。但臣去年十二月内，实将晴雨录携带赴京，因一时昏愦遗忘，今年方始进呈。"康熙对这个心腹还是放心的，朱批中就有安慰的意思："已后凡尔奏折到京，即当奏闻，恐京中久了，生出别事。"

有些奏折中所讲的，可能是李煦要为皇上分忧，讲了一些官场安排的事情，这实际上触犯了君权，遭到了康熙的批评。比如，康熙五十三年（1714）三月初一，李煦在《保题运使李陈常署理盐院折》中，讲到自己以织造官的身份兼理淮鹾事务，已有十年，任期满了，特地推荐"居官清正"的李陈常来署理盐院事务。康熙在批复中连"知道了"都不写，直书"此事非尔可言"六字，表示李煦不该多管闲事。

但是，有时李煦为加强地方控制提出的一些策议，却让康熙十分欣赏。在江南，崇明县是一个小沙岛，孤悬海外，县境内除了水师总兵官外，"文官并无大僚弹压，亦无首领分防"，只有一个知县。李煦认为，如果发生意外，崇明地方就十分孤危，他在康熙五十五年（1716）七月初四日的《驻常熟海防同知似宜移驻崇明与总兵共为镇防折》中大胆建议："查苏州常熟城内，驻扎有粮道一官，又海防同知一官；但常熟县离苏州府城不过八十里，易于控制，非如崇明县鞭长莫及，离府城三百里之遥也。常熟一县虽亦临海，已有粮道弹压足矣。至于海防同知一官，似应移驻崇明城内，与总兵共为镇防，庶几文武兼资，可以永保安宁，而设官合宜，则与地方允有裨益矣。"康熙很是认可，回复说："此折议论甚妥。"当然，具体如何安排处置，就不是李煦所能及的事了。

李煦与妹夫曹寅轮视两淮盐课，时长十年之久，深受康熙恩宠，不过，织造衙门的亏欠一直没有填补上，让李煦也时感不安。

康熙五十五年九月下旬，都察院批文中有康熙的指示，让李煦再负责监察两淮盐课一年。李煦感激涕零，上奏表示一定要"培养商膏以裕国课之源，并清完未补之二十八万八千余两"。康熙批复说："此一任比不得当时，务须另一番作去才是。若有疏忽，罪不容诛矣。"意思无非是让李煦好好努力，为他效命。李煦不负所望，到第二年七月份，苏州织造衙门的亏空大部分补完，盐课的亏空按照二十八万八千两的数目，已经全部补足。康熙很高兴，批了一个字："好！"在批复李煦奏折中直接写"好"，这是很少见的。

康熙之所以对江南地方财政税收看得这么紧，一方面是因开国不久，国库并不充盈；另一方面是天下尚未真正平定，边疆地方还有征战，需要用银子。有时地方说要分批上缴银两，康熙就有些着急，希望一次交清。康熙五十七年（1718）闰八月初二日，李煦上《两淮商人愿捐军需银两于运库借出解部分五年补完折》，说是有两淮商人江楚吉等人为报皇恩，愿意为国分忧，在以前两次捐给瓜洲河工工程银二十四万多两的基础上，为西边军需捐银十五万两，但需要按五年分捐。有人愿意为战备出钱，自然让康熙高兴，但他还是要求一次捐完，并在朱批中将商人的这种念头视为奸商的伎俩。他说："此折断然行不得！西边用银，即可以发库帑，何苦五年分补？皆因奸商借端补亏之法耳。"

到康熙五十九年（1720），李煦年纪已经不小，正好也是大病初愈。这时，负责监督苏州浒墅钞关的莽鹄立任期满了，李煦乘此机会向康熙上奏，提出可否由他来兼理浒墅钞关事务。这个钞关是国家在江南专门特设的钱粮收税机构，当然是一个很大的肥缺。当年四月中旬的奏折，被康熙委婉地批驳回去："监督回时，还当许多差使，况尔年老多病，当静养无事，方保残年。倘被苏州骗子所欺，悔之无及矣。名声也要紧！"意思是不要太贪了，现在的几个肥缺已够好了。这样的结果，李煦自然很感失望。

李煦一生可以说是备极荣华，康熙的几次南巡，都是由他和曹寅安排的。迎接皇帝的衣食起居游玩诸排场的开销，自然是惊人的，费用基本来自织造局和两淮盐务，因此常年的亏空很难较快弥补。康熙给他们的奏折批文中，也暗示要将这些亏空补上，不过在百官和世人面前，总是极力维护这两个心腹。有时就公开说："曹寅、李煦用银之处甚多，朕知其中情由。"至于是什么样的情由，当然不可以公诸天下。

康熙五十一年（1712）七月，在曹寅死的当天，李煦就起草奏折，向康熙作了详细汇报，把曹的情况说得很凄惨："曹寅七月初一日感受风寒，辗转成瘧，竟成不起之症，于七月二十三日辰时身故。当其伏枕哀鸣，惟以遽辞圣世，不克仰报天恩为恨！"其实这不过是兔死狐悲。雍正年间，曹家被抄时，还有住屋十三处，共计四百八十三间；地八处，共计一千九百六十九亩，等等。这些都应是在江宁织造与两淮盐务任上得来的好处，一般人都难以想象。

曹雪芹在《红楼梦》第十六回中，写了一段贾琏的乳母赵嬷嬷和王熙凤的对话，仿佛就是曹家的写照。赵嬷嬷说："还有如今现在江南的甄家，哎哟哟，好势派！独他家接驾四次。若不是我们亲眼看见，告诉谁，谁也不信的。别讲银子成了土泥，凭是世上所有的，没有不是堆山塞海的，'罪过可惜'四个字，竟顾不得了。"王熙凤问道："只纳罕他家怎么就这么富贵呢？"赵嬷嬷一语道破："告诉奶奶一句话：也不过是拿着皇帝家的银子，往皇帝身上使罢了！谁家有那些钱买这个虚热闹去！"讲的确是实情。

可叹的是，到雍正初年，李煦因为买苏州女子贿赂"阿其那"，即雍正的八弟胤禩（曾与雍正争夺过皇位），接受了专案审查，当然也被抄了家。李煦本人要受斩刑，雍正表示宽大，只作"发往打牲乌拉"的处罚。案子在雍正五年（1727）二月间全部终了，李煦辉煌的一生就此结束。

民生的艰辛

康熙二十八年（1689）正月初一，江南天气很好，来往拜年的人们似乎也多了喜气。在上海等地，过年还有放灯的风俗，不过到这年十二日，人们都没看到灯会，令人有些怅然。[15]

元宵节的前一天，在官衙里工作的人们，已经听说康熙皇帝早在初六日出了京城，南巡江浙。这方面的消息，普通百姓知道得要滞后一些了。

官方内部的确切信息要早得多，提督杨将军接到了正式通知，必须在十三日与江宁巡抚，前往接驾，地方各府县官们要准备好彩色布幔、拉船纤夫等。

康熙到了宿迁，与随行的各大臣说："朕未出京时询户部，知江南全省所欠历年钱粮，自十九年起，共结二百二十余万两。昨入宿迁境内，观民比往岁南巡稍加富庶，则知朕连年蠲免钱粮，大有益于民也。"康熙对其亲政后民力复苏、社会繁荣的局面，颇有得意之色，所以乘兴又说："今再将历年积欠钱粮尽行蠲免，使官无参罚之累、民无催科之扰。"对自己也提了要求："朕在宫中，一丝一粟不敢虚耗。但古人藏富于民，使民安居乐业，可慰朕心！"

皇上的话是金口玉言，说要减轻百姓负担，地方官自然会严格遵照执行。所以当康熙的话传到南方后，让民众实感皇恩浩荡。上海县吏姚廷遴在其《历年记》中，就写下了"天语惶惶"的感言。皇上的口谕，很快由各级地方官负责印刷告示，到处张贴，一时民情大悦，万姓欢腾。

一路上行程迅速，二月初二日，康熙一行就到了苏州。各地官员百姓跪在路旁迎接，看到皇上的圣驾，都高呼"万岁"。康熙高兴地回应他们："你们江南百姓俱有寿！"

这个江南最为繁华富庶的地方，着实让康熙流连忘返。康熙住了整整四天，游了虎丘，看了万寿亭。其间还游了灵岩山寺，大和尚出来拜见。康熙问："你在山中曾见龙虎么？"大和尚答："虎是时常见的，龙是今日始见。"康熙又问："你有老婆否？"大和尚恭敬地回答："和尚有两个老婆：一个姓汤，一个姓竹。"康熙大笑，觉得大和尚很是机智，赏了白银二百两。

初七日到嘉兴府。初十日到了杭州。杭州风光之美，更让康熙舒心。第二天就入西湖游玩，遍历四周名山。十四日以后去了绍兴，祭拜大禹陵，次日仍回到杭州西湖行宫过夜。十六日去了灵隐寺，每到地方，都看到有乞丐拥挤着跪在路边，哀求赏赐，康熙很慷慨，每人都赏银一锭。结果，第二天来乞讨的人更多，康熙下令调取关税银三千两，每人打赏五钱。这样的赏法，连续搞了三天。

二十日仍回到苏州，所经之地都是水乡泽国，路上渔船都停在河道边接驾。随从康熙的官船上都用栲栳装满大钱，每遇平民渔船，就散钱打赏，结果民心大悦。

南巡的日子确实让康熙十分开心。起初他打算南巡的时候，有大臣还上疏阻止说："圣驾一出，恐劳民伤财。"康熙不以为然，说："我去，必益于民。"他一入江苏境内，先是赦免江南省历年拖欠白银二百二十余万两，到浙江，到处散钱给乞丐、渔民等贫民，看来真的是"益于民"了。

康熙还指出："江浙乃人文之薮，每岁科考试，秀才入学，与乡试举人中式，必该放额，尔督抚酌议名数具奏。"此外，其南巡经过之地，相关府县地方官根据不同情况得到奖赏；其犯罪囚禁的人，除十恶不赦外，其余死罪徒流，尽行释放，这简直是"重见天日"。以致后来有人感动地回忆说，康熙南巡的恩泽，即使是尧舜之君也不过如此。

这是康熙大规模南巡之举的第二次。第一次开始于康熙二十三年（1684）十月，汤斌任江南巡抚，诸事俭约，轻骑简从，到苏州时就住在织造府衙中，远没有这第二次来得奢华。盛世巡游江南，在清代好像是一种昭示。后来最成功的仿效者，仅乾隆一人而已。

康熙南巡共计有六次，除正史记录外，野史笔记中都有这位圣主南巡期间的实录和奇闻趣事，十分精彩。第三次在康熙三十八年（1699），第四次在康熙四十二年（1703），第五次在康熙四十四年（1705），第六次在康熙四十六年（1707）。后面三次巡游，间隔均只有两年。无锡人孙静庵说，康熙的六次南巡，是“天恩温谕，莫可殚述”。[16]最后的一次南巡中，康熙去了无锡惠山的寄畅园。园中有一棵硕大的樟树，树龄据说已达千年。康熙十分喜欢，经常抚玩不止，回去后忆起此树，还问长得好不好。海宁名士查慎行有诗赞此树称：“合抱凌云势不孤，名材得并豫章无。平安上报天颜喜，此树江南只一株。”然而，就在康熙盛大的南巡活动结束后不久，这棵树就枯死了。

在很多史料记载和人们的印象中，康熙一朝，往往与其孙乾隆一代并称，说是“康乾盛世”。康熙朝的景象，的确有令人振奋的一面，然而民生的艰辛与天灾的频仍，在康熙朝依然俯拾皆是，令人难以忘怀。

汤斌是康熙朝的名臣，字孔伯，号荆岘，又号潜庵，河南睢州人，顺治九年（1652）进士。当时准备修《明史》，汤斌大胆地提出：“《宋史》修于元至正，而不讳文天祥、谢枋得之忠；《元史》修于明洪武，而亦著丁好礼、巴颜布哈之义。”他援前朝先例，认为史书修纂应秉笔直书，不应该有所讳饰，明末清初的史实书写也应如此：“顺治元年、二年间，前明诸臣有抗节不屈、临危致命者，不可概以叛书。宜命纂修诸臣勿事瞻顾。”要将明末清初的史事完全不作曲笔，显然要冒天下大不韪，触及清朝的隐讳。汤斌的提议虽遭到其他降清大臣的强烈反对，但顺治并未罪责他。

康熙十七年（1678），汤斌被诏举为“博学鸿儒”，接连担任翰林院侍讲、《明史》编修、日讲起居注官、浙江乡试正考官等职；二十一年时，还被任命为《明史》总裁官。二年后，他升任内阁学士，康熙认为他的操守高洁，让去担任地位重要的江宁巡抚。在多方面看来，这是天大的肥缺。何况康熙这么看重他，临行前还钦赐鞍马一、表里十、银五百两。十月份，康熙迫不及待地开始了他盛大的南巡活动，到苏州后，接见了他的这位爱臣，并说：“向闻吴阊繁盛，今观其风土，尚虚华，安佚乐，逐末者多，力田者寡。”对江南的社会现实，康熙表现了一点忧虑，所以他告诫汤斌：“尔当使之去奢返朴，事事务本，庶几可挽颓风。”江南城乡的奢华之风，确实令人感到担忧。太湖中的洞庭东山，居然已都是“华屋康衢，熙来攘往”，一派乐土气象，时人称为“与城市同风”。[17]豪富人家，大行奢侈之风。泰兴的季氏，康熙年间已富甲天下，家居有围墙数里，外面有复道，六十个壮年男子携警铃时刻巡逻，他们每月除了领取工资外，每天晚上可得高邮酒十坛、烧肉三十盘的待遇。康熙九年（1670）时，天气一直阴雨，季家恐衣物霉坏，令家人在庭院中晒裘皮，有紫貂、青狐、银鼠、金豹、猞猁等名贵皮草，都放开捶打，结果打下的兽毛有三寸厚。家中还蓄养优伶，有女乐三部，每个戏子穿着的服饰价值巨万。季家人习惯夜生活，晚睡晚起，日上三竿才起来，一般是喝人参、龙眼等汤；梳洗完了，早已是中午了；饭后就玩唱歌曲，或吹洞箫；然后又要补晚妆，开夜宴。所以当时人娶季家女人的，绝无声色之娱，只有伺候之烦、经营之累。有个翰林院修撰娶了一个季家女子，结果伺候之烦，令他“涕泣废飧”，觉得还不如送回季家厮养，就又遣送回去了。富庶人家这样的豪奢举动，自然会影响到社会风尚，难怪康熙会受震动了。

对于康熙的嘱托，汤斌在巡抚任上时刻不忘。他很注意整顿社会风气，下令各州县建立社学，宣讲《孝经》、《小学》，修建“泰伯祠”和宋代范仲淹、明代周顺昌的祠庙，对有伤社会风化的妇女入庙烧香游观的行为予以严禁，焚毁民间五通神等淫祠，不准胥吏、倡优穿衣着帛，禁毁淫词小说。不久，江南风俗为之一变，“教化大行”。同时，他又十分体恤江南百姓的疾苦，提出了许多减免赋役的措施，大得民心。康熙二十五年（1686），汤斌将去北京担任礼部尚书。离任消息传出后，“吴民泣留不得，罢市三日”，体现了江南民众对他的爱戴之心。

《四库全书》中收有《汤子遗书》十卷，另有《潜庵汤大司空遗稿》（康熙二十九年刻本）、《汤文正公集》（同治十年刻本）两书，内容大多是汤斌的从政文集。这些文集中的许多内容，反映了康熙盛世背景下江南民生的艰难，百姓赋役的沉重，这是论说康熙盛世的人们都不太情愿认识的另一面。

譬如，汤斌曾向康熙上疏指出：“苏、松等处赋额繁重，虽在丰年，所入常不敷所出。乃十八、十九两年异常灾荒，逋欠独多。今年之尾欠，即为来岁之带征。下年之未完，又为次年之并比。陈陈相因，日以增益。小民终岁胼胝，不过亩收石粟，欲正供之外，兼完积逋，势必不能。”[18]如果上年的钱粮交不出来，来年的日子必定更为难过。官府只有完纳催科的职责，只有天天敲扑百姓，才能稍微缓解政府赋税任务的压力。

因此，他认为不能只看到江南是帝国财赋重地、江南生活繁华的一面，也应看到民生艰难、赋役沉重的另一面，向康熙恳切地提出，要减免江南赋税，缓解民困。他说：“苏、松土隘人稠，一夫所耕不过十亩。而倚山傍湖，旱涝难均。即丰稔之岁，所得亦自有限。而条银、漕白、正耗，以及白粮经费，漕赠五米十银，杂项差徭，不可胜计。而仰事俯育，婚嫁丧葬，举出其中。终岁勤动，不能免鞭扑之苦。故苏、松俗好浮华，而独耕田输税之农民艰难实甚。两府与常、镇、嘉、湖皆壤地相接，而赋额轻重悬殊。即江、浙、闽、楚并号财赋之乡，区区两府田不加广，而可当大省百余州县之赋，民力所以日绌也。”

汤斌勤政清廉，在他上京的第二年，就因病而卒。其间，有人还在朝廷上批评他在苏州时的文告中有“爱民有心，救民无术”之语，暗含对皇上的讥讽，康熙自然不高兴，让汤斌解释清楚。汤斌只好说自己“资性愚昧，愆过丛集”，愿意接受处分。⑲

除了良臣能吏，当时的基层社会还有大量奸臣贪吏，为害一方，使百姓饱受痛苦。

三藩之乱平定后，康熙曾下诏要蠲免丁粮，湖南是战争重灾区，应免十多年银粮，地方官员却依然征敛如故。当时只有湘潭贡生石仑森，敢讲湖南地方官吏的贪虐残暴，上京控诉。在他的《陈情纪事》中说：“虽皇恩浩荡，湖南不沾涓滴，百姓反罹苦害。……湖南洞庭阻隔，全无忌惮，竟成鬼域。民有冤情，一控督宪，即触抚怒，底死不释。”对湖南官场进行了有力的鞭挞，“湖南巡抚以下，疾之若仇”。后因武昌民变，石仑森被诬入狱，死得十分悲壮。

江南，是清代经济最为发达的地区。繁华的背后，却有无数民众勤苦劳作的身影。日常生活中，不时有重赋繁役的压迫，即使没有天灾的影响，也已相当辛劳了。

先看一部上海县衙小吏姚廷遴的生活记录《历年记》。姚廷遴，字纯如，明代御医姚永丰之孙、浙江布政使姚永济之从孙。《历年记》所述内容，始于明崇祯元年，终于康熙三十六年，差不多是姚七十年间的亲身见闻录，对当时官场生活、吏治兴废、年岁丰歉、物产风俗等，都有详细的反映，是一般正史所不具备的。

从顺治十八年顺治帝驾崩、康熙登极开始，至康熙三十五年的记载来看，差不多每一年都不像风调雨顺的样子，不是农业歉收，就是棉花价格低落，或者水旱灾害不断，哪里有盛世的太平景象？

譬如，康熙元年（1662），春间因旧岁大小两熟全荒，米价骤贵，民大饥；八、九月盛行疫痢，十家九病。康熙三年，棉花、水稻俱歉收。康熙九年，正月开始多雨，到四、五月又多雨，六月十一日发生大风潮，发大水，坍坏草房及旧屋无算。康熙十五年三月大雨，农作全荒，夏季米价暴涨。康熙十九年一月，米贵至极；春季种棉花的大荒；秋季晚稻全死。康熙二十八年七月，棉铃都脱落在田，晚稻被虫咬死，至有全荒者，竟变为大荒年。康熙三十二年，春夏雨水少，河水枯涸，稻苗皆坏，赤地几百里，物价腾贵。等等。《历年记》都是这样的记载。

同样是上海县人，叶梦珠的《阅世编》，记载有点流水式，灾荒情况与《历年记》基本一致。[20]聊举数例：康熙二年（1663）六月至十月终，从松江府城到上海县，到处传染疫病；一家数十人中，有一人不病的十分罕见。康熙三年八月，发生风暴潮，海水泛滥成灾。康熙五年六月，暴风骤雨，发生大水灾，坍毁民居庐舍无数。康熙九年四月、六月分别出现大水灾和大潮灾。康熙十七年，自六月望后到十一月，发生大瘟疫，死亡人数众多。康熙十八年，山东、河南、江南等地都发生大饥荒。康熙二十八年秋天，松江府地区农业歉收严重。等等。

这些情形，反映的是盛世景象的另一面。

离上海不远，西面的浙江省有一个小县，叫嘉善，那里也是人多地狭，生计迫促，虽有水乡泽国之胜，也常常难免天灾人祸。明末清初嘉善县的一位士绅较为详细地记录了崇祯十三年（1640）到康熙二十二年（1683）嘉善地方的大事。这里也稍举一些事例。

康熙元年，嘉兴知府张汉杰到嘉善县，征讨民欠钱粮，杖杀百姓无数。康熙二年，七月初十，张汉杰又来到嘉善，比征顺治九年、十一年条银，十二年牛角银，十三年海塘银，十四年河工银，民众无以为生，纷纷罢市；十三日，知县邹度竑因为白银征收晚于期限，被革职；八月初四日，有李姓小民因为不能完成钱粮任务被抓，在狱中自杀了。康熙四年正月，新年刚过，知县叶蕴下令全征条银，对民众实行严刑拶夹，以致民不聊生；西塘寡妇卞氏，只欠白银五钱，就活活被杖死；县城居民朱尔宏媳妇顾氏，因欠灰石银四钱，被勒令自杀。康熙七年正月，县丞李金枝拘禁了十多名欠银的生员；六月中旬地震成灾，县丞李金枝没向上级政府报灾。康熙十年初，饥荒严重，乡村百姓都挖凫茨、草根、榆皮为食，饿殍载道。康熙十一年，六

《康熙南巡图》（局部）

月至七月，蝗灾严重，昼夜飞声不绝，知县居然不报灾。康熙十六年三月，民间发生大疫，农业歉收，县政府却照常严酷征比条银。康熙十八年四月至八月，江南大旱，兼有蝗灾，县政府依然严征税银，以致民怨沸腾。㉑

上述这些事例，都有力地说明了康熙朝中国地方民生的许多疾苦情况，揭示出康熙时期别样的景象。

注释：

① (清) 姚廷遴：《历年记》，载《清代日记汇抄》，上海人民出版社1982年版。

② 详参 (清) 翁广平：《书湖州庄氏史狱》，中国野史集成本。翁广平 (1760—1842)，字海琛，号海村，平望镇人。

③ (清) 佚名：《庄氏史案》。

④ (清) 方苞：《方望溪先生全集》卷四《教忠祠祭田条目序》。

⑤ (清) 叶梦珠：《阅世编》卷六《赋税》。

⑥《清世祖实录》卷三，"顺治十八年辛丑"条。

⑦ (清) 吴伟业：《梅村家藏稿 · 梅村先生年谱》卷四。

⑧ (清) 曾羽王：《乙酉笔记》。

⑨ 王树民等编校：《戴名世遗文集》，中华书局2002年版。

⑩《清圣祖实录》卷二百五十八，"康熙五十三年甲午"条。

⑪ (明) 张卤：《皇明制书》卷九《教民榜文》。

⑫《清圣祖实录》卷三十四，"康熙九年庚戌"条。

⑬ 参光绪《嘉定县志》卷二《营建志 · 官署》。有仪轩，康熙十二年嘉定知县赵昕在县衙中始建。

⑭《清史稿》卷二百六十五《陆陇其传》。

⑮ 清初姚廷遴的《历年记》,对当年康熙的南巡记载较详。

⑯ (清) 孙静庵:《栖霞阁野乘》卷上,"康熙六次南巡始末记"条,北京古籍出版社1999年版。

⑰ (清) 翁澎:《具区志》卷七《风俗》,清康熙湘云阁刻本。

⑱ (清) 汤斌:《汤子遗书》卷二《积年未完之漕项已荷分征、五载压欠之正赋更祈蠲缓、以广皇仁、以苏民困疏》。

⑲《清史稿》卷二百六十五《汤斌传》。

⑳ (清) 叶梦珠:《阅世编》卷一《灾祥》,上海古籍出版社1981年版。

㉑ (清) 佚名:《武塘野史》,清抄本。

04 雍正朝的政治

雍正即位之谜

清初历史虽然不远，但一些悬疑大案，至今未能真正破解。雍正继位一事，历来众说纷纭，加上野史笔记的渲染，更涂上了浓浓的神秘色彩。

康熙六十一年（1722）十一月，北京天气相当寒冷，一代名主康熙，也走到了人生的尽头。在畅春园休养的他，已经感到时日无多。过了几天，就驾崩了。

承继皇位的，是皇四子胤禛，改明年为雍正元年。雍正马上下令，由贝勒胤禩、皇十三弟胤祥、大学士马齐、尚书隆科多总理事务；召抚远大将军胤禵来京；命兵部尚书白潢为协理大学士；以杨宗仁为湖广总督，年羹尧任广东巡抚。这是雍正继位之初的重大政治安排，有其长远的考虑。

不过，这段历史令人议论最多，不少人认为康熙临死前颁布的遗诏是被皇四子篡改的，雍正继位并非康熙本意，传位另有其人。当然，官方正统的文献中，都没有这样的说法。例如，清末著名学者王先谦的《东华录》中说：康熙帝病情突然恶化后，曾传见诸皇子和重要大臣，遗诏中曾写着："皇四子胤禛人品贵重，深肖朕躬，必能克承大统，着继朕登基，即皇帝位。"这样重要的人事安排，胤禛本人却不在场，遗诏是由隆科多宣读的。据说，当时胤禛并无做皇帝的思想准备。

雍正皇帝像

这也是官方有关胤禛继位的统一口径，但野史笔记中的记载就完全不同。

收在《清朝野史大观》中的《清世宗袭位之异闻》就说：康熙弥留之际，曾手书遗诏："朕十四皇子，即缵承大统。"皇十四子胤禵当时正统兵西征，胤禛得知遗诏所藏的地方后，只身潜入畅春园，将遗诏中的"十"字改为"第"字。而雍正在《大义觉迷录》中，提及民间传言他是将"十"字改为"于"字：[①]

据逆贼耿精忠之孙耿六格供称，伊先充发在三姓地方时，于八宝家中，有太监于义、何玉柱向八宝女人谈论：圣祖皇帝原传十四阿哥允禵天下，皇上将"十"字改为"于"字。又云：圣祖皇帝在畅春园病重，皇上就进一碗人参汤，不知何如，圣祖皇帝就崩了驾。皇上就登了位。随将允禵调回囚禁。太后要见允禵，皇上大怒，太后于铁柱上撞死。皇上又把和妃及其他妃嫔，都留于宫中等语。又据达色供，有阿其那之太监马起云向伊说：皇上令塞思黑去见活佛，太后说："何苦如此用心！"皇上不理，跑出来。太后甚怒，就撞死了。

上述篡改遗诏的说法，流传甚广。不过，根据史料记载，康熙遗诏是用满文写的，而且用满语宣读，如果将"十"字改为"於"字根本是不可能的；即使用汉字，"十"字也无法改成"於"，因为正式文本中"於"字应当不会简化为"于"字。这段话其实十分简单明了。"允"字其实原为"胤"字，为避雍正名讳，改"胤"为"允"。"皇上"是雍正；"阿其那"为其八弟允禩，"塞思黑"为其九弟允禟。

应该注意的是，雍正上台后，确实可以很方便地篡改权威记录《清实录》等资料，并不能完全排除雍正篡改证据的可能。但是，不管怎样，雍正的继位应该还算顺利。当他登极后，采取的一系统政治、经济改革措施，进一步稳固了康熙朝奠定的社会经济基础，为后来乾隆朝全面繁荣的到来，做出了极其重要的铺垫。

据记载，在康熙数十个儿子中，雍正的天资最高，所谓"生有异征，天表魁伟，举止端凝"，[②]为人刚毅，处事果断。

雍正元年（1723）正月之初，雍正向全国各总督、巡抚等衙门颁发了十一道训谕，文官直达知府、县令，武将下至参将、游击。在谕旨中，他向各地的总督说道："自古帝王疆理天下，必有岳牧之臣，以分猷佐治，而后四方宁谧，共臻上理。此封疆大臣以总督为最重也。"雍正认为，总督管制地区往往都是两省范围，权力可以钳制文武，只有“使将吏协和，军民绥辑”，才可算称职。他还说：“朕嗣绍丕基，一切遵循成法。”他向总督们提出了殷切的期望：“惟冀尔等察吏安民，练兵核饷，崇实行而不事虚名，秉公衷而不持偏见。”如果恣意徇私，不能好好尽忠职守，报效朝廷，那就会受到国法的严惩。对全国十八省的巡抚们，雍正同样表示了教诲之意：“一省之事，凡察吏安民、转漕裕饷，皆统摄于巡抚。”要他们洁身自好，励精图治，惩恶扬善，忠君爱国；如有不良行为，要及时悔悟改正，无则省躬加勉；并且要即时督促所属府州县官，“共相勉勖，同心协力，以尽职守”，如果玩忽职守，也决不宽宥。③

由于亲身经历了争夺帝位的苦痛，为永绝后患，雍正在八月份创立了秘密立储制。他召见大臣九卿说：“圣祖（康熙）既将大事付托于朕，朕身为宗社之主，不得不预为之计。今朕特将此事亲写密封，藏于匣内，置之乾清宫正中世祖章皇帝御书‘正大光明’匾额之后，乃宫中最高之处，以备不虞。诸王大臣咸宜知之。”④

雍正二年（1724）七月，雍正发布了御制《朋党论》，给诸王、满汉文武大臣看。雍正说：“朕即位后，于初御门厅政日，即面谕诸王、文武大臣，谆谆以朋党为戒。今一年以来，此风犹未尽除。”雍正心知，在皇位继承人的事情上，他的那些兄弟各成派系，都是强有力的竞争对手，尤以八弟允禩、九弟允禟为最。他的上台，是内靠舅舅隆科多在御前传谕“圣旨”，外靠大将军年羹尧手握重兵，使康熙晚年最看好的十四阿哥允禵，根本无力与他抗衡。为了压服众人，雍正仍把圣祖康熙爷搬了出来，说康熙“亦时以朋党训诫廷臣”，现在居然还有人想联结朋党，显然更加不识时务。因此他又说：这些别有居心的人，“俱不能仰体圣心，每分别门户，彼此倾陷，分为两三党，各有私人。一时无知之流，不入于此，即入于彼。朕在藩邸时，敬慎独立，深以朋党为戒，从不示恩，亦无结怨。设若朕当年在朋党之内，今日何颜对诸臣降此谕旨乎？”

这分明是自我表白，我雍正从来没有结朋党的意思和行为。而那些有朋党之嫌的人群，也正是那时他继承皇位最大的威胁。他的话，显然是对那些人的震慑，也为他接着而来的整治朋党，提供舆论先导。雍正御制的《朋党论》就这样出台了。

很快，雍正就将那些可能带来朋党之祸的亲王全部剪除，对允禩、允禟、允祉、允禵等骨肉兄弟一一下了狠手，其中许多人无缘无故地“病死”了。不仅如此，雍正还用满语中的粗话将允禩改名为“阿其那”（满语为“狗”）、允禟改名为“塞思黑”（满语为“猪”）。雍正为政的特点是严猛，与乃父康熙的宽仁，颇成鲜明的对比。

雍正生于康熙十七年十月，即位时已四十五岁，老练沉稳，夺位斗争的影响又促进了他的猜疑性格，最后，居然对他最有力的支持者重臣年羹尧、舅舅隆科多都下了黑手。

雍正七年（1729），清廷设立了军需处，后改名为军机房；最初的目的，是针对准噶尔战争的军机要务的处理需要，所有成员都是雍正选派的亲信。雍正八年后，正式改称为“办理军机处”，以后就简称“军机处”，成了处理全国军政大事的核心机构。军机处设有军机大臣，由皇帝在亲王、大学士、尚书、侍郎、京堂中选定，也通称作“大军机”，无定员，最多时达六七人；为首的称作“领班”，其他人则称军机大臣、军机大臣上行走、军机大臣上学习行走等。他们的僚属称军机章京，通称小军机，负责缮写谕旨、记载档案、查核奏议。军机大臣直接听命于皇帝。皇帝通过军机处将机密谕旨，直接寄给各地总督、巡抚，称为“廷寄”；督、抚有重大问题上书直接寄往军机处，再交皇帝审批，称为“密折”。军机处办理的是最为机要的国家大事，从而完全取代了清初权力最大的议政王大臣会议。军机处机构精简，行政效率高，有利于迅速处理全国的军政大事。皇帝则通过“廷寄”与“密折”，遥控军机处，集大权于一身，加强了君主专制集权。经过这样的机构调整，内阁也形同虚设，内阁成员不过是荣誉的职衔。因此，雍正以后的几朝中，这个机构被很好地维持下来。

从整个清代历史进程来看，雍正朝的政治整顿是最具积极意义的，实际作用及影响也最大，并为清代在乾隆朝出现的兴盛局面，奠定了坚实的基础。

加强对地方的控制

雍正在内政方面的多项改革举措，使清代的政治体制大体上得到了完善。

譬如，他改革八旗制度，裁抑原满洲部落贵族的特权，撤销旗下护军，禁止八旗宗藩与外廷交通、接受私谒，八旗兵权统归皇帝一人。雍正采取了极其严酷的措施，大杀满族亲贵，直接委派亲信管理各地旗务，全面剥夺了原八旗旗主的兵权。这样一来，八旗就能直接听命于皇帝，成为中央集权制下的常备军。八旗兵共分满、汉、蒙，各置八旗，总共有二十四旗。其中一部分留守京师，称“禁旅八旗”；一部分驻守地方，称“驻防八旗”。所有八旗中，仍以满八旗为主。除此之外，还有绿营兵，由收编后的明降军和汉族地主武装组成，配合八旗兵驻防北京和全国各地，由此在全国形成十分严密的军事控制体系。

雍正进一步加强对总督、巡抚和地方政府的控制。明代的总督、巡抚大多为临时委任，负有监察或特殊军事统领之责，行省一级最高行政长官为布政使。明代后期因军事控制的需要，才在各地增设总督，也非普遍现象。与明代不同的是，清代将督、抚制度化后，总督、巡抚成了固定的封疆大吏，代表皇帝总揽一省或数省的军政大权。督、抚们可以通过“奏折”或“密折”，直接向皇帝汇报军政大计，皇帝有密谕，则通过“廷寄”迅速直接地传到督、抚那里。

下面是一则康熙五十七年雍正尚为“四王爷”时与心腹戴铎的来往密折：⑤

奴才戴铎谨启：主子万福万安。奴才素受隆恩，合家时时祈祷，日夜思维，愧无仰报。近因大学士李光地告假回闽，今又奉特旨，带病进京，闻系为立储之事，诏彼密议。奴才闻知惊心，特于彼处相探。彼云“目下诸王，八王最贤”等语。奴才密向彼云：“八王柔懦无为，不及我四王爷聪明天纵，才德兼全，且恩威并济，大有作为。大人如肯相为，将来富贵共之。”彼亦首肯。但奴才看目下诸王各各生心。前奴才路过江南时，曾为密访，闻常州府武进县一人，名杨道升者，此人颇有才学，兼通天文，此乃从前耿王之人也，被三王爷差人请去，养在府中，其意何为？又闻十四王爷，虚贤下士，颇有所图。即如李光地之门人程万策者，闻十四王爷见彼，待以高座，呼以先生。诸王如此，则奴才受恩之人，愈觉代主子畏惧矣。求主子刻刻留心。此紧要时，诚难懈怠也。谨启。

蒙批：“杨道升在王府已有数年，此乃人人皆知。”“程万策

《雍正十二月行乐图轴》(局部) 之赛龙舟

之旁，我辈岂有把放屁当焚香之理。”“你在京城时，如此等言语，我何曾向你说过一句。你在外如此小任，骤敢如此大胆，你之死生，轻若鸿毛，我之名节，关之千古。我作你的主子，正是前世了。”

这是雍正登基前的紧要关头，戴铎为他打探的朝廷和各王子派系的动向，十分真切。彼时的“四王爷”虽然表面上批评戴铎胆大妄议国家大政，要重视自己的名声，但心底里还是需要这样的奴才为他驱使服务的。

雍正亲政后，这种密折应用的范围扩大了，许多官员都获得了使用奏折的权力。奏折逐渐成为清朝最重要的官文书。由于奏折具有密、速、详的特点，皇帝通过奏折多方面地了解下情，对各级官僚机构的控制也大大强化。

雍正的勤政，在清朝历代皇帝中算是出了名的。现在保存下来的雍正朱批奏折，只有十三年，但却相当于乾隆六十年公文批复的工作量，比康熙还要勤奋，实在令人叹服。

雍正每天办公，从早到晚，从不间断。他每天批阅的奏折，多时达五六十件。奏折中很小的事情，他都要仔细览读，从不轻视，更不会拖延耽搁。奏折中的用语都是白话，十分生动有趣。收录在《清代官员履历档案全编》中的雍正批示，是这方面的一个反映。看看他对下面这些地方官员的评价：

陕西凉州镇标中营守备王锡：鬼头些的人，相貌倒好。

候补贵州平越县知县杨兴道：人着实不妥，鬼而横，不似端人。

河南管河道祝兆鹏：明白，去得，似过聪明人。细问，老成人，将来可用。

广东平海营中军守备戴进：老实人，相貌卑小，像老婆子。

云南开化镇标左营守备史应贵：痴胖子，似醉眼，人亦明白，识字，像买卖人。

直隶正定镇标左营游击佟偾：赤红脸，似酒气，像公子哥儿，紧肉，胖子。

江西广信府知府佟鋆：深知之人，急性，公子哥儿，良心似有，出得力的。

进士出身候选知府姜潮俊：不似科甲，像一实力办理之人，将来可道员，尚可上进。

直隶宣化人、江苏泰州知州褚世暄：甚像汉军，好小材料，非大气，人亦小聪明，伶俐人。

德清人、南昌府知府许镇：人苍，着实明白，只恐有浙江习气。

海盐县人、柳州府知府钱元昌：人甚老成明白，将来可道员，不似浙江人，好相貌，须参白。

河南人、太仓直隶州知州王溯维：过于聪明，像浙江、汉军人。有才有本领人，气度庄大，神气不真诚，未看透，人贼苍。

定海镇标左营游击张文耀：人明白，不似福建人，说话亦不土音，此人若能操守，总兵有余之官。

这些评语，简单明了，容易理解，且精准地反映了雍正的态度和评价。

许多奏折中的批示，雍正还会把自己情感表示出来，令人可亲。收在《雍正朱批谕旨》中的大量批谕，都可以看到。比如：[6]

“好事好事！此等事览而不嘉悦者，除非呆皇帝也！”

“李枝英竟不是个人，大笑话！真笑话！……有面传口谕，朕笑的了不得，真武夫矣。”

“朕生平从不负人；人或负朕，上天默助，必获报复。”

“真正累了你了，不但朕，怡亲王都心疼你落眼泪。阿弥陀佛，好一大险！”

“该！该！该！该！只是便易了满丕等，都走开了。不要饶他们，都连引在内方畅快！”

“少不机密一点，仔细头！”

“可谓良心丧尽，无耻之小人也！”

雍正的政治改革中，赋役制度的调整，对后世影响极大。

清初，中央鉴于明朝后期赋役的紊乱以及战争的破坏，在入关后大力整顿赋役制度。顺治三年着手编纂全国的《赋役全书》，费时十一年才完成；康熙中期重订《简明赋役全书》，对赋税征收的操作手段实行改革。为了改变地亩、人丁双重赋役标准所造成的征收上的混乱和弊端，清政府在明代“一条鞭法”的基础上，进一步深化改革。

康熙五十一年（1712）二月，朝廷宣布以明代万历十年（1582）的全国丁银额为征税准则，所谓“盛世滋生人丁，永不加赋”。康熙帝在给大学士和九卿等有关官员的谕旨中这样说道：“朕览各省督抚奏编审人丁数目，并未将加增之数尽行开报。今海宇承平已久，户口日繁，若按见在人丁加征钱粮，实有不可。人丁虽增，地亩并未加广，应令直省督抚，将见今钱粮册内有名丁数，勿增勿减，永为定额。其自后所生人丁，不必征收钱粮，编审时，止将增出实数察明，另造清册题报。”又说，“直隶、各省督抚及有司官编审人丁时，不将所生实数开明具报者，特恐加征钱粮，是以隐匿，不据实奏闻。岂知朕并不为加赋，止欲知其数耳！”⑦

这项政策，在中国赋役制度史上有着重要意义。不过，这在根本上仍不能解决在丁额数字上的混乱和虚假作弊，所以，在康熙末年，四川、广东等省开始试行将丁口之赋摊入地亩的征收办法。⑧

雍正元年(1723)六月，山东巡抚黄炳首先上奏提出，要按地摊丁，丁银摊入地亩征收，以苏民困。他认为，有地则纳丁银，无地则去丁银，可以使贫富负担趋向平均。雍正认为摊丁问题关系重大，并没有马上接受黄炳的建议，反而说他“冒昧渎陈”。⑨但是一个月后，直隶巡抚李维钧(后任总督)上奏中同样的提议，却得到了雍正赏识。李维钧作了详细的汇报，准备将地亩分上、中、下三等，丁银按地亩等级摊入，这样更符合实际情况。第二年，即批准先在山西实行，而后云南、河南、陕西、甘肃、安徽、江西等省相继实行“地丁合一”。这种“摊丁入地”的赋税改革，使中国历史上带有浓厚人身依附性质的人丁税基本被废除。

后来，人们常常将清代的“摊丁入地”和明代的一条鞭法联系起来进行考察，把一条鞭法看成是“摊丁入地”的前驱，而“摊丁入地”又是一条鞭法的继续和深化，这是很有道理的。

从年轻时代侍从康熙巡幸四方，到中年以后亲政天下，雍正一直十分勤勉，是个奋发有为的君主。除了在雍正元年奉送康熙和仁寿皇太后灵柩去河北遵化的东陵外，他在位十三年间，哪儿也没去，更不会去游山玩水了，都在京城里操持国家大事。唯一的奢侈消遣，是在京郊修建圆明园和名山宝刹。

一般认为，雍正在生活上用度是较为简单的，甚至连纸张的使用，也要求节俭。他经常说："用不着的东西，再不必进。"江宁织造曹頫进了一百把锦扇，雍正虽然觉得墨色不错，但说"此种扇不必进"。[10]这也是雍正为政的态度。

雍正有十个儿子，长到成年的，有弘时、弘历、弘昼、弘瞻四人。在雍正十一年时，弘历被封为宝亲王，可以参与一些政务大事，是雍正心中储君的重要人选。对他们的教育，雍正也抓得很紧。六岁以上，都要到上书房读书。雍正即位后，下令由朱轼、张廷玉、嵇曾筠、徐元梦等饱学硕儒，负责皇子们的教育工作，专门设立懋勤殿，举行拜师礼。

根据《清实录》的记载，雍正十三年（1735）八月二十一日，雍正在圆明园得病；次日照常工作；二十三日病情加剧，当天晚上，紧急召见宝亲王弘历、和亲王弘昼、庄亲王允禄、礼亲王允礼、大学士鄂尔泰、张廷玉等人，宣布传位给弘历后，于深夜辞世。[11]

在清代历史上，终身勤奋的帝王唯雍正一人而已。惜乎太过操劳，以致运命不长。他留下的遗诏，是他作为帝王的人生写照，也是写给下一代的政治嘱托。

雍正认为，他的一生，"无日不兢兢业业"，时刻牢记先皇康熙的教诲，"惟仰体圣祖之心以为心，仰法圣祖之政以为政，勤求治理，抚育蒸黎。无一事不竭其周详，无一时不深其祗敬"。他对弘历的评价很高，认为是先皇康熙生前最喜欢的孙子："宝亲王皇四子弘历，秉性仁慈，居心孝友，圣祖皇考于诸孙之中，最为钟爱，抚养宫中，恩逾常格。"至于立弘历为储君，其实在雍正元年八月，他于乾清宫召见诸王、满汉大臣，亲拟密旨时，就已经确定了。他也解释了在位时期，为政以严，是因为："国家刑罚禁令之设，所以诘奸除暴，惩贪黜邪，以端风俗，以肃官方者也……从前朕见人情浇薄，官吏营私，相习成风，罔知省改，势不得不惩治整理，以戒将来。今人心共知儆惕矣！"对另外几个儿子也有很好的评价：庄亲王心地淳良，和平谨慎；果亲王至性忠直，才识俱优，等等，都寄予了厚望。

对他信任的大臣，在遗诏中予以高度赞扬："大学士张廷玉器量纯全，抒诚供职，其纂修《圣祖仁皇帝实录》，宣力独多……大学士鄂尔泰志秉忠贞，才优经济，安民察吏，绥靖边疆，洵为不世出之名臣。此二人者，朕可保其始终不渝。将来二臣著配享太庙，以昭恩礼。"⑫在雍正的许多大臣中，能拥有这样崇高的礼遇，恐怕也只有张廷玉、鄂尔泰两人了。

年羹尧被杀

雍正在位只有十三年，他最信任的封疆大吏，主要有四人：一是西北的年羹尧，二是西南的鄂尔泰，三是河南的田文镜，四是浙江的李卫，号称四大总督。

其中，年羹尧的功勋最大，他与隆科多一起，是推动雍正获得帝位的最关键人物。

隆科多出身名门，为满洲镶黄旗人，一等公佟国维的儿子、孝懿仁皇后的弟弟。康熙六十一年(1722)辅佐雍正登极后,承袭了一等公爵位,担任吏部尚书。雍正元年,他与川陕总督年羹尧同时被加封为太保;次年,又兼管"理藩院"事务,负责监修《明史》,担任《清圣祖实录》、《大清会典》的总裁官。此后,时不时受到雍正的各种荣耀性封赏,可谓红极一时。

但是好景不长,雍正三年,因为年羹尧的获罪,他受牵连,被迫交代罪行,以前的那些荣誉头衔逐一被缴了回去。雍正说:"朕御极之初,隆科多、年羹尧皆寄以心腹,毫无猜防。孰知朕视为一德,彼竟有二心,招权纳贿,擅作威福,欺罔悖负,朕岂能姑息养奸耶?"一句"岂能姑息养奸",就让隆科多从天上掉到了地下。

隆科多的罪行是:与明珠、索额图曾结党营私;后与年羹尧重蹈前辙,不知悔改。雍正四年,查出隆科多曾收受年羹尧及总督赵世显、满保、巡抚甘国璧、苏克济的贿赂,就连隆科多的家仆牛伦也仗势索财。雍正下令对牛伦斩立决,革去隆科多的公职。此后,不断发掘隆科多的罪状:如康熙临死时,在帝侧的隆科多身上藏有匕首;他自比诸葛亮,上奏说"白帝城受命之日,即死期将至之时";雍正祭祀坛庙时,他借口防刺客,随便在祭案下搜查;雍正拜谒皇陵时,妄奏"诸王心变",等等。这些都被视为大逆的行为。隆科多入狱后,拟有"大不敬之罪"五条、"欺罔之罪"四条、"紊乱朝政之罪"三条、"党奸之罪"六条、"不法之罪"七条、"贪婪之罪"十六条,总计四十一条大罪,按律当斩,妻子为奴,家产要充公。雍正看了判决结果说:隆科多虽然罪不容诛,但当年拥戴他为帝有功,现在要杀他于心不忍,决定从宽处罚,在畅春园外造三间小房,永远监禁隆科多一家。雍正六年六月,隆科多就死在监禁的地方。[13]

作为雍正王朝初期隆科多政坛上的最大盟友，年羹尧的命运则更为不幸。

年羹尧，字亮工，汉军镶黄旗人，父亲遐龄曾任刑部郎中。康熙三十九年（1700），年羹尧考中进士，任庶吉士。九年后，升官为四川巡抚。康熙五十六年（1717），策妄阿拉布坦派人攻打西藏，四川提督康泰派兵征讨，出黄胜关后军士发生哗变，被迫撤兵。年羹尧密奏康泰不可用，康熙认为他实心任事，逐渐委以重任，康熙五十七年特授其四川总督一职，同时兼管巡抚事。在西藏用兵问题上，自川入藏，年羹尧协同军事，做得十分到位。以往用兵，军队所过之地，都要资助马匹、盘费、衣服、食物，地方仓促无法办理，一般都会挪用库帑；等军队回师，也是如此。但这次从西藏用兵回京，从将军到士兵，途中所得比正项还多；各官费用，动至万金。这与年羹尧在地方上加征火耗的工作，直接相关。

雍正即位后，召抚远大将军允禵回京，命年羹尧代理其职，以后加授二等阿达哈哈番世职、太子太保等职。青海的罗卜藏丹津等人反叛后，雍正派年羹尧率军征讨，并下令各地督抚等官和抚远大将军延信、防边理饷诸大臣，军事上都要听年羹尧的调遣。年羹尧要求前锋统领素丹、提督岳钟琪做他的参赞大臣，也得到雍正的同意。

西北边防一直是清代前期未能解决的重大问题，雍正派年羹尧前往弹压，自是充满了信任。雍正元年这次进兵，由于时间已是冬天，寒冷的天气不适合作战，年羹尧提出第二年再出兵的要求："请选陕西督标西安、固原、宁夏、四川、大同、榆林绿旗兵及蒙古兵万九千人，令钟琪等分将，出西宁、松潘、甘州、布隆吉尔四道进讨，分兵留守西宁、甘州、布隆吉尔，并驻防永昌、巴塘、里塘、黄胜关、察木多诸隘。

军中马不足，请发太仆寺上都打布孙脑儿孳生马三千，巴尔库尔驼一千，仍于甘、凉增买千五百。粮米，臣已在西安预买六万石。军中重火器，请发景山所制火药一百驼，驼以一百八十斤计。”对他的用兵策略和军需要求，雍正全部应允。

雍正二年（1724）二月开始，年羹尧派岳钟琪等人大举出兵，罗卜藏丹津最后逃往柴达木，其母阿尔太哈屯及其亲戚等全部被俘，并获男女、牛羊、驼马无数。策妄阿拉布坦最后被迫投降；年羹尧则派兵驻防巴里坤、吐鲁番、哈密、布隆吉尔。青海地区战后工作处理后，在陕西、四川、云南三省边外诸番之地，增设卫所，加强控制；青海地方要三年入贡一次。岳钟琪率军四千，仍驻守在西宁。十月份，年羹尧回京受赏，雍正赐他双眼花翎、四团龙补服、黄带、紫辔、金币；论功加一等阿思哈尼哈番世职。

在封疆大吏中，年羹尧的战功赫赫，远胜同侪。据史书记载，年羹尧才气凌厉，仗着雍正的宠信，十分骄纵。与其他督抚交往，都直呼其名，没有一点礼貌的意思。入京时，居然传令直隶总督李维钧、巡抚范时捷跪在路旁迎送他；诸王大臣到京郊迎他时，他也不还礼。西北边防军政事务，几乎由他说了算，雍正对他的要求都予以满足。年羹尧虽长期在西北边疆，但雍正仍一直让他参与朝廷重大决策，许多事务都是最高机密。

在中国第一历史档案馆中，藏有雍正给年羹尧的朱批谕旨，有一则写道：

陕西光景似少些雨，麦田如何？近京城少旱，闻得直隶四外雨皆沾足，其余他省颇好。闻得江南、河南、山东三省搭界处有十数州县，去岁蝗蝻复发，随便写来你知道。再先因边事急，要尔所办之事外，实不忍劳你心神。今既上天成全，大局已定，凡尔之所见所闻，与天下国家吏治民生有兴利除弊，内外大小官员之臧否，随便徐徐奏来，朕酌量而行。

前面的内容，确实是随便写写，仿佛在拉家常。后边的内容，只有他们两人心知肚明，而且雍正让年羹尧关注的事情，包括了琐细的吏治民生，可见雍正对年羹尧的器重。雍正甚至说过，像年羹尧这样的封疆大臣，只要有十来个，不愁国家治理不好；并经常关心年羹尧，不要太过劳累，要从长远着想；至于年羹尧对雍正健康的关心，雍正觉得没有必要，只要他“一心料理封疆”就行了。[14]

青海战事的平定，使雍正极为兴奋，居然说年羹尧是他的“恩人”，十分肉麻，很失体统。另一份朱批谕旨中，雍正向他说：“你此番心行，朕实不知如何疼你，方有颜对天地神明也。”[15]

看到前面的话，很容易会让人想到儿子对父母的口气，也不过如此。于此，可见两人关系之亲密无间。所以，对于年羹尧的骄横，雍正一直能够隐忍。

但是大臣们的不满，不断爆发出来；雍正的态度也来了个一百八十度大转弯，对年羹尧的亲热很快消失了。

十一月十三日，雍正给直隶总督李维钧的朱批这样写道：“近日年羹尧陈奏数事，朕甚疑其居心不纯，大有舞智弄巧、潜蓄揽权之意。”十五日，给湖广总督杨宗仁奏折的朱批写道：“年羹尧何如人也？就尔所知，据实奏闻。‘纯’一字，可许之乎？否耶？密之！”[16]对年羹尧已经是完全不信任的态度。

十二月十三日，雍正给河道总督齐苏勒的密谕说道："近日隆科多、年羹尧大露作威福、揽权势光景，若不防微杜渐，此二臣将来必至不能保全，尔等皆当疏远之。"[17]雍正通过朱批谕旨，向他还信任的臣僚们，一一明示他对年、隆二人的不信任，其实也是在暗示他们，要及时站好政治立场，必要时出来指证年、隆二人的罪行。

雍正三年（1725）正月前后，一些人上疏指责年羹尧的贪暴之罪，都得到雍正的默认。

二月份，出现"日月合璧，五星联珠"的奇异景象，人们认为这是祥瑞。年羹尧上疏祝贺，颂扬雍正朝乾夕惕、励精图治的功勋，但在奏章中误用了"夕惕朝乾"一词。雍正认为年羹尧是有意颠倒词语用法，怒道："羹尧不以朝乾夕惕许朕，则羹尧青海之功，亦在朕许不许之间而未定也。"年羹尧入京后，雍正说他奏对悖谬，下令削去年的官职。四月，雍正继续批评道："羹尧举劾失当，遣将士筑城南坪，不惜番民，致惊惶生事，反以降番复叛具奏。青海蒙古饥馑，匿不上闻。怠玩昏愦，不可复任总督，改授杭州将军。"将年羹尧的总督一职，转授给岳钟琪，"抚远大将军"的印章也被缴了回去。年羹尧上疏说："臣不敢久居陕西，亦不敢遽赴浙江，今于仪征水陆交通之处候旨。"仪征在江苏，年羹尧居然抗旨不去浙江杭州。雍正很生气，催促年羹尧及时到杭州赴任。据说，年羹尧到杭州驻防时，每天坐在涌金门旁，鬻薪卖菜的都不敢出这个门，说："年大将军在也。"[18]

差不多同时，山西巡抚伊都立，都统、前山西巡抚范时捷，川陕总督岳钟琪，河南巡抚田文镜，侍郎黄炳，鸿胪少卿单畴书，原任直隶巡抚赵之垣，都上了奏章，纷纷揭发年羹尧的罪状；侍郎史贻直、高其佩还弹劾年羹尧曾经杀戮无辜百姓。雍正当即下令，分别议处年的罪责，将年的所有职务全部罢免。[19]

很快，年羹尧被抓到北京，案情由议政大臣、三法司、九卿联合会审，判定年羹尧的“大逆之罪”五条、“欺罔之罪”九条、“僭越之罪”十六条、“狂悖之罪”十三条、“专擅之罪”六条、“忌刻之罪”六条、“残忍之罪”四条、“贪黩之罪”十八条、“侵蚀之罪”十五条，共计九十二条，按律应当大辟、亲属连坐。[20]年羹尧罪责比隆科多多出一倍还多，雍正像对待隆科多一样，也表示了一点宽容：“羹尧谋逆虽实，而事迹未著，朕念青海之功，不忍加极刑。”十二月二十一日，派人到狱中，宣布他的谕旨，让年羹尧自裁：“朕以尔实心为国，断不欺罔，故尽去嫌疑，一心任用，尔作威福，植党营私，如此辜恩负德，于心忍为乎？”这是年羹尧在死之前，最后一次听到的雍正“心腹”之语。

作为惩罚，儿子年富被斩，其他儿子中十五岁以上的，全部发配至极边之地；年的幕僚中，邹鲁、汪景祺先后被斩；亲属给披甲人为奴。还有一个静一道人，被四川巡抚宪德捕获，押到京师后，也被杀掉。

邹鲁、静一道人是被诬与年羹尧图谋不轨，所以有此杀身大祸。汪景祺是年的重要谋士，因为写有《西征随笔》一书，被判“大不敬”，斩立决；刑部同时认为，汪景祺还作诗讽刺圣祖仁皇帝，更是大逆不道，要处极刑。雍正同意将汪景祺斩首示众，其妻子发配黑龙江，给穷披甲人为奴，亲族连坐。[21]

比较而言，中国历史上的帝王，很少有宽怀仁厚的。一般都认为，宋太祖赵匡胤用“杯酒释兵权”的办法，让功臣们隐退后，仍能享有荣华的生活，是少见的仁厚君主。雍正对功臣的态度，与汉高祖刘邦、明太祖朱元璋一样，都使用了各种伎俩，实行大肆杀戮，当是巩固君主专制、崇隆帝权而出现的政治斗争需要。

相比之下，另位三位著名总督的命运，要好得多了。

田文镜的发迹

田文镜，汉军正蓝旗人，以监生的身份出任福建长乐县县丞。县丞只是一个县级佐杂官，正七品，很多人一生若无特殊的机会，往往终老此职。田文镜的仕途颇令人意外，他很快就升任山西宁乡县知县，后历升直隶易州知州、吏部员外郎、郎中、御史。康熙五十五年，出任长芦盐政这个肥缺，工作期间为国家增加了不少税收。不久，升任内阁侍读学士。

雍正登基的那年，山西发生大灾，年羹尧入觐时，请求救赈。雍正不放心，问山西巡抚德音，德音说根本无灾。田文镜刚刚受命从山西祭祀回来，雍正就向他核实，田文镜讲述了山西荒歉的惨状。雍正对他“直言无隐”的态度十分赞赏，下令由他前往山西负责赈济工

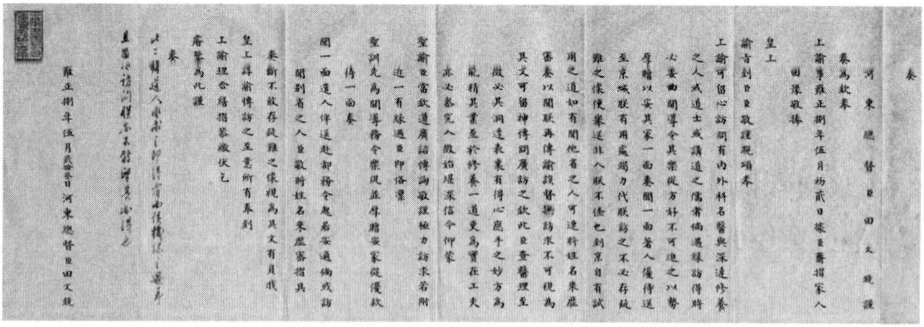
奏
河東總督臣田文鏡謹
奏為欽奉
上諭事雍正捌年伍月初貳日據臣齎摺家人
田祿齎捧
皇上
諭旨到臣臣敬謹跪領本
上諭可留心訪問有內外科名醫與深達修養
之人或道士或講道之儒者倘遇緣訪得時
必委曲開導令其樂從方好不可迫之以勢
厚贈以安其家一面奏聞一面著人優待送
至京城朕有用處竭力代朕訪之不必存疑
難之懷便舉送非人朕不怪也到京自有試
用之道如有聞他省之人可速將姓名來歷
密奏以聞朕再傳諭該督撫訪求不可視為
具文可留神傳問廣訪之欽此臣查醫理至
微必其洞達表裏有得心應手之妙方為
能精其業至於修養一道更為實在工夫
亦必參究入微始堪深信今仰蒙
聖諭臣當欽遵廣詰博詢敬謹極力訪求若附
近一有緣遇臣即恪遵
聖訓先為開導務令樂從並厚贈安家從優款
待一面奏
聞一面遣人伴送赴部務令起居安適倘或訪
聞別省之人臣敬將姓名來歷密摺具
奏斷不敢存疑難之懷視為具文有負我
皇上殷殷諄諄傳訪之至意所有奉到
上諭理合繕摺恭繳伏乞
睿鑒為此謹
奏
雍正捌年伍月貳拾叁日河東總督臣田文鏡

田文镜奏折

作，就势担任山西布政使一职。

田文镜的发迹，几乎没有什么官场的关系，个人的功名又很卑微，完全靠的是个人的努力，但在雍正朝，他飞黄腾达，却异常地得到雍正的赏识擢用，很快成了一方的诸侯。

田文镜心中，对雍正充满了无限的感恩，自然也要体现出对雍正无限的忠诚。

底层官吏出身的田文镜确实也很有才干，在山西任上，清理积年的案子，剔除积弊，使山西吏治很快为之一新。雍正对他的政绩由此产生了极深刻的印象，对他的仕途从此十分照顾。

雍正二年（1724），田文镜调任河南巡抚，在工作期间，“以严厉刻深为治，督诸州县清逋赋，开荒田，期促迫”。各州县的工作稍有懈怠，就会受到田文镜的严惩，丢官免职是很正常的现象。文镜特别痛恨科目儒缓，只要有不满意，就下令罢免相关官吏的职权。在他上疏要求罢免的地方官中，著名的有知州黄振国，知县汪諴、邵言纶等，雍正虽然派官前来核实情况，但最终都按田文镜的意思办了。

差不多同时，雍正希望向全国州县一级行政单位发布一部简明行政条例，以有效指导地方工作。州县行政条例的编写，需要精通吏治且有实际工作经验的人。雍正七年（1729），雍正决定将这项任务交给他十分信任的田文镜和李卫去办。雍正认为：州县亲民官个人的贤否，关系到一方百姓的休戚；地方事务都发端于州县，头绪纷繁，情伪百出，而任州县官的，往往是那些刚入仕途的读书人，根本没有什么吏治经验，需要一本简明扼要的吏治规条来规范、指导他们的工作。雍正八年三月，河南总督田文镜与浙江总督李卫将规条编好交给雍正，雍正十分满意："朕亲加披览，见其条理详明，言词剀切，民情吏习罔不兼该，大纲细目莫不备举。诚新进之津梁，庶官之模范也！"㉒

雍正四年，由广西巡抚升任直隶总督的李绂，曾是年羹尧的政敌，正是凭借这一点，才受到了雍正的重用。这时，他来到了开封，批评田文镜不当，有意蹂躏读书人。田文镜就向雍正密报，说李绂与黄振国是同岁生，想为黄报复他。李绂到京城后被雍正质问原因，他就告田文镜贪虐不法、负国殃民、作践文人、陷害地方官员等恶行，但雍正仍然对田文镜的忠诚坚信不疑。

雍正心中十分痛恶科举出身的人在官场上舞弊营私，视为"科甲习气"。有这种习气的人，"不思秉公持正，以报国恩，相率而趋于植党营私之习，夤缘请托，朋比袒护，以至颠倒是非，排陷报复，无所不为"，因此这种习气一定要扫除。雍正认为，科举路途不顺的田文镜，惩治黄振国等人，是在清除科甲弊习，所以是正确的。㉓

恰巧有御史谢济世也以同样的罪名弹劾田文镜，与李绂的话很相似，雍正就很怀疑李、谢两人是同党，故意要陷害田文镜。后来，将李绂定了个结"朋党"的罪名进行严惩。第二年，田文镜升任河南总督兼兵部尚书，其出身由正蓝旗变入正黄旗了。

雍正六年，雍正认为田文镜"公正廉明"，特授河南山东总督，这在清代也是一个特例。田文镜指出："两省交界地易藏匪类，捕役越界，奸徒夺犯，每因拒劫，致成人命，彼界有司仍复徇庇。"政区交界地带，往往是控制的薄弱地带，也由于政区边界的隔阂，许多工作就不能有效施展，体现在捕盗方面，十分容易使盗匪逍遥法外，人命案积年未破。田文镜建议："嗣后越界捕盗，有纵夺徇庇者，许本省督抚移咨会劾。”对那些渎职的官吏要采取严惩措施。雍正十分赞成。

次年，田文镜又兼任北河总督。此时正遇山东、河南水灾，田文镜说收成虽然不好，但士民百姓仍能按时交税，可以照旧额完税。中央表示同意后，按歉收比例进行蠲免。

雍正九年，田文镜因病申请退休，雍正不准，令其病愈后仍回原职工作。次年，田文镜再次提出退休的请求，雍正就批准了。不久，田文镜死了，雍正下令河南省城设立专祠来纪念田文镜。[24]

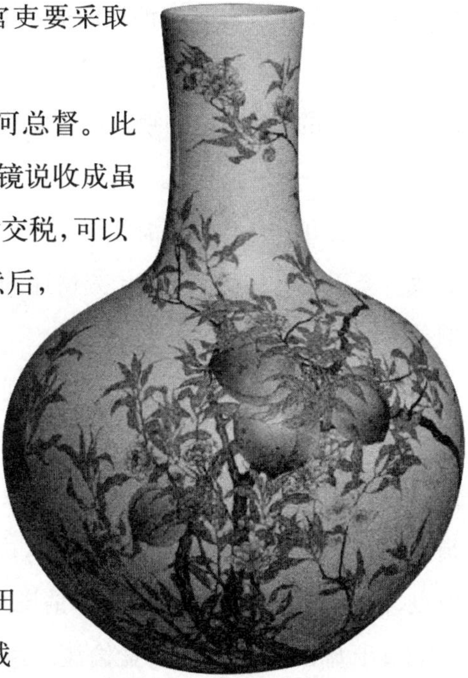
雍正粉彩八桃天球瓶（故宫博物院藏）

李卫与鄂尔泰

李卫是江南铜山人，捐资为员外郎，被授兵部任职。康熙五十八年，调任户部郎中。当时雍正还是一个亲王，就已十分看重李卫，只是觉得李卫“尚气”，要他注意改正。雍正元年，授直隶驿传道一职，未及上任，就被改调至云南盐驿道。次年，就升官为云南布政使。在云南时，雍正听说有人送东西给李卫，李卫制成“钦用”牌放入仪仗，就批评他说：“闻汝恃能放纵，操守亦不纯。川马骨董，俱当检点。又制‘钦用’牌，是不可以已乎？尔其谨慎，毋忽！”李卫回奏说：“受恩重，当不避嫌怨。”雍正下谕批评道：“不避嫌怨，与使气凌人、骄慢无礼，判然两途。汝宜勤修涵养，勉为全人，方不负知遇。”雍正毕竟还是喜欢李卫的，对李卫的缺点比较宽容，也能及时纠正他的过失，希望李卫成为一个“全人”。

雍正三年，李卫调任浙江巡抚。四年，兼管两浙盐政，更是一个肥缺。李卫的升官路线，是十分快速的，“飞黄腾达”用在他的身上，倒是十分合适。

而李卫的仕途，比田文镜还要顺利。

在浙江巡抚任上，李卫提出了一些改革方案，主要在于盐政方面。他上疏说：“浙江户口繁多，米不敷食。请拨盐政归公银十万，委员赴四川采运减粜，款归司库；有余，以修理城垣。”又说：“浙省私贩出没，以海宁长安镇为适中孔道，请设兵巡隘”；“江南苏、松、常、镇四府例食浙盐，镇江接壤，淮盐偷渡。请敕常镇道及京口将军标副将、城守参将等督饬将吏水陆巡缉。”李卫很清楚地认识到地方社会经济的一些关键性问题，以及可能给国家税收带来重大影响的私盐盗贩问题。他采取了有针对性的整顿工作，对中央财政、地方社会秩序的稳定而言，都有积极意义。

很快，李卫当上了浙江总督，仍然管理巡抚事务。雍正认识到江南盗匪的严重性，也看到原来的地方长官并非缉盗的高手，就下令，由李卫统理苏州、松江等府的盗案，地方将吏都受李卫节制。长期未能真正解决的江南盗匪问题，主要是私盐盗贩，在李卫的治理下，有了明显的好转。李卫在浙江五年，后人评价他是“莅政开敏，令行禁止”。期间，对雍正的政策，李卫不折不扣地执行。比如，因查嗣庭、汪景祺案，雍正下令停浙江人乡试和会试，李卫严格执行。后来与“观风整俗使”王国栋一起上疏，说明在雍正的严惩后，浙江读书人已经感恩悔过，士风大变，雍正听从李卫的建议，仍开浙江的乡、会试。雍正督责各省清理政府仓库亏空、钱粮逋欠问题时，李卫既能严格执行雍正的旨意，也能照顾到浙江士庶百姓的心理感受，在簿书、期会、吏事方面都没有扰民，令百姓很是感激。

雍正十年 (1732) 以后，李卫调任直隶总督，仍敢秉公行政，连鄂尔泰的弟弟鄂尔奇的枉法营私行为，都能大胆上疏弹劾，受到雍正的表彰。这个总督职务他一直做了六年，直到乾隆年间，为政风格与在浙江时完全一样。㉕

四大总督中，终身深得雍正宠信的，就是鄂尔泰。

鄂尔泰，字毅庵，西林觉罗氏，满洲镶蓝旗人，康熙三十八年(1699) 的举人。在康熙朝时，仕途还比较顺利，任内务府员外郎时，为人忠正诚实，还拒绝过时为亲王的胤禛的嘱托。胤禛继位后，对他说：“汝为郎官拒皇子，其执法甚坚。”对鄂尔泰十分赞赏。雍正元年，先任云南的乡试主考官，后任江苏布政使。鄂尔泰在官衙中，建有“春风亭”，专门请那些能文之士来聚会，并汇成一本诗文集为《南邦黎献集》。他用出公差的费用，买谷三万三千四百石，分给苏州、松江、常州三府，作为专项赈贷粮；同时，考察太湖水利，准备疏浚吴淞江、白茆河，结果没有完成。

雍正三年 (1725) 以后，先调为广西巡抚，还未上任，就被调往云南，以巡抚的身份，兼理总督的事务。云南、贵州一带的民族问题较多，苗民的叛乱更是严重。雍正四年春天，鄂尔泰提出了“改土归流”的解决办法，从以往由土著领袖治理当地事务改为中央派遣官员取代土官，从而加强对西南地区的管理，加强中央集权。至于当时的权宜策略，主要是针对少数民族的叛乱："计擒为上，兵剿次之；令其自首为上，勒献次之。惟剿夷必练兵，练兵必选将。诚能赏罚严明，将士用命，先治内，后攘外，实边防百世之利。"雍正大为欣赏，对他提出的"改土归流"政策十分支持。从雍正四年到九年，鄂尔泰被任命为云、贵、桂三省总督期间，在西南少数民族地区大力推行"改土归流"政策，将很多世袭的土司领袖改换为中央的流官，稳固中央政府对边区的政治控制。[26]

雍正十三年（1735）八月，雍正病重，鄂尔泰以大学士的身份，与庄亲王允禄、果亲王允礼、大学士张廷玉、内大臣丰盛额、讷亲、海望同时被任为顾命大臣。雍正辞世前，认为鄂尔泰是"不世出之名臣"，死后可以拥有入享太庙的巨大恩典。于此可见，鄂尔泰是始终深得雍正信任的。

后人评价说，李卫"以敏集事"，田文镜"以骄府怨"，但当时在李、田二人管事的地方盗贼稀见，"斯亦甚难能矣"。[27]除年羹尧不得善终外，田文镜、李卫、鄂尔泰三人是最受雍正激赏的封疆大吏。乾隆曾细评这三人的言行，说田文镜为最下，大概是不错的。[28]

注释：

① （清）雍正编纂：《大义觉迷录》，"雍正上谕"。

② 《清史稿》卷九《世宗本纪》。

③ 《清世宗实录》卷三，"雍正元年癸卯正月"条。

④ 《清世宗实录》卷十，"雍正元年癸卯八月"条。

⑤ 载《故宫文献丛编》第三辑。

⑥ 参见杨启樵：《雍正帝及其密折制度研究》，上海古籍出版社2003年版。

⑦《清圣祖实录》卷二百四十九，“康熙五十一年壬辰二月”条。

⑧《清史稿》卷一百二十《食货志一》。

⑨《雍正朱批谕旨》，雍正元年六月初八日黄炳奏折。

⑩ 故宫博物院明清档案部编：《关于江宁织造曹家档案史料》，中华书局1975年版。

⑪《清世宗实录》卷一百五十九，“雍正十三年八月”条。

⑫《清世宗实录》卷一百五十九，“雍正十三年八月己丑”条。

⑬《清史稿》卷二百九十五《隆科多传》。

⑭ 故宫博物院掌故部编：《掌故丛编》，中华书局1990年影印本。

⑮ 冯尔康：《雍正传》，人民出版社1985年版。

⑯《雍正朱批谕旨》，雍正二年十一月十三日李维钧奏折、十一月十五日杨宗仁奏折。

⑰《雍正朱批谕旨》，雍正二年十二月十三日齐苏勒奏折。

⑱（清）昭梿：《啸亭杂录》卷九，“年羹尧之骄”条，中华书局1980年版。

⑲⑳《清史稿》卷二百九十五《年羹尧传》。

㉑《清世宗实录》卷三十九，“雍正三年乙巳十二月”条。

㉒ 雍正《钦颁州县事宜》，同治七年江苏书局重刊本。

㉓《清世宗实录》卷八十七，“雍正七年十月乙丑”条。

㉔《清史稿》卷二百九十四《田文镜传》。

㉕《清史稿》卷二百九十四《李卫传》。

㉖《清史稿》卷二百八十八《鄂尔泰传》。

㉗《清史稿》卷二百九十四《王士俊传》。

㉘《清史稿》卷二百九十三《谢济世传》。

05 雍正的思想与信仰

汪景祺与查嗣庭的悲剧

雍正政治的严猛，几乎笼罩了整个雍正朝。

前文讲到的汪景祺，原名汪日祺，浙江钱塘（今杭州）人，是康熙五十三年（1714）的举人，雍正年间随年羹尧西征。在西征途中，留有不少笔记，后成小书《西征随笔》一部。内容庞杂，涉及清初许多方面的史事，如年羹尧打败罗卜藏丹津的功绩，康熙年间西北吏治的腐败情况，青海与陕西地方的民变，熊赐履修《明史》的经过，一些官吏的事迹，等等。有些文字表述十分大胆，甚至有讥讽当时统治者的语句。

雍正二年（1724）五月五日，汪景祺为他的这本小书写了个序，序中说："余今年五十又三矣。青春背我，黄卷笑人。意绪如此其荒芜，病躯如此其委顿。间关历数千里，贫困饥驱，自问生平都无是处。"这是汪的自谦。

汪景祺是一个极负才气的人。他在《西征随笔》中，写了一篇"功臣不可为"。一开篇，汪景祺就说："鸟尽弓藏，古今同慨。论者或谓功高不赏，挟震主之威，不能善自韬晦，故鲜有以功名终者。”深刻地指出，功臣到最后都不得善终，与帝王的疑、畏、怒、厌四种心理，有莫大关系。就像为越王勾践灭吴立下极大功勋的范蠡，早已看出勾践为人“可与同患，难于处安”的性格，便早早脱离官场，否则，根本不可能善终。

这篇短文完成于雍正二年五月之前，年羹尧正如日中天，但汪景祺的言论，很快就应验在年的身上，实在是很大的不幸。

但更不幸的，是雍正三年（1725）年羹尧被抄家后，浙江巡抚福敏、杭州将军鄂尔达在杭州年府偏偏搜到了这本小书，里面记的内容就成了年羹尧九十二条罪名中“大逆罪”之一。具体情形，见于两人的奏疏：①

> 臣等公同搜查年羹尧内室并书房橱柜内书信，并无一纸。随将伊家人来讯，据供年羹尧于九月十二日将一应书札尽行烧毁等语，及问年羹尧供词无异。臣等再加细搜粗重家伙，于乱纸中得抄写书二本，书面标题《读书堂西征随笔》。内有自序，系汪景祺姓名。臣等细观其中所言，甚属悖逆，不胜惊骇。连日密访其人，至十月十六日始知，汪景祺即钱塘县举人汪日祺。……谨将逆犯汪日祺所撰书二本封固，恭呈御览。

见到这份奏疏，雍正自是十分高兴，还表扬他们：“若非尔等细心搜查，几致逆犯漏网。”他看到此书，还是很吃惊，写了这样几句评语：“悖谬狂乱至于此极！惜见此之晚，留以待他日，弗使此种得漏网也！”汪景祺因此被杀。这本小书一直藏在故宫懋勤殿禁锢箱中，到民国二十五年(1936)才得以重见天日,刊印出来。

查嗣庭像

雍正四年(1726),年羹尧大案结束的第二年,江西乡试正考官为礼部侍郎海宁人查嗣庭,考试首题出《论语》中“君子不以言举人,不以人废言”,第三题为《孟子》中的“山径之蹊间,介然用之而成路,为间不用,则茅塞之矣,今茅塞子之心矣”。雍正说他这些题目有讥讽的意思,居心叵测。但据其他史料的说法,查嗣庭出的考题是《大学》中“维民所止”四字,有人马上报告,说是“维止”两字就是去“雍正”两字之首。②实际上,查氏并没有出过这样的题目,可能是讹传,因为他本人写过一本叫《维止录》的书。不管怎样,冤狱由此造成。

雍正四年九月下旬,雍正与内阁、九卿、翰詹科道等官说:“查嗣庭向来趋附隆科多,隆科多曾经荐举。朕令在内庭行走,授为内阁学士。后见其语言虚诈,兼有狼顾之相,料其心术不端,从未信任。及礼部侍郎员缺需人,蔡珽又复将伊荐举。今岁各省乡试届期,朕以江西大省,需得大员以典试事,故用伊为正考官。今阅江西试录,所出题目显露心怀怨望、讥刺时事之意。料其居心浇薄乖张,必有平日纪载。遣人查其寓所及行李中,则有日记二本,悖乱荒唐,怨诽捏造之语甚多。”还说查嗣庭不但心术不正,而且怨谤之语太多,对圣祖康熙爷的用人施政,也敢“大肆讪谤”;文人自命不凡,“以翰林改授科道为可耻，以裁汰冗员为当厄，以钦赐进士为滥举，以戴名世获罪为文字之祸”等；热河地方偶然的一次会见，查嗣庭在《日记》中就记下“淹死官员八百人”，实在太过荒唐夸张。雍正又说：“普天率土，皆受朝廷恩泽，咸当知君臣之大义，一心感戴。若稍萌异志，即为逆天。逆天之人，岂能逃于诛戮？”对查嗣庭这样的读书人，雍正认为已是格外提拔重用了，居然不思报恩，“讥刺咒诅，大干法纪”，必须严惩。③

查嗣庭在狱中很快病故，但他触犯了大逆律，仍要开棺戮尸，他的相关亲属都受到不同程度的惩罚。

上面两件事的主角，一个是钱塘人，一个是海宁人，都属浙江，使雍正产生了憎恶浙江人的心理，还下诏停止浙江乡式和会试，以示惩戒和整顿。

吕留良案

雍正在位时期发生的文字狱，最初都与大的政治斗争有牵连，但后来的文字狱，大多是自下而上的举发，许多地方官吏以查出犯忌文字为邀功请赏的捷径。有书生因为诗中有“清风不识字，何必乱翻书”句，就被扣上“诽谤朝廷”的罪名，落得个身首异处。雍正七年发生的曾静、吕留良案，被认为是清代文字狱中的一大巨案。雍正将此案的始末编成一书，取名《大义觉迷录》，颁布学官，让秀才们都要读，以为与圣谕、广训一类同等重要，希望起到“劝人为善”的作用。后来到乾隆年间，《大义觉迷录》居然变为禁书。到了光绪末年，革命党人重新印行此书，作为当时民众反清的舆论宣传资料。

根据清廷所存的档案资料查实，此案的缘起，是因湖南靖州人曾静指使学生张熙写了一封反书。①

曾静参加科考，成绩很差，待在家中十分郁闷，忽然图谋造反。他派学生张熙，诡名投书给川陕总督岳钟琪，劝岳钟琪同谋举事。岳钟琪将张熙抓了起来，一开始张熙还是誓死不屈，后来岳钟琪假意表示愿意一同造反，张才供出他的主使是曾静。这时正是雍正杀戮功臣、残酷剪除骨肉兄弟之后，曾静想以雍正害父、逼母、弑兄、屠弟等九大罪状，让岳钟琪拥兵反叛。不料，岳钟琪将他这封逆书一下子举报到了雍正那里，雍正即下令，由刑部侍郎杭奕禄、正白旗副都统觉罗海兰亲到湖南，会同湖南巡抚王国栋，抓捕曾静审讯。

曾静全供了出来。他说，他生长于穷乡僻壤之地，素无师友，因在靖州城参加考试，看到了市面上印行的吕留良评选科考范文内，有议论“夷夏之防”、“井田封建”等语，十分激动，就派学生张熙到浙江吕留良家中访求书籍。吕留良的儿子吕毅中送给张熙一些吕留良的诗文作品，内中多有愤懑激烈的词语。与吕留良学生严鸿逵、沈在宽等人见面，更是兴奋，觉得应该起来造反。他之所以选中岳钟琪，基于他的三点判断：一是岳钟琪属于年羹尧的旧部下；二是岳的远祖是著名的抗金英雄岳飞，清人则是金人的后裔；三是听说

吕留良像

岳钟琪曾要求到北京与雍正会面，未被允许。令他没有想到的是，岳钟琪当即把他告发了出来。案件审定，雍正对岳钟琪大为嘉赏，给岳的朱批中说“朕之喜悦之怀，笔难宣谕”，可为一证。可后来冷静下来一想，曾静对岳的分析不无道理，雍正对岳很快起了疑心，不久将岳削去公爵，以戴罪立功的名目保留使用。

曾静、张熙被抓到北京后，浙江总督李卫奉命搜查吕留良、严鸿逵、沈在宽家藏的书籍，搜到的逆书和相关人犯也一起被解往北京审查。根据曾静的口供，雍正从吕留良的遗著中看到了那些“狂悖”的内容；曾静认罪态度极好，不仅对清朝大加颂扬，而且表示以前只是受了吕留良思想的蛊惑，现在十分后悔，愿意接受法律的制裁。

雍正七年（1729）四月，雍正谕内阁九卿等人，对吕留良作了全面的批判：吕留良生于明末，在顺治年间应试成为诸生，以后科考一路顺利，这是凭着浮薄之才，“盗窃虚名，夸荣乡里”；康熙年间放弃博学鸿儒的举荐机会，隐居山林，剃发为僧，忽然自号为“明之遗民”，真是“千古悖逆反覆之人”，怪诞无耻，令人可嗤可鄙；所著邪书，丧心病狂，肆无忌惮，其实不过是营求声利；朕翻阅之余，也不胜惶骇，因为吕氏所写的悖逆狂噬词句，简直“不忍寓之于目，不忍出之于口，不忍述之于纸笔”；他的为人令人痛心疾首；吕留良生于浙江人文之乡，读书学问，本非曾静能比。雍正对曾静表示了宽容的态度，因为曾静只是骂他，而吕留良却敢骂圣祖康熙爷，所以吕留良罪大恶极；“朕即位以来，实不知吕留良有著述之事”，而吕氏的恶贯满盈，实在令神人共愤，天地不容，若非曾静上书给总督岳钟琪之事败露，我们对吕的罪恶还不知道！

雍正居然为曾静说了不少好话，觉得他不过是误信吕留良的妖言才有错误的行为，曾静不但无罪，而且有功。吕留良、吕葆中、严鸿逵虽已死了，仍须开棺锉尸；吕留良次子毅中、学生沈在宽难逃被杀的厄运，他们的家人和族亲全被牵连进来，受到了严惩。

九月份，根据曾静等人口供和雍正历次所降的谕旨，清廷刊刻了《大义觉迷录》，颁行天下。从这部文件汇编中的小标题看，极似辩论集。比方说，“雍正上谕”等部分中有这样一些题目：

清廷入主中原君临天下，是否符合正统之道？岂可再以华夷中外而分论？

朕到底是不是谋父、逼母、弑兄、屠弟、贪财、好杀、酗酒、淫色、诛忠、好谀、奸佞的皇帝？

华夷之间、人兽之间的本质区别到底是什么呢？

整个大清国的民众到处都在呼号怨恨吗？

明朝亡于李自成之后，清兵的确是明臣请来除寇治乱的，是救亿万生灵于水火之中的仁义之师啊！

我雍正是将遗诏的“十”改成“于”字而谋取皇位的吗？

对于一个臣民来说，到底什么是荣辱生死的大义？

被曾静奉以为师的吕留良到底是何许人也？

你曾静真的是可以担当“天聪明，乾之九五”的大人物吗？

大清王朝八十多年没有国君吗？臣民也禽兽不如吗？

你曾静为何尊敬悦服一个行走于市井江湖的吕留良呢？

大逆不道的吕留良真的能和孔子相提并论吗？

你曾静自命为济世英才，你真的有“宰相之量”，还是心怀异谋，图为不轨呢？

为什么山西百姓争先恐后为国效力，忠诚爱戴朝廷，而湖南竟有你这样猖狂悖逆之徒？

有人诬蔑你的父亲有盗窃的劣迹，母亲有淫乱的行为，你能不加审查便将父母唾骂一番，甚至著书立说到处宣扬吗？

曾静的供词，仿佛也像是在反问。从《大义觉迷录》中随便检几条看看：

皇上嗣位以来，是五谷丰登，民众乐业？还是四时易序，五谷少成？

雍正皇帝是励精图治，爱抚百姓，还是谣言所传的虐待百姓呢？

皇上调拨粮食是平抑物价，还是倒卖粮食做生意？

雍正皇帝是有好生之德，还是草菅人命，滥杀无辜？

雍正皇帝是霸嫂为妃，还是按照惯例让她们居在别宫呢？

我是怎样受吕留良思想毒害而成为弥天重犯的？

乱臣贼子吕留良是怎样把我们引入歧途的？

雍正青花缠枝花卉纹贯耳壶（故宫博物院藏）

雍正和官方的提问，与曾静的反问，从题目上看都是极有趣的。这哪像是一个普通子民与至高无上的君王的对话呢？

雍正对《大义觉迷录》的发行十分重视，他向文武大臣特别强调道：通过曾静、吕留良案件，要使天下臣民时刻扪心自问，反省自己的言行；如果碰到像吕留良、严鸿逵、曾静等这样的逆贼，人们不再上当受骗，不致遭天谴而罹国法；他对这次大案的处断，天下后世也自会公论的；《大义觉迷录》刊行后，要使各府州县、远乡僻壤的读书人、乡曲小民都学习；"倘有未见此书，未闻朕旨者，经朕随时察出，定将该省学政，及该县教官，从重治罪！"

齐周华和谢济世

曾静与其学生张熙在此案中的侥幸偷生，只是雍正使用思想改造取代酷刑惩罚的一个措施，令人颇出意外，又在情理之中。

类似有着奇特命运的，还有齐周华。

天台人齐赤若，字周华，与其叔召南齐名，后为道士。三十五岁时，正逢吕留良案发生，就十分大胆地上疏为吕氏辩解："吕留良生于有明之季，延至我朝，著书立说，广播四方，其胸中胶于前代，敢妄为记撰，偏见廿效顽民，世论共推义士。又以其书能阐发圣贤精蕴，尊为理学者有之。夫曾静现在叛逆之徒，尚邀赦宥之典，岂吕留良以死后之空言，早为圣祖所赦宥者，独不可贷其一门之罪乎？"

浙江地方官对他威逼利诱，想阻止他上疏，齐周华严辞拒绝，被抓入狱，有好几次都差点死掉。朝廷讨论后，下令对他终身监禁。乾隆登基时大赦天下，得以释放，齐周华就跑到武当山琼台观做道士了。后来回老家探望母亲，想拜访他的叔叔召南，不料有人在召南家门口写了“僧道不许滥入齐府”，使齐周华误会是叔叔的意思，很不高兴，就写了篇呈词来控诉，他还准备接受官方制裁，写了一副对联：“恶劫难逃，早知不得其死；斯文未丧，庶几无忝所生。”实在是一个放诞有趣的人。

还有一人，两次身陷文字大狱，都被判死刑，而最后居然未被处死，在大清朝也是奇事。此人就是谢济世。

谢济世是广西全州人，康熙五十一年进士，改庶吉士，授翰林院检讨；雍正四年时，任官监察御史，做官不到十天，他就上书弹劾雍正的心腹田文镜，说田文镜任河南巡抚时营私负国，贪虐不法，总计有十大罪状。当时雍正对田文镜十分信任，对谢的奏折根本不予重视，仍说田是一个好官：“文镜秉公持正，实心治事，为督抚中所罕见者，贪赃坏法，朕保其必无，而济世于督抚中独劾文镜，朕不知其何心？朕训诫科道至再至三，诫以科道无私，方能弹劾人之有私者。若自恃为言官，听人指使，颠倒是非，扰乱国政，为国法所不容。朕岂不知诛戮谏官史书所戒？然诛戮谏官之过小，酿成人心世道之害大。礼义不愆，何恤于人言，朕岂恤此区区小节哉？”将谢的奏折驳了回去。谢不依不饶，雍正很是震怒，说谢是有意诬告，将他革职审问。刑部问他这么做是受何人指使。谢答：“孔孟。”又问他：“何故？”谢答：“读孔孟书，当忠谏。见奸弗击，非忠也。”刑部最后拟了个“斩立决”。这下让许多人担心谢的小命不保。但是，雍正作了从宽处理，将谢发往西北阿尔泰（今新疆阿勒泰）边防地区效力。

在新疆，谢济世也没闲着，勤奋著书立说，给《大学》作了个注释本。雍正七年（1729），负责监视他的振武将军锡保终于逮住了谢的把柄，参奏谢济世注释《大学》完全不参考朱熹的《四书章句集注》，不用程子补的《格致传》，其意是在毁谤程、朱两位理学大师，要求雍正降旨处理。

雍正让内阁讨论案情，认为谢济世不止毁谤程、朱，还引用《大学》中"见贤而不能举"的论断，说"人君用人之道，借以抒写其怨望诽谤之私"，用心险恶；对谢大骂一通："试问谢济世数年以来，伊为国家敷陈者何事？为朕躬进谏者何言？朕所拒者何谏？所饰者何非？除处分谢济世党同伐异、诬陷良臣之外，尚能指出一二事否乎？谢济世以应得重罪之人，从宽令其效力，乃仍怀怨望，恣意谤讪，甚为可恶。应作何治罪之处，著九卿翰詹科道秉公定议具奏。"最后又拟了个"斩立决"。

与谢济世差不多同时获罪的，还有广西举人陆生楠，曾任工部主事，为人大概有点傲慢，让雍正十分不满，由广西人联想，认为他与同乡谢济世肯定是同党，也被发配到振武将军锡保军前效力。谢济世注《大学》的时候，陆生楠在写《通鉴论》，总共十七篇，有不少内容都是书生意气的东西，有碍当时的政治气氛。锡保看了，也上书揭发，说《通鉴论》充满了愤懑不平的词句。雍正看了，写了一篇四千多字的批复，愤怒地说："朕实不知其怨望何自而生，愤懑何自而积？此真逆性由于夙成，狡恶因之纷起。诚不知天命而不畏，小人中之尤无忌惮者也！陆生楠罪大恶极，情无可逭！"最后决定："朕意欲将陆生楠于军前正法，以为人臣怀怨诬讪者之戒！"

行刑时，陆生楠人头落地之际，忽然传来圣旨："谢济世从宽免死。”谢济世尽管被吓得要死，但奇迹般地又活了下来。至于雍正为何这样决定，也实在令人费解。

以后身陷文字狱的人，就根本没有这样好的运气了。

雍正的文化信仰

尽管雍正朝文字狱颇遭后人谴责，而为政的严猛也让人觉得他完全放弃了乃父康熙的开明和宽仁，但雍正本人对文化的态度和宗教信仰，却让人感到他也是一个有着世俗喜好的普通人。

根据文献记载，雍正对孔子的尊崇，简直可以说是超越了以往任何一位君主。这让人看到了文字大狱背后雍正冷酷形象的另一面，既让读书人惊讶，也让读书人高兴。

在雍正元年（1723）三月，雍正就下令追封孔子先世为王，把孔子五世先人由前代封的公爵，晋封为王爵。到学宫去，也不用制度规定的“幸”字，而是用“诣”，雍正说这是为了表示“崇敬”。⑤

同年，山东曲阜的孔庙发生火灾，大成殿与两廊都被烧掉，雍正很快就命工部派员前去修复。以后不断提升孔子的地位，让人们像对待君王一样地敬奉这位圣贤，连孔子的名讳居然也要敬避。雍正五年（1727），又规定，每年的八月二十七日为孔子圣诞，圣诞典礼的规格与先皇康熙爷相同，而且禁止杀生一天，以示敬肃。

雍正对孔子及其思想，有着极高的评价，因为孔子的思想里面，主要内容就有教人各守本分、三纲五常、君臣父子等思想教化，极利于帝国政治秩序的稳定。他说：“至圣先师孔子，以仁义道德启迪万世之人心，而三纲以正，五伦以明，后之继天御宇兼君师之任者，有所则效，以敷政立教，企及乎唐虞三代之隆大矣哉！圣人之道，其为福于群黎也甚溥，而为益于帝王也甚宏！宜乎尊崇之典与天地共悠久也！”⑥

这种对儒家文化宗师孔子的崇敬，最直接的体现，应该说是在日常教育和科举方面。

以往科举中的乡试、会试，各需要考三场，头场试题从“四书五经”里出题，“四书”的题目由皇帝确定；二场考策论、判文、表文等应用文；三场考经史时务。一般认为头场是最重要的。雍正开科取士，就最重头场，要求头场作文须“雅正清真”，也就是文章要优美，分量适中，思想纯正，讲解真切，能符合儒家圣贤的原意。⑦

雍正还十分相信祥瑞之说，认为人间的祥灾与上天的奖惩是相应的。比方说，雍正三年（1725）二月初二出现的“五星联珠”，即金、木、水、火、土五星同在太阳一侧四十五度角的范围，这样的情况几百年才出现一次，清代人认为这是极好的祥瑞，雍正下令史馆予以详细记录，还宣告天下，举行庆贺。民间出现的水旱灾害，作为天子的雍正，认为这是由他的过失造成的，常常要内省，反省自己为政的过失。雍正二年二月底，田文镜从河南上奏来说，开封等地出现了旱情。雍正在四月初一举行祈祷，结果，初三日河南就下起雨了。这使雍正更加坚信：“天人感应之理至微而实至显，凡人果实尽诚敬，自能上格天心。人君受天眷命，日鉴在兹，其感通为尤捷。朕自临御以来，敬天之心夙夜警惕。凡水旱灾祲，皆上天谴责，朕躬特示，警戒内省行事之过愆，详察政治之阙失，务期黾勉

《雍正帝祭先农图》展现了雍正主持汉族传统礼仪“先农礼”的场面

以回天意。”⑧

雍正曾经说过，他自少年起，就十分喜欢佛教典籍，还经常与和尚们交往，一起讨论佛法。在康熙末年的帝位争夺战中，他还编过一本《悦心集》，收入了一些表达佛家出世思想的文章。其中卷四有一篇无名氏的《醒世歌》，十分有趣：

> 南来北往走西东，看得浮生总是空。天也空，地也空，人生杳杳在其中。日也空，月也空，来来往往有何功。田也空，地也空，换了多少主人翁。金也空，银也空，死后何曾在手中。妻也空，子也空，黄泉路上不相逢。……

这倒很像《红楼梦》中的“好了歌”，两者似乎有异曲同工之意。雍正曾自号“破尘居士”，又称“圆明居士”，自认为是一个在家修行的居士。雍正十一年（1733），还在宫中举行盛大的法事，邀请全国有德望的僧人们参加。他亲自说法，招收门徒十四人，主要有爱月居士庄亲王允禄、自得居士果亲王允礼、长春居士宝亲王弘历、坦然居士鄂尔泰、澄怀居士张廷玉等。门徒们以此为荣，如张廷玉，将他自己的年谱，以雍正赐号为名，称《澄怀园主人自订年谱》。

除此之外，他还喜欢道家的养生术。北京的白云观，据说长春真人丘处机曾在这里修行，雍正经常去观中，与道士们交谈。对于道家的修炼功夫，情有独钟。雍正十分欣赏紫阳真人，自己还学着写了许多称颂道家思想和法术的诗，读来很有兴味。有一首《烧丹》诗，很能体现雍正的旨趣：⑨

铅砂和药物，松柏绕云坛。炉运阴阳火，功兼内外丹。

光芒冲斗耀，灵异卫龙蟠。自觉仙胎熟，天符降紫鸾。

雍正七年（1729）冬天，雍正生病了，不料到次年一直不见好。雍正八年五月，雍正向臣下说："朕自去年冬即稍觉违和，疏忽未曾调治。自今年二月二以来，间日时发寒热，往来饮食，不似平时，夜间不能熟寝，始此者两月有余矣。及五月初四日怡亲王事出，朕亲临其丧，发抒哀痛之情，次日留心试察，觉体中从前不适之状，一一解退，今日渐次如常矣！"他后来又说，这次长病的症状，基本上都是寒热不定、饮食失调、睡眠不佳，御医的建议都是静养，不可过劳；其间还长过小疙瘩，主要在下颏部位。到夏秋时节，他给最心腹的鄂尔泰、李卫、田文镜等人下过密旨，要他们推荐一些良医给他："可留心访问有内外科好医生与深达修养性命之人，或道士，或讲道之儒士俗家。倘遇缘访得时，必委曲开导，令其乐从方好，不可迫之以势，厚赠以安其家；一面奏闻，一面着人优待，送至京城，朕有用处。”如果在别的地方能找到这样的人，都要及时告诉他。这些人，雍正说都“有用处”。[10]

雍正这么着急地寻找特殊的医生，说明病情确实已很严重。作为雍正的忠臣，李卫看到主子的密旨，十分上心，第二年，就找到一个河南道士贾士芳，向雍正推荐。

贾士芳曾在北京待过，这次到京城为皇上治病，当然很卖力，不但使尽道家念经诵咒的功夫，还使用按摩术为雍正调治。说也奇怪，在贾士芳的初期治疗下，雍正居然觉得很有效果，身体好了起来。但是雍正后来认为，贾士芳可以掌控他的健康问题，令他十分不快。雍正九年（1731）十月，有大臣就上奏说：“左道贾士芳性生悖逆，术习妖邪，假托知医之名，显露不轨之迹。请照‘大逆律’凌迟处死，其亲属男十六以上皆斩，十五以下并母女妻妾等给付功臣之家为奴！”[11]因为拥有“妖术”，贾士芳就此掉了脑袋。

这次大病，对雍正的健康颇有影响。不过，具体什么病，他自己没有明说，别人也不敢妄议。他就休养了几个月，又想着朝政，心中总是不安。有人劝他静养调摄，注意养心。雍正很不高兴，他不想留给大臣们一个精力不济的帝王印象。

雍正十三年（1735）八月，这位勤勉的帝王终于倒下了。在他生命的最后一段时间里，只要身体状况稍有好转，依旧如往昔般繁忙处理着军国大事。雍正从八月二十一日生病，到二十三日驾崩，时间实在太短，应该属于暴死一类。朝廷正统文献中，又无明确死因的记录。所以民间、野史纷纷传言，说是被雍正罗织的吕留良冤狱中，吕氏的孙女四娘出逃后，为替祖父、父亲报仇，入宫刺杀了雍正。也有传说，雍正对道家的丹药十分感兴趣，其死因是吃丹药中毒而亡，因为雍正死的第三天，新皇乾隆就下令将宫中的道士张太虚赶了出去。正史中记载的因病而亡，也由于病因不明，令人生疑。

注释：

① (清) 汪景祺:《读书堂西征随笔》，上海书店1984年影印故宫博物院1936年铅印本。

② (清) 佚名:《康雍乾间文字之狱》，“查嗣庭之狱”。

③《清世宗实录》卷四十八，“雍正四年丙午九月乙卯”条。

④ (清) 佚名:《康雍乾间文字之狱》，“曾静、吕留良之狱”。

⑤《清世宗实录》卷十六，“雍正二年二月辛酉”条。

⑥《世宗宪皇帝圣训》卷四《圣学》，四库全书本。

⑦⑩ 冯尔康:《雍正传》，人民出版社1985年版。

⑧《世宗宪皇帝上谕内阁》卷三十一，“雍正三年四月上谕十八道”，四库全书本。

⑨《世宗宪皇帝御制文集》卷二十七，四库全书本。

⑪《清世宗实录》卷九十九，“雍正八年庚戌十月丁酉”条。

乾隆盛世 06

乾隆鼎盛局面的形成

经过顺治年间的休养生息，康熙年间的战事平定，雍正年间的政治经济整顿，清代真正全盛的局面，终于在乾隆朝出现了。这是乾隆的幸运。因为乾隆本身并无太过杰出的成就，他所依赖的，正是前面几位帝王开创的良好局面。对他来说，哪怕只是守成，也足以让清朝稳住太平盛世的局面。爱新觉罗·弘历，这位文治武功都很自负的乾隆皇帝，历史上给了他一长串的尊号，称“高宗法天隆运至诚先觉体元立极敷文奋武

乾隆皇帝像

钦明孝慈神圣纯皇帝”，简称就是“高宗纯皇帝”。

乾隆长得隆准颀身，读书能过目成诵，而且勤于骑射，武功也不错。自小受爷爷康熙的厚爱，长大后更受雍正的信任。

乾隆二十五岁登基，年富力强，针对边疆局势的不稳定，推动了一系列戡乱治平工作，居然颇为成功，使他十分自负。到乾隆五十七年（1792），乾隆把自己的战功归结为十大件，并赋诗自我矜夸这“十功”：平准噶尔为二，定回部为一，打金川为二，靖台湾为一，降缅甸、安南各一，受廓尔喀降二次。八十二岁的乾隆在乾隆五十七年十月初三亲自撰写了《十全记》，记述他一生的“十全武功”。①

从中国历史的发展过程来说，乾隆朝也是多民族国家又一个统一稳固的重要时期。许多人认为，乾隆在位的六十年，政治比较清明，社会比较稳定，经济十分繁荣，文化更是昌盛。这种盛世的局面，清代人都深表认可。

《伊西洱库尔淖尔之战》描绘了乾隆二十四年（1759）清军追击伊西洱库尔淖尔一战的情形

《平定准噶尔回部得胜图》描绘了伊犁河叛军七千多人向清军大营投降的情形

清代文人沈复，以写作小品文《浮生六记》出名，他就说过："余生乾隆癸未（二十八年，1763年）冬十一月有二日，正值太平盛世。"② 后来到中国的朝鲜使者，对这个王朝的繁盛，十分艳赏："今升平百余年，四境无金革战斗之声，桑麻菀然，鸡狗四达，休养生息乃能如是，汉唐以来所未尝有。"③ 一派升平景象，仿佛又是一个汉唐盛世。

乾隆颁给土尔扈特首领的银印

这时到中国来的外国使臣，一路之上，看到的大多是繁华安逸景象。譬如大运河边的苏州，由于被众多的河流包围，让外国人感觉十

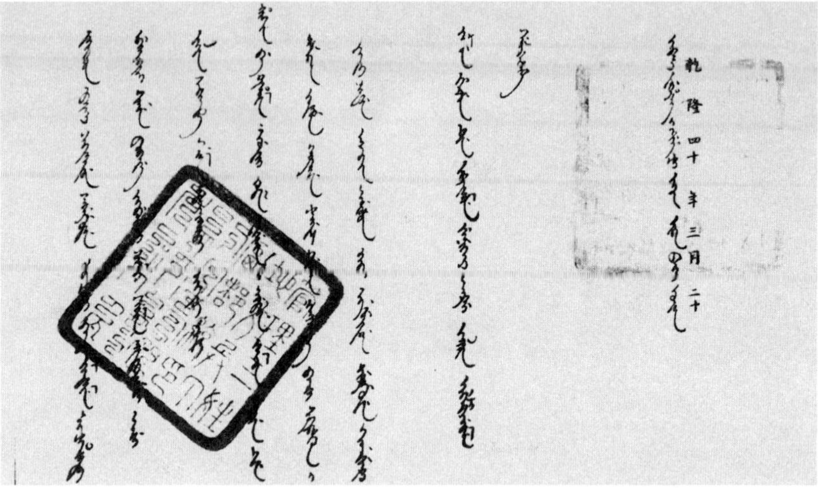

乾隆四十年(1775)三月清朝三姓副都统衙门发给库页岛居民的满文文书

分像意大利的水上名城威尼斯。有人这样记载道：④

苏州府是一个面积非常大、人口非常多的城市。城内房子大部分建筑和装饰得很好。这里的民众大多数穿丝质衣服，样子显得非常愉快。整个城市呈现出一派繁荣气象。据说这里人对把首都迁至北京至今还有意见：过去距离苏州府很近的南京是全国首都。中国的统治者把首都由这块无论从哪方面讲，都是得天独厚并又经过巧妙加工改良的地方迁到鞑靼区边沿的北直隶，完全是从强烈的政治角度考虑决定的。苏州府一向被认为是中国的天堂。当地人有一句很流行的话，叫做“上有天堂，下有苏州府”。

在这个国势殷盛、公私富足的时代，清人都认为，江南是整个帝国最为繁华的地带。有人对江南的奢华风习作过简括的描画，称：

“家家效缙绅之饰，人人修命妇之容。”⑤到乾隆时期，江浙殷富之家极多。后人称“拥巨万及一二十万者，更仆难数，且有不为人所知者，惟至百万，则始播于人口”。

百姓生活中，奢靡化的倾向也较为普遍，特别是在江南，那里的百姓在生活上的许多追求，有引领全国潮流的作用。昆山世家龚炜对此表示了忧虑，认为这样的生活取向不应当支持。他说：“吴俗奢靡为天下最，日甚一日而不知反，安望家给人足乎？予少时，见士人仅仅穿裘，今则里巷妇孺皆裘矣；大红线顶十得一二，今则十八九矣；家无担石之储，耻穿布素矣；团龙立龙之饰，泥金剪金之衣，编户僭之矣。饮馔，则席费千钱而不为丰，长夜流湎而不知醉矣。物愈贵，力愈艰，增华者愈无厌心，其何以堪？”在龚炜看来，他小时所见

清代苏州的家庭纺织作坊

的社会景象，与乾隆盛世所见的江南社会风气，实在太不同了。就连最知礼仪的读书人，也以穿素布衣服为耻；饮食娱乐，要花很多钱，而一点也不心疼，居然都认作时尚。龚炜认为，这样奢华的风气，他不能接受。他觉得一丝一粟都是祖父辈勤苦所得而传给他的，所以他觉得社会再繁荣，仍应保持勤俭之风。⑥

这是龚炜的思想。但很多人却不这样认为。

即使有大量盐商的聚集，扬州在中国东南的繁华，在乾隆朝也难与苏州相比。而扬州之富，已令人咋舌。盐商们生活的奢侈，昭示了这个王朝中最富庶人群的生活追求。他们起居饮食的奢华程度，一般的王侯贵族根本达不到。有一个故事足可说明。某年夏天，有人偕朋友到两淮一个姓洪的盐商家中做客。这个盐商家中的奢华生活大大超过了王侯，令他十分吃惊。⑦

在扬州城中，这样的富户当然还有很多。有些富户的生活，非常之现代化。比如虹桥，号称扬州北郊的佳丽之地，《梦香词》说："扬州好，第一是虹桥。"这一带的富贵人家，都喜好白天睡觉，到晚上才起来，燃烛治家事，然后开始饮食晏乐，直到天亮结束，然后就寝。⑧这是一种典型的夜生活景象。

而扬州的盐务人员，大多是徽商。他们的生活，都以奢丽为尚。如有婚嫁丧葬的，请客吃饭，衣服乘轿坐马，费用动辄数十万之巨。据说，有盐商人家，每次吃饭，厨师都要备十几种菜肴。吃饭的时候，商人夫妇坐在堂上，佣人们将菜抬到他们面前，只要有不喜欢吃的，就摇摇头。佣人立马下去换上其他的菜肴。有的人家喜欢养马，多达数百匹。每匹马每天的费用达数十两白银，早上从扬州城内牵出去，傍晚从城外牵回来，十分壮观，街道上旁观的人都看呆了。有的人家喜欢种兰花，从家门口到卧室，全部摆上兰花。有的人用木头雕成裸体女人，里面安上机关，自己会行走，有时就放在餐厅里，常常会让客人们吓一跳。为了攀比奢华，有的人家就用上万两白银买了金箔，抬到金山塔上，迎风一扫，顷刻之间，上万两银子就随风而去。还有人用三千两银子买了无数的苏州不倒翁，放在河流中，结果河水都被堵了起来。有的人更加怪异，喜欢极丑的形象，家中男女佣人都是丑八怪，如果自己长得比他们好看，就马上毁容，再涂上酱料，到太阳底下去晒。有的人喜欢大，尿壶用铜打造，高达五六尺，晚上想方便时，根本不需要走动。像这样争奇斗胜的事儿，扬州城里多得不得了。

上述的社会风气和人生追求，早在康熙下江南时，就被康熙批评过："市镇通衢似觉充盈，其乡村之饶、人情之朴，不及北方，皆因粉饰奢华所致。"[9]这批评的背后，其实已表明了江南地区的繁华。

与康熙相比，乾隆更加注重人生的享受，追求生活的精致。祖父辈留下的丰厚遗产，保证了他在位六十年的人生挥霍。乾隆颇有乃祖之风，分别在乾隆十六年（1751）、二十二年、二十七、三十年、四十五年、四十九年，六次下江南。乾隆六次南巡经过的省份，主要有直隶（河北）省、山东省、江南省（今安徽、江苏）、浙江省，所经停的行宫，所在地有直隶省的涿州、紫泉、赵北口等，山东省的德州、晏子祠、灵岩寺等，江南省的顺河集、天宁寺、苏州府、江宁府等，浙江省的杭州府、西湖等，都由各地方官临时建造，十分华美。其中比较出名的城市，就有镇江、扬州、苏州、杭州等。推动扬州这类城市进一步繁华的一大原因，恐怕是乾隆的多次南巡。

为了迎接乾隆的到来，各地方官都是绞尽脑汁，除了饮食起居要伺候好之外，还要让乾隆玩得高兴，看得顺心。

譬如，在第五次南巡时，乾隆的御舟将要抵达镇江，离城大约还有十余里，乾隆忽然看到岸上放着一只硕大无比的桃子，颜色红艳可爱。等御舟临近时，忽然烟火大发，光焰四射，蛇掣霞腾，炫人耳目。顷刻之间，桃子砉然开裂，桃内居然是个戏台，上面有数百人，正在演《寿山福海》新戏！实在新奇。为了营造这样的奇异情景，各地方的官绅们各展技能，争奇斗异，谁也不甘落后，谁都想博得乾隆的赞誉，好有机会升官发财。

乾隆的表现也很不错，初次南巡时，就下令免去江苏、安徽、浙江等地的逋赋，减免犯人的罪行，大力赈济各地出现的饥荒。这让各地百姓着实高兴了一阵子。

苏州监生徐扬，家住吴县城内的专诸巷，在乾隆十六年(1751)进献画册给初次南巡的乾隆后，得到乾隆的欢心，后被擢升至内阁中书。乾隆二十四年，徐扬觉得这时政治昌明、社会富足、人口众多，远超三代，就画了一幅《盛世滋生图》，俗称《姑苏繁华图》，描绘的是乾隆时期苏州的人物风情，笔调细腻，内容多为写实，似乎有续宋人张择端《清明上河图》之意。

通过徐扬的描绘，我们仿佛看到了乾隆朝苏州府的各种繁盛之况，商贾辐辏，百货骈集，中外贸易兴盛，堪称财富渊薮。清人沈寓早就说过："东南财赋，姑苏最重；东南水利，姑苏最要；东南人士，姑苏最盛。"到乾隆时，当地人对苏州地方的繁华，自豪得不得了，说："四方万里，海外异域珍奇怪伟、希世难得之宝，罔不毕集，诚宇宙间一大都会也！"

乾隆三十年《棉花图 · 上机》

扬州是乾隆多次到过的地方，地方官府特地为乾隆的到来修了很好的御道，分水陆两道；造了不少歌功颂德的建筑。乾隆的行宫，在扬州时就有四处，一在金山，一在焦山，一在天宁寺，一在高旻寺。前面两个，现在都属于镇江。这些都让乾隆十分高兴。乾隆御制诗云："夹岸排当实厌闹，殷勤难却众诚殚。却从耕织图前过，衣食攸关为喜看。"可以反映当时乾隆的心情。

除社会经济的昌盛外，乾隆引以自傲的，是他倡导的文化盛典。

在康熙、雍正时代，这样的盛典较多，如编纂《古今图书集成》一万卷、《全唐诗》九百卷，以及《康熙字典》、《朱子全书》，另外，续修《三通》、武英殿刻书等，都需要耗费大量的人力与物力，特别是需要大批有杰出才华的学者或文化名流参与其事，才能完成。乾隆觉得，在他这个时代，更应该超过祖父辈，超过历史上任何一位帝王的成就。

乾隆三十七年(1772)，他下谕说："朕稽古右文，聿资治理，几余典学，日有孜孜。因思策府缥缃，载籍极博，其巨者羽翼经训，垂范方来，固足称千秋法鉴，即在识小之徒，专门撰述，细及名物象数，兼综条贯，各自成家，亦莫不有所发明，可为游艺养心之助。然或逸在名山，未登柱史，正宜及时采集，汇送京师，以彰千古同文之盛。其令直省督抚、学政加意购访，量为给价，家藏钞本，录副呈送。庶几藏在石渠，用储乙览，《四库》、《七略》益昭美备，称朕意焉。"于是，安徽学政朱筠上奏说《永乐大典》收有很多古书，请求开局纂辑，重新整理古籍。次年，即下诏设立"四库全书馆"。负责这项工作的，有皇子永瑢、大学士于敏中等总裁，还有他的宠臣纪昀、和珅等人，参与编纂的人员，有三百多人，皆极一时之选。前后经历二十年，才基本编写完成。

乾隆下令由纪昀等人又撰写全书总目，著录书目有一万多种；令于敏中、王际华选其精华，编为《四库荟要》，总计一万二千册，分抄两部，藏在大内摛藻堂和御园味腴书屋，另外，从《永乐大典》中编辑了三百八十五种书，由武英殿以聚珍版的形式，向社会印行。宋、元时代的许多精美刻本，大多藏在内府之中。后人所谓"经籍既盛，学术斯昌，文治之隆，汉、唐以来所未逮也"。

《四库全书》的编修，使全国各地收藏的书籍，基本都集中到北京的"四库全书馆"，由那些馆臣们校订评估，并分别撰写提要，放

清《乾隆万树园赐宴图》

在书的前面，使读者能够对每部书的情况一目了然。《四库全书》是中国传统时代最大的一部丛书，分经、史、子、集四大类，共收有书籍3 503部（共计79 330卷）、存目书6 819部（共计94 043卷）。这部巨书的编纂，是在乾隆的直接领导之下进行的。但是，在修书过程中，对图书进行了删节、篡改甚至是销毁，所以对文化遗产也是一场浩劫。

根据韩音湖等编纂的《明代蒙古汉籍史料汇编》（第一辑），清政府以文字狱为契机，对明代甚至更早时代的历史资料中，有关蒙古、女真的情况，作了大量的删改甚至销毁。被禁毁的史料，以“明”或“皇明”打头的为最多，如《明兵略纂闻》、《明初开国群雄事略》、《明代圣政》、《明季南略》、《明职方地图》、《皇明制书》、《明宗孝义》，等等。除禁毁书籍外，清政府还清除了不少明代档案。据统计，目前明代档案只有三千余件，基本是天启、崇祯两朝的兵部档案，其他还有少量洪武、永乐、宣德、成化、正德、嘉靖、隆庆、万历、泰昌朝的

玑衡抚辰仪，是清代制造的八件大型铜铸天文仪器之一，也是中国古代重要的天文观测仪器。乾隆九年开始制造，历经十年于乾隆十九年（1754）制成，重达五吨。无论从冶金制造还是雕刻方式，都反映了当时的发展水平。

官方文书，其中有很多内容已被篡改。有人估计，至少有一千万份明代档案被全部销毁。倒是民间的一些野史笔记，如《江变纪略》（清兵在江西的烧杀淫掠的内容）、《扬州十日记》（扬州屠城惨史）等，得以幸存下来，实在很珍贵。

至于一般的文献篡改，若对清政府的统治权威没有大碍，多数仅将涉及少数民族的忌讳用词进行改动而已。典型的例子，就是宋代抗金名将岳飞的《满江红》，原文有"壮志饥餐胡虏肉，笑谈渴饮匈奴血"一句，在《四库全书》中被改为"壮志饥餐飞食肉，笑谈欲洒盈腔血"。

有人统计过，从编修《四库》开始，到乾隆四十七年间，清政府共烧书二十四次，毁掉书籍五百三十八种，计有一万三千八百六十二部以上。这个量，实际上与修入《四库》的书相当。

尽管如此，《四库全书》还是以空前的规模，保存了大量珍贵的历史文献，也算是乾隆朝的一项文化盛事。

文化之狱

任何一个时代，都存在着多种面相。繁华背后，一定也会有萧瑟肃杀的另一面。

到乾隆六十年（1795），八十五岁的乾隆皇帝觉得做皇帝的时间不能超过爷爷康熙帝六十一年的时间，决定禅位给十五子颙琰，即嘉庆皇帝，做“太上皇”，朝政大事仍由他说了算。直到嘉庆四年（1799）正月弃世，乾隆实际上掌握了六十三年中国历史的命运。也就在这六十三年间，大大小小的文字狱，发生过不知多少起。

根据邓之诚统计，清代影响很大的文字狱，有八十八起，包括顺治二起、康熙二起、雍正四起，其余都发生在乾隆朝。还有人作过不完全的统计，乾隆朝的文字大案至少有一百三十起，平均一年至少有两起大案。这个数字是惊人的。

从整个清代来看，文字狱集中发生在“康乾盛世”时期。从次数、规模来看，康、雍、乾三朝文字狱有逐步升级的趋势。萧一山在《清代通史》中，详细讲述了顺、康、雍、乾四朝对待文字狱不同的处理方法：顺治时为“放任政策”，康熙时为“怀柔政策”，雍正时为“调和政策”，而乾隆时则为“压制政策”。之所以如此，恐怕与四位帝王截然不同的个性以及不同的时代背景有着很大的关系。

清王朝是满族贵族掌权，对占全国人口绝大多数的汉人防范、控制极严。尤其是清朝前期，只要是文人学士在文字中稍露不满，或是统治者疑神疑鬼，认为文字中有触犯君权或者有妨碍自己的内容，都会兴文字狱，动辄株连数十人乃至数百人。

前文讲到的谢济世，在雍正朝因私注《大学》，险些小命不保。据说，谢氏并未因此幡然醒悟，仍是一副书呆子气，注释四书五经，依旧不用朱、程的权威说法。乾隆六年，乾隆觉得这个人实在讨厌，亲自下令对谢济世展开审查，狠狠地教训了他一下。这个人能在文字狱中数次保全性命，在清代实在是个奇迹。

据统计，乾隆十六年（1751）后，文字狱爆发的频率急剧上升，到四十一年为止，其中大约有七十起案件。《清代文字狱档》中的大多数案子，都是乾隆朝发生的。

有的案件，简直可以用“莫须有”来解释。

乾隆二十年（1755）三月，乾隆向大臣们说：我朝建立大统，已有一百多年，皇恩浩荡，海内外共享升平之乐；但是有的臣子不思报恩，文词之间居然对大清诋讪怨望，“实非人类中所应有”。这人就是胡中藻，江西新建县人，进士出身，入过翰林，做过内阁学士，是雍正宠臣鄂尔泰的学生。鄂氏与另一位军机大臣张廷玉有矛盾，两人各有门派，常常在朝政上互相攻击。胡中藻既然是鄂的学生，自然难逃派系斗争。鄂、张两人死后，按雍正的遗嘱，都入享太庙。但鄂尔泰后因胡中藻的案子，被撤出太庙。

胡氏自己刻有一部诗集，叫《坚磨生诗钞》。“坚磨”一词的典故出自《论语》，意思是坚硬的东西经过折磨仍然不会薄损，洁白的东西虽经污染但也不会变黑。乾隆骂道：“胡中藻以此自号，是诚何心？”还说从前查嗣庭、汪景祺、吕留良等人的诗文日记中，虽然都有大逆不道的言词，但都不像胡中藻这本诗集中那么连篇累牍，都是在暗讽我大清王朝。如诗集中“一世无日月”、“又降一世夏秋冬”、“一把心肠论浊清”、“斯文欲被蛮满洲”、“一世争在丑夷”等，都是在暗骂我大清王朝之黑暗、满人是丑夷，“加浊字于国号之上，是何肺腑？”又讲内中还有多处提到南、北的问题，如“南斗送我南，北斗送我北。南北斗中间，不能一黍阔”，“虽然北风好，难用可如何”，“至云揭北斗，怒窍生南风”等，“两两以南北分提，重言反复，意何所指？”乾隆认为，自他在位以来，在廷诸臣的诗文何止千万，从未以语言文字责人；但是胡中藻的诗，“措词用意，实非语言文字之罪可比！”

鄂尔泰的侄儿鄂昌，任职甘肃巡抚，与胡中藻十分友好，经常诗文唱和；朝中高官张泰开，与胡是同门师兄弟，曾帮助胡出资刊刻这部诗集。案发后，张泰开当即革职，交刑部审查；胡中藻与鄂昌被押解到京后，由大学士、九卿等共同审问。

胡中藻最后被判为“违天叛道，覆载不容”，要按大逆罪凌迟处死；家属中男子十六岁以上的，斩立决；张泰开明知该犯诗钞有悖逆内容，仍然资助出版，并为之作序，照知情不报罪斩立决。这是大臣们的意思。乾隆认为，所有罪责，主要在胡中藻，可以不凌迟，但要立即斩首，作为天下后世的炯戒；张泰开从宽免罪，仍在上书房行走，效力赎罪；鄂昌另行审查。⑩

像胡中藻这样文人的诗文集中，若要找到一些所谓大逆不道的文句，恐怕也非难事。胡中藻之所以倒楣，应该与其老师鄂尔泰与张廷玉两派的政治斗争有很大关系。

乾隆三十二年（1767），七十一岁的松江府华亭县举人蔡显，号闲渔，拿了自己著的《闲渔闲闲录》，到府衙自首，原因是："此书于本年三月内刻成，并无不法语句。而其本地乡人妄生议论，谓其怨望讪谤，投贴无名字帖，欲行公举。"蔡显只是认为，华亭地方有人对他不满，故意在他书中挑刺，甚至写匿名信诬告他。他很天真，觉得自己的书根本没有问题，又怕说不清楚，索性拿着书到衙门自首，希望洗清不白之冤。不料一去不复返，反把老命丢了。

经审查，他的书中确实能找到问题。清人记载说：[11]

书内有戴名世以《南山集》弃市等语，意涉怨谤。又所作诗，有"风雨从所好，南北杳难分"句。又《题友袈裟照》，有"莫教行化乌场国，风雨龙王行怒嗔"句。隐约怨诽，情罪甚重。刑臣拟以凌迟，改斩决。其子蔡必照斩候，作序之闻人倓，戍伊犁。

两江总督高晋和江苏巡抚明德负责这起大案的审理工作，最初的判决是：蔡显凌迟处死，长子蔡必照斩立决，其余家人则给付功臣之家为奴；为书作序的闻人倓杖一百，流三千里；蔡显的门人和湖州书商都不知情，可以免罪。

但是，当乾隆认真读过《闲渔闲闲录》后，龙颜大怒，对书中提到的戴名世等事件的说法十分不满，认为蔡显是"有心隐跃其词，甘与恶逆之人为伍"；对高晋、明德等官员也有责备之意；除了主犯和亲属外，门人、书商等相关人员，也要法办。高晋、明德十分紧张，主动向乾隆承认了错误。[12]

乾隆的态度，在文字狱上，绝不再是一个温文尔雅、风流倜傥的君王模样。他对于文人当中任何细微的反满情绪，只要找到只字片纸，是一个都不会放过的。

乾隆四十二年(1777)十月，江西新昌县人王泷南告发他的一个同乡叫王锡侯的，说他狂妄不法。此事马上引起官府的关注。

王锡侯虽为举人老爷，但是一个迂儒，有人说他的为人与戴名世很相像。戴名世以古文自命，王锡侯以理学自矜，都喜好玩弄文笔。王锡侯大概也是闲得无聊，将《康熙字典》进行缩编，成《字贯提要》一书，共有四十卷，习称《字贯》。

王泷南以前曾因唆讼罪被发配，偷偷逃回原籍后，经过王锡侯等人到县里通风报信，而再度被抓获。王泷南刑满释放后，对王锡侯自然怀恨在心。王锡侯的《字贯》一出来，就被王泷南抓住了辫子。官府审查后，不但认为王锡侯是擅自改编《康熙字典》，而且查出，书中居然将皇帝的庙讳直行排下。乾隆十分震怒，说："阅其进到之书，第一本序文后'凡例'，竟有一篇将圣祖、世宗庙讳及朕御名字样悉行开列，深堪发指！此实大逆不法，为从来未有之事！罪不容诛，即应照'大逆律'问拟，以申国法，以快人心。"

王锡侯就此被抄家，杀头，全家大小二十一口全部连坐，或处死，或充军。现有一份抄家清单传了下来，上面详细记录了王家的财产。[13]统计下来，王锡侯的所有家当不过六十两银子，十分可怜！

当然，对王锡侯《字贯》有纵容包庇情节的，全部受到严惩。如江西巡抚海成被处斩；江西提刑按察使冯廷丞有失察之责，被革职查办。

还有个叫徐述夔的东台举人，生前曾著有《一柱楼》诗集。其中"明朝期振翮，一举去清都"二句，被乾隆帝定为"大逆"，理由是借朝夕之“朝”读作朝代之“朝”，“要兴明朝而去我本朝”。结果不但把已死的徐述夔及其子戮尸，徐的孙子和为诗集校对的人也全都处死。

有的文字狱，今天看来，实在令人哭笑不得。《清代文字狱档》第八辑，载有乾隆四十八年（1783）二月“冯起炎注解《易》、《诗》二经欲行投呈案”。案主冯起炎，是山西临汾县的生员，听说乾隆将到泰陵拜谒，就带了自己的著作，在乾隆来的路上徘徊等候，希望见到乾隆，能够得到赏识，好飞黄腾达。不料，他的这种形迹被认为十分可疑，大概有点像刺客伪装的样子，就被官府抓了起来。

冯起炎的所谓著作，不过是以《易》解《诗》，谈不上什么大学问。不过，在最后面，有他的“自传”，其脑子可能有点发烧，暗恋两位表妹，居然希望由乾隆出面，代他做媒，帮他成就才子佳人的美梦。实在太过可笑。

负责审查他的直隶总督袁守侗，说他是“胆敢于圣主之前混讲经书，而呈尾措词，尤属狂妄”，觉得罪情比冲撞皇上仪仗更重。拟的罪是，将冯起炎从重发往黑龙江等处，给披甲人为奴。佳人未曾娶到，结果反成了东北人的奴仆，真是可悲的书呆子。

乾隆大兴文字狱的目的，是借以彻底消除汉人的反清民族意识。实际上，大多数因文字狱受害的人，并没有传播反清思想。一部分人只是一时兴起，抒发对剃发易服的一丝不满，对明朝的一些眷恋，对自身境遇的悲叹。更多的受害者，纯粹是统治者望文生义、牵强附会、捕风捉影的结果。乾隆朝的文字狱达到了疯狂、残酷与荒唐的地步。凡此种种，举不胜举。

鲁迅曾经对清代文字狱有一段精辟的概括，他说：大家向来的意见，总以为文字之祸是起于笑骂了清朝，然而，其实是不尽然的。“有的是卤莽；有的是发疯；有的是乡曲迂儒，真的不识讳忌；有的则是草野愚民，实在关心皇家。而运命大概很悲惨，不是凌迟，灭族，便是立刻杀头，或者‘斩监候’，也仍然活不出。”⑭

很多文人在这样的高压之下，一生小心谨慎，生怕给自己和亲友带来不幸。于是，聪明人下笨功夫，搞起考证研究来，主要是在语言、音韵、训诂、舆地等方面，与现实生活内容关涉极少，其实不过是躲避文字狱的一种遁世做法。

正因为如此，从乾隆到嘉庆，出了不少考据学大家。这些人的研究，形成了一股重要的文风，人称“朴学”，也因为处在那样一个时代，所以又统称“乾嘉学派”。代表性的，有胡渭的《禹贡锥指》及《易图明辨》，阎若璩的《尚书古文疏证》，还有以戴震为首的皖派和以惠栋为代表的吴派，其他还有像阮元、段玉裁及王念孙等学者，也都留下了许多考据著作。当然，当中最具代表的，是钱大昕的《廿二史考异》，王鸣盛的《十七史商榷》和赵翼的《廿二史劄记》，影响深远。

科举兴盛下的儒林人生

在清代，一个人从幼时的启蒙教育开始，便在为日后进入官方学校作准备。进入学校以后，则要为日后的科举考试作准备。因此，他所学习的内容，也便限定在官方所规定的教育范围之中。

至于受教育的途径，主要是民间教育与官方教育，两者有所不同。民间教育不像官方教育那样有着比较严格的制度，如私塾、家馆、义学、族学，等等，可以有各种形式，也可以比较随意地设立。官方教育则具有一套完整的体制和制度，而且它只有一种形式，那就是各级学校。

从零散的历史记述中，可以得知当时的民间教育包括了私人教育和半官方的教育两部分。私人教育主要指遍布于城乡的私塾、家馆等。半官方的教育则包括地方民办的义学、族学和社学等各类学校。

一般来说，民间教育都属于启蒙教育的阶段。所学习的内容是从识字开始的。学习使用的教科书主要有：《百家姓》、《千字文》、《孝经》、《大学》、《中庸》、《论语》、《孟子》、《千家诗》、《神童诗》等等，由浅入深，依次学习。当然，除了这些之外，还要好好习读康熙的《圣谕十六条》、雍正的《圣谕广训衍》等。

康熙圣谕十六条

平民百姓在科举时代到来后，普遍有了向上流社会进身的机会。因此，历史上长期流传着这样的歌谣："万般皆下品，唯有读书高。"遗憾的是，并非所有的人都会有资格参加科考。传统的"四民"阶层，即士、农、工、商中，一般只有士、农准许应试，商人家庭准予参加科考是很晚的事情；还有倡、优、奴仆、卒，犯罪人家的子弟，僧道等，也不准应试。一些特殊行业的从业人员，如理发者、修脚者等，也没有资格参加科举。再说，各地还有名额限制，最后能够中举的，大概只占全部应考生中的千分之三。

根据《清史稿·选举志》的说法，清代的科举入仕，分正途与异途两种：凡满汉入仕，有科甲、贡生、监生、荫生、议叙、杂流、捐纳、官学生、俊秀；照惯例，由科举及恩、拔、副、岁、优贡生、荫生出身的，为正途，其余为异途。但就入仕为官来说，都比较重视正途。

清代入仕，进士和举人、贡士是有差异的。进士在京可以任翰林院修撰、编修、检讨、庶吉士、六部主事、内阁中书、鸿胪寺行人、大理寺评事、国子监监丞、博士、助教、太常寺博士，外放则可以担任知州、知县、推官、儒学教授等官。举人入仕稍为严格，经过简选、考职或者大挑，才可以任内阁中书、国子监学正、学录、知县、州学正、县学教谕等职；其他的优、拔贡生，荫生和贡监考职，比举人更为下等。在这科举入仕之中，一向以入翰林为最，而且往往是那些最优秀的人才具备这种资格。这是很被清人看重的事。

科举入仕成了读书人的梦想，但是因为有名额限制，并不是每一个读书人都能顺利地踏入仕途。很多人十年寒窗的结果，仍可能只是具备童生的资格，充其量也不过是个老秀才。

清代中国的地域范围广大，州县数量较多，差别很大。学额分配，主要依据文风高下、人口多寡而定，有所谓大、中、小县之别。顺治四年，政府规定，大县的学额是四十名、中县是三十名、小县是二十名，后来比例还有变化。江南地区向来是人文渊薮，科举事业一直兴盛，一些大县的读书人，少的不下一千人。许多人就以科举为终生奋斗的事业。

只要读书人考取生员（秀才）的资格，家中就可以免掉丁粮税，由政府提供廪膳银（生活费），各地有专门的学院、学道、学官负责他们的科考应试工作，各地衙门官吏对他们要以礼相待。乾隆元年还有新规定，只要拥有生员、贡士、举人的功名，还可以免掉杂色差徭。

清代科举，大致分四个层次展开，依序为童试、乡试、会试、殿试。乡试之后，若取得举人资格，可以参加会试，此后才是所谓皇帝亲自主持的殿试。

乡试、会试、殿试中的第一名，分别称解元、会元、状元，如果连中，就称“连中三元”，是极高的荣耀，当然现实情况中也较罕见。在保和殿考试之后，按成绩分成三甲，第一甲只有三名，为“赐进士及第”，第一名至第三名分别称状元、榜眼、探花；第二甲统称“赐进士出身”；第三甲则称“赐同进士出身”。

无论是贫寒乡农，还是豪门权贵，都希望家中的子弟能够拥有科举功名，并且对进入仕途抱有很高的期待。

科举背后的利益诱惑实在太多，有人甘愿作弊犯法，也想混个功名。官府针对这样的现象，自有一套应对举措。

比方说，考试前，要专门检查每个考生：衣服最好是无缝的，敞胸露怀，从头发检查到脚底板；考生所带的笔、砚要看看有无作弊机关，连吃的馒头也要掰开来，看有无夹带纸条。待全部检查完毕，才准放入考棚，按照《千字文》中的顺序，依次进入相应的号棚，参加考试。

这些都是需要提前公示的。

号棚中的考试座位，都由衙门里的工吏包办，这些人都视科考为利薮，乘机捞点外快，往往贪污一大半经费，临时应付考场工作。所以，每个座位往往做得很窄小，加上偷工减料，用料薄而脆，坐下重一点，座位恐怕就要塌下。同一号棚中总有十几个人，座位都是相连的，有人位置倒了，别人的就会受到牵连；而且，写的字也就会歪斜不漂亮，这就更要命了。

如果考不取，只好再等下一期，所谓年年无望年年考，那是很正常的事。

在考试之前，除了考生，一家人也都要受累，忙着为考生做准备工作。许多小说戏曲中的故事，是当时社会的真实反映。

比如，《儿女英雄传》中写安骥殿试时，自己背着考篮的情况。[15]

> 不一刻，只见（安）老爷从西屋里把自己当年下场的那个考篮，用一只手挎出来。看了看，那个荆条考篮经了三十余年的雨打风吹，烟熏火燎，都黑黄黯淡的看不出地儿来了。幸是那老年的东西还实在，那布带子还是当日太太亲自缠的缝的，依然完好。……揭开那个篮盖儿，把里头装的东西一件一件拿出来交付公子。金玉姊妹两个也过来帮着检点。只见里头放着的号顶、号围、号帘，合装米面饽饽的口袋，都洗得干净，卷袋、笔袋，以至包菜包蜡的油纸，都收拾得妥贴，底下放着的便是饭碗、茶盅，又是一分匙箸筒儿合铜锅、铫子、蜡签儿、蜡剪儿、风炉儿、板凳儿、钉子锤子之类。都经太太预先打点了个妥当，因向公子说道："此外还有你自己使的纸、笔、墨、砚，以至擦脸漱口的这分东西，我都告诉俩媳妇了。带的饽饽菜，你舅母合你丈母娘给你张罗呢，米呀、茶叶呀、蜡呀，以至再带上点儿香啊、药啊，临近了，都到上屋里来取。"

考篮里居然还有板凳儿、钉子、锤子，可见衙门造的考棚实在让广大考生不放心，万一坏了，就能用这些工具及时修好，继续安心考试。当然，这个考篮就会很沉重，但因是考生的必备用品，所以再重也得带上。

《官场现形记》第一回故事中，讲到陕西同州府朝邑县城南村庄，只有赵、方两姓人家，祖上都世代务农，家境差不多。不料，到了姓赵的爷爷手里，居然请了先生，教他儿子读书，到他孙子，忽然得中一名黉门秀士。乡下人眼睛浅，觉得中秀才是件非同小可的事，全村的人都把他推戴起来，姓方的人家便渐渐地不敌了。书中讲到，中举的赵温要和家人一起祭祖：

> 走进了祠堂门，有几个本家都迎了出来，只有一个老汉，嘴上挂着两撇胡子，手里拿着一根长旱烟袋，坐在那里不动。赵温一见，认得他是族长，赶忙走过来叫了一声“大公公”。那老汉点点头儿，拿眼把他上下估量了一回；单让他一个坐下，同他讲道：“大相公，恭喜你，现在做了皇帝家人了！不知道我们祖先积了些甚么阴功，今日都应在你一人身上。听见老一辈子的讲，要中一个举，是很不容易呢：进去考的时候，祖宗三代都跟了进去，站在龙门老等，帮着你扛考篮，不然，那一百多斤的东西，怎么拿得动呢？还说是文昌老爷是阴间里的主考。”

“那一百多斤的东西”，该是多重的考篮啊！

考试之前，为了定心，考生们都事先要到土地等庙中烧香祈愿。

清代前期的南京，和明代一样，依然与北京并称，号称南直隶，地位与一般的省份不同。南京的贡院，是江南乡试的中心，有考试用的号舍20 644间，是全国各省贡院中规模最大的。在这里，清代曾经出现过郑板桥、吴敬梓、翁同龢、张謇等名流。

南京作过都城，城中繁华之地，就在秦淮河两岸、夫子庙为中心的地带。就像《桃花扇》中说的："梨花似雪草如烟，春在秦淮两岸边；一带妆楼临水盖，家家分影照婵娟。"这短短数言，使秦淮河一湾两岸那杨柳街道、烟花风月的迷人春色跃然眼前。

江南贡院就在夫子庙的东邻，秦淮河北岸；夫子庙的西侧，就是旧院，俗称板桥。每逢秋风桂子之年，也就是乡试之时，秋闱之期，四方应试者都集中到这里，所谓"结驷连骑，选色征歌"。有很多人就到青楼里，或邀旬日之欢，或订百年之约。南京城，在此时几乎是一个才子佳人们的世界。

在科举时代，八股文被叫作"敲门砖"，也称"制义"，民间则叫"时文"或"时艺"。要熟谙这种文体，需要很好的古文功底，要熟读四书五经。省一级乡试，中央一级会试，第一场考试都必须用"四书"命题，以朱熹的《四书章句集注》为依据；第二场考试必须用《诗》、《书》、《礼》、《易》、《春秋》这"五经"命题，都以宋、元理学家注释本为依据。考生都不能在文章中随便自由发挥。文体用"排偶"体，要平仄对仗。每篇文章由八个部分组成：先是"破题"，用两句点破题目的要义；接着"承题"，承接破题的意义而阐明之；接下来是"起讲"、"题比"（又叫"入手"），引入正文；以后是"起股"（又叫"虚比"）、"中股"（或称"中比"）、"后股"（即"后比"）、"束股"（即"大结"），基本属于文章的正式议论，以"中股"为重点。后四段，又必须各有两股对应的文字，共为八股，故习称"八股文"。

读书人平时除读四书五经外，更要好好研读前人的八股名篇，学习写作技巧。一些久经考场的文人，经常被书商请去，为每年新出版的“时文”选本作导读或注解。这种书仿佛今天的习题集，考场新手十分需要，因此在市面上很畅销。书商能赚大钱，为这种科举考试用书作批注的考场老将或举子，自然也能得到丰厚的稿酬。这些都是清代的时尚。

由于科举制度的完善，可以笼络读书人以及下层社会的平民百姓，只要能够跳跃过这个龙门，就可以从寒士上升为名士。在清代，这种情况十分普遍，即使是上流社会的子弟，也不想成为“白丁”，都希望拥有一个功名。这是一种身份的标志，在“传统”社会中十分重要。

中举之后，读书人就会变得威风起来。中举时，报信的人一般都拿着短棍，从大门打起，把厅堂窗户都打烂了。不知道内里的可能要被吓死。其实，这叫作“改换门庭”，工匠就跟在后面，立时修整一番，以示从此住在这里的，永远以新进的举人老爷为主。接着，同姓的地主来和新进士通谱，算作一家；招女婿的也来了；有人来拜他做老师，自认门生。经常是只要一张嘴，银子上千两的送来。以后有什么事，这些关系也就有依靠了。出门呢，都坐着大轿，前面有人拿着扇，撑着盖，十分气派。

吴敬梓在《儒林外史》中写了穷秀才范进中举的一段著名故事，可以作为上述记载的最好说明。书中所写的做过知县的张乡绅，自述与范进的关系，从同乡开始，渐而世兄，再进一步居然成了骨肉兄弟。他之所以这样，无非因为范进是新进的举人老爷，年龄虽然大了些，但以后官场上多了一个朋友，就多了一个照应，送银子、送房子，又算得了什么呢。小说中还写道，此后，有许多人来奉承他：有送田产的，有送店房的，还有那些破落户，两口子都来投身为仆，希图荫庇。不到两三个月，范进家的奴仆丫鬟都有了，钱米是不消说了。张乡绅家又来催着搬家，到新房子里，唱戏、摆酒、请客，一连三日，很是风光。

即使中不了进士，光是秀才、举人，仍可以享有不少特权，例如免掉家中的差役，可以合法地蓄养奴婢，犯了法，在开除功名前，是不能用刑审查的，还可以豁免税粮，到社会上会受到很多礼貌上的优待，等等。有了这些特权，谁不愿参加科举考试呢？

再从社会关系看，这一阶层入仕的时期是现任官吏，退休的时期和入仕以前是乡绅（或称乡官）。无论他们是在官还是居乡，一般的庶民都在他们的脚下生活。

在下层普通百姓眼里，他们有很高的威望，因为他们有功名，有知识，有文化。老百姓对他们，几乎奉若神明，地位甚高。鲁迅在小说《离婚》中，就借用一个乡民的口吻，讲了这一道理："他们知书识理的人是专替人家讲公道话的，譬如，一个人受众人欺侮，他们就出来讲公道话，倒不在乎有没有酒喝。去年年底我们敝村的荣大爷从北京回来，他见过大场面的，不像我们乡下人一样。"

清代乾嘉时期极负盛名的赵翼（1727—1814），字耘松，号瓯北，江苏常州府阳湖县人。早年因家境清贫，从六岁起，就随在私塾任教谋生的父亲游学四方。十二岁时，学习八股制艺，据说一天能成七艺，大家都觉得他是一个神童。很不幸，十五岁时，父亲死了，年幼的赵翼为了生计，接续父亲的行当，也做起私塾先生来。十九岁时，他终于考入府学，成了秀才。与同时期的同辈人相比，二十岁不到中秀才，还算不晚的。此后，他一直在有钱人家担任馆师。三年后，他被辞退，冒着饥寒，投奔在京城的远亲。这年是乾隆十四年（1749）。

幸运的是，赵翼的文才很快被官场中的一些重要人物知晓。刑部尚书兼翰林院掌院学士刘统勋对他尤其赏识，将赵翼请至刘府，帮助编修《国朝宫史》。第二年秋天，赵翼参加顺天乡试，一举成功，中了乾隆庚午科北榜举人。主考官汪由敦对他也很器重，当年冬天就将他招入汪府。汪府上藏书极丰，汪本人学识又深，赵翼在这样良好的环境里，自我修养更是精进。此后的科考并不一帆风顺，赵翼在会试中落榜了，但他的才华仍使他先后出任了礼部教习、内阁中书。乾隆二十一年（1756），他进入军机处工作，主要承担文书方面的事务。因工作出色，当时的高官很欣赏他。

乾隆二十六年（1761），赵翼考中进士，本来殿试时拟取第一，后来乾隆硬将他改成第三名，授以翰林院编修。此后，赵翼历任乡会试主试、广西镇安知府等职。乾隆四十五年（1780）五月，他重上北京，准备在仕途上好好施展一番，不料到台儿庄时，忽患风疾，双臂不听使唤，只好南归。此后的三十多年，他一直过着隐居式的生活，醉心于学术研究，代表作有《廿二史劄记》、《陔馀丛考》、《檐曝杂记》和大量诗作等。

赵翼曾说过，他那个时代，官场上盛行一种“升官图”的游戏。具体是这样的：开列大小官位于纸上，以明琼掷之，计点数之多寡，以定升降。这就是掷骰子的玩法。他考证道：根据房千里《骰子选格序》的说法：“以穴骰双双为戏，更投局上，以数多少为进身职官之差，丰贵而约贱，有为尉掾而止者，有贵为将相者，有连得美名而后不振者，有始甚微而倏然于上位者；大凡得失不系贤不肖，但卜其偶不偶耳。此即‘升官图’所由本也。”

从读书、进学、科考到入仕，是传统时代绝大部分知识分子共同的理想生活。科举场上顺利，未必就能代表官场上的顺畅；反之亦然。“升官图”的游戏，也不过是读书人进入仕途后的某种企盼。

政以贿成

在清初，著名文人李渔讲过这样一则故事：[16]

福建汀州府理刑厅有一个叫蒋成的皂隶，为人老实善良，在衙门做事处处不顺利，干了二十多年，别人都白手起家了，他一直是衣不遮身、食不充口；衙门内外，人称“蒋晦气”，书吏门子都怕和他在一起沾到晦气。只要和他在一起，不是倒霉，就是赚不到钱。后来让算命的人改了生辰八字，与理刑厅长官的八字完全一样，刑厅官由此对他很是同情。之后蒋成的命运就好了起来，人称“官同年”，不到三年，赚了很多钱，还娶妻生了子。后来居然做了一个县的主簿，三年之后升做“经历”，退休回家时已是家财万贯了。

即使像蒋成这样老实的人，仍然应了“官久自富”这句话。比蒋成会钻营投机的吏胥，搜刮的钱财那就要多得多了。

年薪一般只有六两的吏胥，居然会如此富有，显然是有充裕收入的缘故，也就是人们常说的灰色收入。

就像戴名世所说的：“近日吏治不修，一官来，人皆恨之，一官去，人皆思之。”所谓“思”，不过是觉得现任官还不如前任，尽管前任一样贪赃枉法，但现任的更厉害，所以有人要给前任官树“德政碑”、立“去思碑”。[17]社会现实的黑暗与平民百姓的无奈，始终并存。

在地方官吏们看来，他们的收入除了肥己之外，还要应付官场中的迎来送往和各种贿赂性的消费。因此，在城乡地区，广大士民百姓就成了他们盘剥的基本对象。除了传统的赋税任务外，政府搜刮的名目，也常常十分正式而堂皇，令百姓们无法抗拒，既有“折耗”、“火耗”等加派，也有“冬牲钱”、“轿钱”、“送节钱”等额外的负担。百姓们对地方官吏十分痛恨，地方官吏们对官场的陋规更是习以为常。

在道光朝以前，外省的地方官馈送在京为官的，夏天有“冰敬”，冬天有“炭敬”，出京还有“别敬”。这些漂亮的名词，实际就是官场中特有的贿赂名目，行贿受贿之际，用这些词显得较为体面。科考同年的“同乡”在“别敬”之外，还有“团拜项”，即所谓每年“同乡”们要举行团拜活动的必要经费。最初官场中的这种私相授受，在上下级官员之间十分流行，并不十分注意交情，后来就需要讲关系，论交情；外省官想给京官送点“炭敬”什么的，如果没有关系，想送都没地方送。[18]高官们的胃口越来越大，对一般人的“孝敬”或“疏通”，根本看不上。

官场政治就是这么黑暗。老百姓都不十分清楚，他们白天黑夜地辛苦劳作，交给官府的钱粮杂税，大多数就是这样被送来送去，成了官员们腐败交际的资本。这方面，可以分为两大类：一是庶民百姓巴结、纳贿于官府而有所求的。比如民间诉讼，吏胥们就会来搜刮，否则官司肯定要失败，这里面就有“讲手钱”、“发落钱”、“出力钱”等名目；还有所谓“一坐而酒钱动以千计”的，这样一来，讼家不是倾家荡产，也要元气大伤，遇到大的案子，需要贿赂的关节就更多了，费用自然很难统计。另一大类就是官场间的行贿，清代一些高官出问题后，被抄家出来的大量财产，很能说明当时官场贿赂成风的严重程度。

在基层社会中，这种官场贿赂的情形是不明显的，因为老百姓主要面对的是州县官府，他们只要按时交纳赋税，交足地方政府摊派的各种杂税，他们的生活就能保持安定祥和的局面，否则，吏胥几乎天天会来找麻烦，直到搞得他们倾家荡产为止。地方官一般也不管他规定的赋税任务是怎样完成的，他只需要吏胥们替他办好这些事情，能向上级政府交出完美的钱粮账本，就够了。

也正因为这样，清代吏胥扰民、害民的情况，一直相当严重。洪亮吉说过："今之吏胥非古之吏胥也。"古之吏胥，通晓经术，明习法令，不但不会扰民，有时甚至有益于民。但清代就不同了："由吏胥而为官者，百不得一焉。登进之途既绝，则营利之念益专"，吏胥堪称士、农、工、商这"四民"之中的"奸桀狡伪者"。他们的名字进入官衙的点卯簿后，百姓就称他们为"公人"或"官人"，就是公家的人了。这公家人之家，有十多口人，都吃得好穿得好，谁也不敢得罪这位公家人。他们成为公家人的时候，乡亲们怕他们，"四民"怕他们，就是地方上有头脸的士大夫们也怕他们！如果官衙被这群人把持了，孤身来任职的地方官更会怕他们。原因呢？地方官想要侵渔百姓，必须要依靠吏胥们的帮衬。吏胥们都是当地人，对管辖范围内百姓的贫富情况一清二楚。从家产一两银子到上千两的，地方官能盘剥到手的往往只有十分之三，但吏胥们却能侵吞到十分之五。清代的有识之士都认识到，吏胥们"上足以把持官府，中足以凌胁士大夫，下足以鱼肉里闾"，他们在衙门中的差使，退休后都可以直接传给子孙；到了子孙一辈，营私舞弊本事又比祖父辈高明多了，所以，无论地方官还是百姓，都受害匪浅。[19]

如果说，百姓有第一件吃苦的事，那必定是一座小小的州县衙门。清末著名文人李伯元这样写道："朝廷为着百姓，立了座衙门，谁知倒开了他们生财的捷径。你道可恨不可恨呢？"而官府设的监狱，好比阎罗王的地狱："大堂之中，公堂之上，本官是阎罗天子，书吏是催命判官。衙役三班，好比牛头马面。板子夹棍，犹如剑树刀山。不要等到押下班房，禁在牢狱，这苦头已经够吃的了。""普天之下，二十多省，各处风俗未必相同，但是论到衙门里要钱，与那讹诈百姓手段，虽然大同小异，却好比一个印板印成，断乎不会十二分走样的。"

自古以来，州县衙门里掌刑的皂隶，这小板子打人，都是要预先操练熟的。有些虽然打得皮破血流，而骨肉不伤；亦有些下死手的板子，但见皮肤红肿，而内里却受伤甚重。有人说，凡为皂隶的，预先操练这打人的法子，是用一块豆腐，摆在地下，拿小板子打上去，只准有响声，不准打破；等到打完，里头的豆腐都烂了，外面依旧是整整方方的一块，丝毫不动，这方是第一把能手。凡是犯罪的人，晓得自己理屈，今日难免挨责打，必须预先花钱给这掌刑的，托他留情些。这板子下去，是有分寸的，只要打得响，纵然皮破血流，决不妨事，过两天就会好的。若是不花钱，这板子打下来，大腿上不免就要受伤。此是天下当皂隶的通病，除非废去小板子不用，如若留着小板子，他们这个权柄是有的。州县老爷纵然明白知道，也是无可奈何。

基层官吏们的贪污营私之风，与上级官僚的不良作风有很大关系。所谓"院司贪，不能令知府不贪；知府贪，不能令州县不贪。"[20]

上梁不正，下梁更歪。知县既然都不能很好地约束吏胥，吏胥自然更加气焰嚣张，无恶不作。大多数衙门的工作人员，都存在这样的认识，所谓“官看三日吏，吏看三日官”。州县官员在地方上不会任职太久，长的有三年，短的也就一两个月，很多人根本不想有什么政治改革，因循苟且就很自然了。乡村百姓们更是“望官衙如在天上，见差役则畏惧避匿”！

清人朱彭寿，曾经统计过清代高官因贿赂罪而落马的，以乾隆朝为最多。下面择要罗列一些，以为证明。

兵部尚书、步军统领鄂善，因收受俞长庚贿赂，乾隆六年(1741)四月令自尽；

浙江巡抚常安，以婪赃纳贿罪，乾隆十三年七月处绞刑；

江南河道总督周学健，以违制剃头，并徇私纳贿，乾隆十三年十一月令自尽；

山东巡抚鄂乐舜，以前在浙江巡抚任内勒派商捐，乾隆二十一年三月令自尽；

湖南布政使杨灏，以侵扣谷价，贪黩败检，乾隆二十二年九月处斩；

云贵总督恒文，以借贡献为名，短发金价，并纵容家人勒索门礼，乾隆二十二年九月令自尽；

山东巡抚蒋洲，以前在山西藩司任内亏短库项，恣意勒派，乾隆二十二年十一月处斩；

山西布政使杨龙文，以亏短库项，恣意勒派，乾隆二十二年十一月处斩；

绥远城将军保德，以贪黩败检，乾隆二十四年六月处斩；

湖北布政使沈作朋，以前在湖北臬司任内纵盗冤良，乾隆二十八年七月处斩；

和阗办事大臣和诚，以重利盘剥回人，贪婪败检，乾隆三十年七月处斩；

陕西巡抚和其衷，以前在山西巡抚任内，于升任阳曲令段成功弥补亏空一案中徇纵营私，乾隆三十一年十月处斩；

正白旗满洲副都统高恒，以前在两淮盐政任内侵蚀官帑，乾隆三十三年十月处斩；

署贵州巡抚良卿，以威宁牧刘标亏空一案，贪赃枉法，乾隆三十五年二月处斩；

湖南巡抚方世俊，以前在贵州巡抚任内婪索刘标货物，并于开矿受贿盈千，乾隆三十五年十月处绞刑；

云南布政使、前广西巡抚钱度，以支放库款，克扣平余，婪赃数万，乾隆三十七年七月处斩；

武英殿大学士、四川总督阿尔泰，以贻误军务，并勒属派买，短发价值，克扣养廉银，乾隆三十八年正月令自尽；

兵部侍郎高朴，受命往叶尔羌办事期间，勒索回民财物，并开采玉石，串商谋利，乾隆四十三年十月处斩；

浙江巡抚王亶望，以前在甘肃藩司任内捏灾冒赈，侵蚀监粮，乾隆四十六年七月处斩；

山东巡抚国泰，以贪纵营私、勒索属员财物，乾隆四十七年七月令自尽；

江西巡抚郝硕，以进京陛见为由，勒属馈送银两，乾隆四十九年七月令自尽；

福建陆路提督、一等义勇伯柴大纪，以台湾嘉义县被围案内贪纵营私，酿成事变，乾隆五十三年七月处斩；

浙江巡抚福崧，以两淮盐运使柴桢侵用盐课一案，通同侵染陋规，乾隆五十八年二月处斩；

闽浙总督伍拉纳，以婪索盐务陋规并属员馈贿银两，乾隆六十年十月处斩。

在上述各个大案的背后，还有不少小案，被牵连的官吏更是众多。具体以乾隆四十六年（1781）王亶望等人被杀案为例，简单说明之。

这一年，甘肃爆发了苏四十三领导的暴动，一度威胁到省城兰州，乾隆派户部尚书和珅为钦差大臣，率军前往镇压，结果吃了败仗。和珅就将全部责任推卸到下属头上，说他们不听指挥；大学士阿桂来到甘肃后，觉得和珅在撒谎，和珅就被乾隆召了回去。和珅向乾隆坦言，甘肃那边大雨滂沱，下了好几天，才影响了战势。

乾隆敏感地意识到，此前甘肃地方官经常向中央汇报旱灾严重、要求发放赈济钱粮的事，纯属造假，欺骗朝廷。他说："甘肃向来俱以被旱须赈为言，几乎年年如此。昨和珅一入甘境，即遇阴雨；今阿桂折内又称二十二日得有密雨四时。可见该省亦并非竟少雨泽。人言俱未足信！"他马上下令，仍由和珅、阿桂负责查案。当时，甘肃布政使王廷赞在北京，被审讯后，只好招供，甘肃官员们确实是冒领了赈灾钱粮这一贪污事实。七年前，驻扎在兰州的陕甘总督勒尔谨与甘肃布政使王亶望认为，甘肃地方太穷，财源不多，就互相勾结，决定在全省实行“捐粮为监”，将朝廷规定的只需捐谷四十石可以换取一个监生名额，私自改为以五十五两白银换一个监生名额，几年时间，捐银收入就超过了一千万两，由各级官吏私分；至于向朝廷谎报灾情，也是天高皇帝远，加上甘肃官场口径一致，冒领赈灾钱粮不大会被发现。乾隆表示：“朕于监粮一事，本为甘省地瘠民贫，每岁不惜百十万赈济，以惠养穷黎。若以惠民之事，而转为累民之举，徒令不肖官员借端肥橐，所关甚大。况此事不发则已，今既经发觉，自应根求到底，令其水落石出！此事积弊已久，通省大小官员，无不染指有罪，但亦断不能因罚不及众，辄以人多不办为词！”涉案人员实在太多，有些人可能觉得法不责众，其实都想错了，乾隆是铁了心，即使将甘肃省的大小官员全部换掉，也要将案情查得水落石出。

案子了结后，乾隆依然震怒不已：“甘肃此案，上下勾通，侵帑剥民，盈千累万，为从来未有之奇贪异事。案内各犯，俱属法无可贷！”将已任浙江巡抚的王亶望处斩，王廷赞处绞刑，勒尔谨赐死，贪污白银二万两以上的案犯斩首五十六人，发配的四十六人，革职、杖流、病故、畏罪自杀有数十人。这实在是清代历史上的贪污巨案。

不过，乾隆再怎么痛下狠手，在他在位六十年间，也根本无法杜绝官场上的贪污腐败风气。

科场上呢？贪污徇私的情况同样严重。

乾隆朝之前，最有名的科场舞弊案之一，是江南乡试案。据载，乡试前几天，正是天寒地冻时节，考场早被封严了。考试毕，就是放榜。结果舆论大哗，排名根本不是人们想象中按考试成绩来的，谁贿赂到了主考官，谁就能中榜。此前，在南京书摊上，在卖一本叫《万金记》的书，不知是谁写的，讲的就是当时的两名主考方猷和钱开宗，“方”字去一点为“万”、“钱”字去右旁为“金”，记述他们的行贿受贿情况十分详细。康熙知道后，十分震惊，马上下令审查。结果，除了主考外，同样有舞弊情节的房考李上林、商显仁、叶楚槐、钱文灿、周霖、李祥光、田俊民、李大升、龚勋、郝维训、朱建寅、王国桢、卢铸鼎、雷震生等人，全部被斩首示众。[21]

乾隆的科场作弊手段，堪称与时俱进，十分之高明，一般人恐怕很难发现。比如，乾隆十四年（1749），科考中最后一关是神圣的殿试。当时的应试者与阅卷大臣都串通过了，约定在考卷的对策文句中有暗示考生姓名的内容，据以拟定名次。比如，考卷中有“人心本浑然也，而要必严辨于动静之殊”，暗示人名严本，要拟取第一名；有“维皇降表”，暗示王世维，拟取第二名；有“包含上下”，暗示鲍之钟，拟取第三名；有“成之者性也”，暗示程源，拟取第五名，等等。这些都被精明的乾隆识破，这样的科考当然就作废了。

就连名声很盛的纪昀（纪晓岚），在官场中也并非廉洁之身。

纪昀，河北献县人，乾隆十九年的进士，平生酷嗜淡巴菰，顷刻不能离手，烟袋锅也最大，人称“纪大烟袋”。有一天正在上班，吸烟时忽然听说皇上召见，慌忙将烟袋插到靴筒中，赶着去见乾隆。两人谈了很久，纪昀感到烟筒余火烧到了袜子，十分疼痛，不觉呜咽流涕。乾隆很奇怪，纪昀只好说：“臣靴筒内走水。”北方人称失火为“走水”。乾隆让他到门外脱靴，靴内已是烟焰蓬勃，肌肤焦灼。以前纪昀走路都是很快的，被戏称为“神行太保”，这次意外，使他走路很长时间都不方便，被人戏称为“李铁拐”了。[22]

纪昀的学问，以博雅著称。他负责编写的《四库全书总目》，被称为“持论简而明，修词淡而雅”，令时人深为叹服。据说，他年届八十时，不但仍然十分好色，每天还要大量吃肉，终日不吃一粒饭，更被时人称为“奇人”。[23]

在乾隆眼中，纪昀与刘墉、彭元瑞都是官场资深之人，刘墉遇事模棱，十分聪慧；彭元瑞经常不检获愆，太过梗直；而纪昀读书甚多却不明理。但他都很喜欢。

乾隆三十三年（1768）七月，在乾隆准备整顿两淮盐务、查办一些犯法官员时，纪昀事先将这个消息暗自传给两淮盐运使卢见曾，好让他有个准备。卢是纪昀的儿女亲家，在案发后被抄家。纪昀因为走漏了消息，让乾隆十分不快，撤了纪昀的官职，发配到乌鲁木齐守边去了。不过，乾隆仍然爱惜他的才华，到乾隆三十六年十月，纪昀的罪行被宽免了，升为翰林院编修，以后又历任左都御史、礼部尚书、兵部尚书，实在是好运。

同样得到乾隆终生爱护的，当然就是和珅。和珅在乾隆朝的专权贪黩，在清代是出了名的。

在北京城右安门外的小庙中，有个和尚曾说：和珅权势极盛时，凡要入京考选的地方官，争着以被和珅接见为荣。有山东历城县令进京后，想见和珅一面，以后好在同事面前夸耀一番。他花了二千两白银疏通和珅的家人，终于在和珅回府时，有机会跪在门前等候。可笑的是，等待他的，并不是和珅的嘉勉，而是和珅不屑的辱骂：“县令是何虫豸，亦来叩见耶！”

乾隆年间，因御史王盖、罗暹春先后弹劾大臣而遭受处罚后，朝廷之上，谏官们已经不敢擅自上书指摘官吏的不法行为，都缄默无言。钱沣却不同，他对政坛的这种风气十分痛恶，说："国家设立谏官，原欲拾遗补阙。今诸臣皆素餐尸位，致使豺狼遍野而上不知，安用谏官为哉？"

钱沣是云南昆明人，乾隆三十六年（1771）中进士，乾隆四十六年（1781）就被考选为江南道监察御史。甘肃冒赈折捐大案发生后，涉案人员都遭到了严惩。其中却有漏网之鱼，就是陕西巡抚毕沅，曾经两次担任陕甘总督，作为地方高官，居然未受任何责罚。钱沣向乾隆提出了自己的看法："冒赈折捐，固由亶望玩法，但亶望为布政使时，沅两署总督，近在同城，岂无闻见？使沅早发其奸，则播恶不至如此之甚；即陷于刑辟者，亦不至如此之多。臣不敢谓其利令智昏，甘受所饵，惟是瞻徇回护，不肯举发，甚非大臣居心之道。请比捏结各员治罪。"钱沣的上疏得到了乾隆的重视，不但严厉批评毕沅，还降了他的职。

毕沅是江南镇洋县人，乾隆十八年（1753）的进士，曾任内阁中书、军机处章京等职。甘肃贪污大案后，他被降为三品。到乾隆四十八年，又官升一品了；次年奉命到甘肃平定民乱。到乾隆五十一年，毕沅升任湖广总督，可谓炙手可热。不过，他的官声并不好。毕沅任总督时，满洲王公福宁为巡抚，陈望之为布政使，这三人在民间堪称"朋比为奸"。毕的性格迂缓，不以公事为急务；福宁天资阴刻，广纳苞苴；而陈望之通过指摘下属的过错，务使下属倾囊贿赠才能免责。当时民谣说"毕不管，福死要，陈倒包"，形象而深刻。

《清史稿》中说毕沅"以文学起，爱才下士，职事修举；然不长于治军，又易为属吏所蔽，功名遂不终"，恐怕是过誉了。[24]毕沅死后，家产被抄没充公，照样是一个贪官应有的下场。

乾隆四十七年(1782)，钱沣上奏指出山东巡抚国泰的不法行为和国家税收的亏空问题，国泰最终得到惩治。钱沣因此大受乾隆赏识，升任通政副使，人称“鸣凤朝阳”。和珅的擅权行为，由于乾隆偏袒的原因，谁也不敢弹劾他。和珅还在朝中建立私寓，不和其他公卿坐一处。钱沣十分不满，毫不畏惧地在乾隆面前批评和珅：“国家所以设立衙署，盖欲诸臣共集一堂，互相商榷，佞者既明目共视，难以挟私；贤者亦集思广益，以济其事。今和珅妄立私寓，不与诸大臣同堂办事，而与诸司员传语其间，即有所私弊，诸大臣不能共知，虽欲参议，无由而得，恐有自作威福揽权之渐。请皇上命珅拆毁其寓，遇事公同办理，无得私自处判。”乾隆对他的大胆直谏，十分欣赏，下令钱沣进入军机处，负责监督工作。乾隆六十年，钱沣暴死。有资料说，钱沣生活十分贫寒，工作努力，身体状况较差，是累死的。也有人说，因为弹劾了和珅，和珅派人将他毒死了。对于他的死，乾隆很是哀痛。[25]

至于和珅的各种不法行为，连钱沣也没办法，实在是因乾隆太爱护和珅了。

有个姓张的守备退休后，讲过一则故事，说他在陕西巡抚处担任巡捕官时，巡抚令他带了二十万两白银到北京去送给和珅。他向和珅府上送了请求见面的书信后，几天都没有回音，没办法，只好再花白银五千两贿赂和珅家人，才见到一个穿着华丽衣服的青年奴仆出来，问他送的是白的还是黄的，他说是白银。这个奴仆叫人收下后，给他一张名柬，就让他回去了。他感叹说：当时天下承平已久，物力殷富，向和珅献媚的夸多争胜，若只献几万两银子，连和珅的面都见不到！

一些内阁权臣，家中生活极其奢侈，姬妾每天买花的开销就要数万钱，就连轿夫的穿着都很高级。和珅呢，尽管已是最大的富豪，但禀性极为吝啬，家中出入的金银，居然都要亲自过秤，看看有无短缺；而家中庞大的开销，不需要他花费一文钱，都由下属官僚代为承办了。

根据传世的和珅抄家清单，其间所显示的贪污力度，远迈以往任何一个朝代的贪污大案，当是这一时期官场贿风之盛最有力的证明。

注释：

① 《清朝野史大观》卷三。

② (清) 沈复：《浮生六记》卷一《闺房记乐》，人民文学出版社2000年版。

③ [朝鲜] 朴趾源：《热河日记》，上海书店出版社1997年版。

④ [英] 斯当东：《英使谒见乾隆纪实》，上海书店出版社2005年版。

⑤ (清) 金埴：《不下带编》卷五《杂缀兼诗话》，中华书局1982年版。

⑥ (清) 龚炜：《巢林笔谈》卷五，“吴俗奢靡日甚”条，中华书局1981年版。

⑦ (清) 孙静庵：《栖霞阁野乘》卷下，“淮商宴客记”条，北京古籍出版社1999年版。

⑧ (清) 李斗：《扬州画舫录》卷十一《虹桥录下》，中华书局1960年版。

⑨ 乾隆《江南通志》首卷二之一《圣祖仁皇帝诏谕》，乾隆二年重修本。

⑩ (清) 佚名：《康雍乾间文字之狱》，“胡中藻之狱”条。

⑪ (清) 吴振棫：《养吉斋丛录》“余录”卷四，北京古籍出版社1983年版。

⑫ 原北平故宫博物院文献馆编：《清代文字狱档》，上海书店出版社1986年版。

⑬ 故宫博物院掌故部编：《掌故丛编》，中华书局1990年影印本。

⑭ 鲁迅:《且介亭杂文·隔膜》。

⑮ (清) 文康:《儿女英雄传》第三十四回“屏纨袴稳步试云程,破寂寥闲心谈月夜”,上海古籍出版社1996年版。

⑯ (清) 李渔:《无声戏》第三回“改八字苦尽甘来”,人民文学出版社1989年版。

⑰ 王树民等编校:《戴名世遗文集》,中华书局2002年版。

⑱ (清) 何刚德:《春明梦录》卷下。

⑲ (清) 洪亮吉:《洪亮吉集·卷施阁文甲集》卷一,“吏胥篇”,中华书局2001年版。

⑳ (清) 柳树芳纂:《分湖小识》卷五《别录上·轶事》,道光二十七年胜溪草堂柳氏刻本。

㉑ (清) 董含:《三冈识略》卷三,“乡闱异变”。

㉒ (清) 孙静庵:《栖霞阁野乘》卷上,“纪大烟袋”条。

㉓ (清) 昭梿:《啸亭杂录》卷十,“纪晓岚”条,中华书局1980年版。

㉔《清史稿》卷三百三十二《毕沅传》。

㉕ (清) 昭梿:《啸亭杂录》卷十,“钱南园”条。

和珅及其时代 07

和珅的荣耀之路

和珅，乾隆十五年（1750）生，字致斋，钮祜禄氏，是满洲正红旗人。少时家境贫困，无所依靠，只是一个文生员。他还患有先天足软之症，每天晚上都要活剥一张狗皮，缚在两个膝盖上，才能入朝做事。即使夏天很热的时候，每天仍然都要用狗皮缚着，否则行动会很吃力。

乾隆三十四年，和珅因恩荫承袭了“三等轻车都尉”的职位，不久又升为三等侍卫，挑补黏杆处工作。此后，和珅在官场的发迹，令人吃惊。①

和珅像

乾隆四十年，和珅在乾清门当值，忽然被擢升为御前侍卫，兼副都统一职。

和珅是一个极其聪明的人，读书不

算太多，但都能发挥个人的专长，而且据说记性很好。

清人笔记中，曾记有和珅发迹的一次契机：和珅“初官拜唐阿，值高宗驾出，于舆中默诵《论语》朱注，偶不属，垂问御前大臣，无以应，珅时提灯舆左，谨举下文以对，即日擢侍卫。不数年，珅涉大僚。”[②]类似的记载还有更详细的：在乾隆四十年冬季的一天，乾隆因事生发感触，忽然慨然道：“虎兕出于柙，龟玉毁于椟中，是谁之过欤？”和珅当时正在旁边，立马对上说：“典守者不得辞其责。”其他人都十分惊骇，觉得和珅这么冒失，可能要受罚了。谁知乾隆很高兴，居然问起了和珅的家世生平，没几天，和珅就被擢升为御前侍卫了。[③]

马戛尔尼使团的副手斯当东爵士见过和珅，回忆说：“在皇宫里面，和中堂只占据一个很小的屋子。无论多么掌权的大臣，他在唯我独尊的皇帝面前，就变成了一个渺不足道的小人物了。在这样广阔壮丽的宫殿里面，他只占据着一间小屋子。和中堂是一个鞑靼人，据说出身低微，二十年前只是皇帝的侍卫之一。皇帝见他相貌不凡，后来又试出他才具过人，于是多次提拔擢至首相。他是皇帝唯一宠信的人，掌握着统治全国的实权。”[④]

民间还有说法是，和珅的发迹，与他的容貌和乾隆以前喜欢的香妃十分相似有关。乾隆甚至相信，和珅就是二十年前香妃死后的转世。

法国学者佩雷菲特在研究这段历史时，居然也同意这种说法，以解释和珅何以在乾隆朝能够安枕无忧：“对和珅的最好形容就是他既是宠臣，又当宠妃。”[⑤]以至还有这样的传说，乾隆传位给嘉庆后，对和珅说过：我跟你是宿缘，所以你能一生荣华富贵，但日后别人可能不会容你了。

不过，这些传说，并无确证。

乾隆四十一年（1776），和珅做上了户部侍郎一职，不久升任军机大臣，兼任内务府大臣；同时兼任步军统领，负责崇文门税务的监督工作，总理行营事务。

以后，和珅长期负责朝廷最重要的工作部门，吏、户、礼、兵、刑、工六部尚书，他都干过，还兼任过名目繁杂的重要工作。主政期间，他十分注意而且又善于领会乾隆的意思，办事常常让乾隆很满意。有和珅在，乾隆会感到很舒心。

在这当中，和珅有时还会注意提高个人的修养。他会请当时的名士吴省兰等人到家，讲论古今典故，对诗文有了更多的了解。自己有了诗文作品，私底下会请彭元瑞、纪昀帮忙润色。这两人是饱学硕儒，与和珅的关系还算不错，有时索性代和珅写些诗文。

朝政之中，只有刘墉经常与和珅作对。一般人只知道刘墉门庭清峻，为官清正，却不知道他性喜诙谐，多次以智谋性的谑语讽刺和珅。他知道自己无法将和珅扳倒，不过是找机会让和珅难堪一下，出出丑而已。比如，有一次刘墉得知和珅要入宫，当时天下大雪，路上泥泞不堪，刘墉就穿着破衣服，故意迎候在路上。和珅来了，他就派人带上名片，并作大揖在和珅的轿前说："中堂亲自到我府上贺年，我不在，现特地在此回拜。"作为礼仪，和珅只好下轿回拜。刘墉跪在地上，和珅不得不回跪，结果漂亮的裘皮衣服上全是泥浆，模样仿佛斗败的公鸡。[⑥]和珅拿他也没办法。和珅受不了时，就向乾隆诬告。当然，乾隆也知道两人不和，但都很喜欢这两个人，常常会做些劝解的工作。

和珅位极人臣，经常被人骂为“殊乏大臣体度，好言市井谑语，以为嬉笑”。有一次在乾清宫演礼，诸王大臣中多有俊雅之士，和珅却笑着说：“今日如孙武子教演女儿兵矣！”还有一次，安南（越南）向清朝上贡金座狮象，这个金座底是空的，和珅当众故作诧异之态，说：“惜其中空虚，不然可多得黄金无算也。”此事被安南使者所讪笑，认为和珅器量如此浅隘。⑦其实，和珅这么做，目的是要取悦乾隆，根本不管用词的雅俗了。

乾隆四十五年，乾隆的宠臣、在云南任总督的李侍尧贪污案发，乾隆命和珅与侍郎喀凝阿前往云南查案。和珅严刑拷问李侍尧的手下，终于获得李的贪污证据，对李判以极刑，并上奏说明云南吏治废弛、府州县亏空甚多，要求进行清理整治。乾隆本想让和珅代理总督一职，后来还是放弃，让他回京，很快升他做户部尚书、议政大臣。和珅在云南的短暂工作，让乾隆十分满意，和珅提出的一系列整顿云南地方政治的建议，乾隆都允准了；不仅如此，还加官和珅御前大臣兼都统，赐婚和珅的儿子丰绅殷德为和孝公主的驸马。和珅的新头衔又多了起来：领侍卫内大臣，《四库全书》编修馆正总裁，理藩院尚书。乾隆对他的宠信，当世无人能匹。乾隆四十六年，甘肃撒拉尔番苏四十三等发动暴动，危逼兰州。

驸马拉旺多尔济、侍卫内大臣海兰察、护军额森特等率兵征讨，和珅担任钦差大臣，同行监军的还有大学士阿桂。阿桂身体不好，让和珅兼程先行。到了兰州，海兰察等人已打退了叛军的进攻，和珅下令分四路兵马追击，结果总兵图钦保遭遇埋伏，当即阵亡。过了几天，阿桂来到军前，和珅将战事的失利归咎于诸将不听调遣。阿桂就说：“当杀！”第二天，当阿桂调兵部署战事时，发现军队调遣自如，没有什么不好的地方，就说：“诸将殊不见其慢，谁当诛？”和珅对此十分不满。乾隆了解情况后，对和珅隐匿图钦保死亡实情不报进行了批评，就命他速速回京；海兰察等人曾长期随阿桂征战，阿桂在军中颇具威信，因此留了下来。从此，和珅将阿桂终身视为仇敌。

令人意外的是，和珅并没有因此在官场上消停下来，很快兼任了兵部尚书，并管理户部三库。

乾隆四十七年，御史钱沣弹劾山东巡抚国泰、布政使于易简贪赃舞弊，乾隆就命和珅与都御史刘墉一起前往查案，由钱沣陪同。

和珅对国泰有袒护之意，在盘查银库时，抽检银数十封，发现没有缺少就回行馆了。钱沣却要求封库，第二天细查，发现里面的银子是从市面借来搪塞检查的，国泰等人的罪行就被坐实了。

不久，和珅加封为太子太保，充任经筵讲官。四十八年，和珅被赐双眼花翎，并担任国史馆正总裁、文渊阁提举阁事、清字经馆总裁。和珅的荣衔和实职，还有一等男爵，吏部尚书，协办大学士；户部工作仍由他负责。

五十一年，御史曹锡宝弹劾和珅的家奴刘全生活奢侈，有僭越行为，造屋违背礼制。乾隆已经感觉到，曹锡宝显然是醉翁之意不在酒，只是不敢明言。乾隆下令由亲王大臣会同都察院传问曹锡宝，但曹仍然没敢直接揭露和珅的问题。和珅已经提前让刘全拆房重造。最后查无实证，曹锡宝就受到惩办。过了一个月，乾隆下令和珅为文华殿大学士，原任崇文门监督一职已有八年，作为大学士，不应兼管这方面事务。和珅提拔的部下湛露为广信知府，乾隆认为他太过年幼，根本不能胜任地方大员的工作，就批评和珅胡滥保举。两广总督富勒浑纵容家人横征暴敛，和珅觉得只需调回富勒浑，不必兴大狱；

京师米价上涨，和珅提出禁止囤积，要求超过五十石的要交厂减粜，商民以为不便，舆论纷纷。朝廷大臣讨论这些问题时，基本都迁就了和珅的意见。乾隆都不满意，对和珅进行了严厉批评。

但在乾隆五十三年，也就是台湾林爽文为首的起义被平定后，和珅被晋封为三等忠襄伯，赐紫缰，可见乾隆对他的爱护。五十五年，又赐给和珅黄带、四开褉袍。乾隆八十大寿，负责庆典工作的仍是乾隆钦命的和珅。

同年，内阁学士尹壮图上疏指出各省地方库藏空虚的危机情况，乾隆十分震动。和珅说可以让尹壮图负责前往各省调查，但他却派侍郎庆成随同监护。庆成每到一个地方，就用种种手段阻挠尹壮图的勘察，结果地方各省都有机会东挪西补，无法查出尹壮图向乾隆汇报的严重情形，结果尹壮图被罢了官。

五十六年，乾隆命人在辟雍刻石经，有八位总裁。和珅是正总裁。尚书彭元瑞独立承担校勘的工作，并负责编写石经考文提要，完事后，受到乾隆的褒奖。和珅很是妒忌，就诽谤说彭元瑞编得不好，而且讲过大逆不道的话。乾隆就问："书为御定，何得目为私书耶？"和珅马上派人撰写考文提要举证，充作自己的作品呈上，对彭元瑞的提要进行全面批评。

五十七年，廓尔喀（今尼泊尔）平定后，文武百官都有不同的奖劝，和珅得以兼任翰林院掌院学士。

六十年，和珅任殿试读卷官，负责教习翰林院的庶吉士们。

嘉庆上台后，乾隆为太上皇，一切仍要看顾乾隆的颜面。嘉庆二年（1797），和珅调往刑部，主持工作；不久仍去兼管户部的工作。嘉庆三年，白莲教义军首领王三槐被抓住，以襄赞之功，和珅被晋封为公爵。

正是倚仗乾隆的高度宠信，和珅可以大胆地对自己的政敌，对得罪自己的各种人，进行陷害，乘乾隆不高兴的时候就狠下毒手；对贿赂讨好自己的人，即使犯了国法，也会帮助周旋一下，当乾隆心情好的时候就随时可以开脱他们的罪责。至于对钱财的贪婪，在当时和珅可算第一人。从朝廷到地方的一级高官，大多是他的奥援，通过他们更可以放心盘剥。盐政、河工部门，素称利薮，长期受和珅的贪求，行政腐败极甚。他的权势，真可谓“一人之下万人之上”，而拥有的财富，就连乾隆本人都比不上，不要说其他人了。

和珅唯一感到遗憾的事，是他在军事上并无显赫的成绩。其弟和琳，弥补了这方面的不足。和琳的结局是荣耀的。乾隆末年，尼泊尔入侵西藏，和琳奉命督运粮饷到前线去，途经之地不但交通困难，而且气候恶劣。和琳想了个办法，将粮饷放在羊背上，让羊背着走，到前线后，既能保证运到粮食，士兵们还能吃到羊肉。这招实在是高明。此后，他曾多次作为军事将领，奉命领兵征战，最后病死在镇压苗民起事的过程中，可谓死得其所。

和珅一生，真正是享尽了人间的荣华富贵。自他踏入王朝高层后，这种普通人难以企及的好日子，竟维持了二十余年。

一切的结束，是因为他唯一的大靠山乾隆帝的逝世。

抄家清单

在乾隆时代，很多人将和珅比之为明末天启皇帝在位时的魏忠贤。权倾朝野，结党营私，两人都是相同的；而且都在当时拥有根本无可撼摇的地位。

乾隆末年，吏部郎中、江苏仪真人郝云士承担的工作，主要是各类官员的考选和人事调配，自然是个油水极足的肥缺。为了向和珅巴结讨好，凡有官员人选要疏通的，所得贿赂，和珅拿大头，郝云士拿零头，尽管这样，家中还是越来越富。给谏官吕凤台与他私交很好，郝氏准备将他漂亮的小女儿雏玉嫁给吕氏的儿子，两家做成姻亲。

吕凤台曾经和他的老师经学家王念孙讲过和珅误国害民之事，准备将拟好的和珅二十四项罪状，上呈朝廷，弹劾和珅。老师大吃一惊，说道："尔乃具此胆力耶？老夫之疏，亦且继上。"他也准备接着上奏折。

吕凤台回家后，连夜将上疏的奏章写好。次日，还没等他上奏，圣旨忽然下来，把他抓入了监牢。吕凤台的儿子又惊又怕，就去求未来的岳丈郝云士帮忙。郝云士却笑道：你爹真是个大蠢蛋，和相国与你爹没什么怨仇，你爹居然听信街谈巷议，想告发和相。现在朝廷很是震怒，你们只盼减轻罪行就好了，我能帮上什么忙？[8]

吕凤台还未上告，就被抓了起来，可见和珅的眼线之多。

乾隆六十年（1795）乙卯，科考会试后，录取的第一名"会元"是浙江人王以铻，第二名是他弟弟王以衔。乾隆觉得有些奇异。侍郎窦光鼐向来与和珅不和，想借此机会扳倒和珅，就找出这两人的试卷中都有"王道本乎人情"的话，认为这是作弊的证据。结果，王以铻被降为最后一名，并取消殿试资格。由于和珅的作用，窦光鼐却被迫按四品官职的待遇退休了。殿试的时候，王以衔被拟为第一名。这让乾隆很满意，向廷臣们说："此亦岂朕之关节耶？"[9]语带双关，仿佛是替和珅洗脱嫌疑。自然，谁也不敢再说这当中有什么私下交易。

所以，在乾隆朝，告发和珅或者准备告发，都不会有什么好结果，有时还会招致灭顶之灾。这种状况的彻底改变，要迟至嘉庆四年(1799)。

当年正月，寒冬时节，普天之下，正在欢度新年。年节之喜庆热闹景象不难想见。

但在正月初二日，乾隆忽然病重，皇宫之内愁云笼罩。新春时节，太上皇病重实在令人感到不安。儿子嘉庆时刻陪伴在养心殿，同时向上天祈祷，内心颇为忧虑，不知太上皇的病情是否会有所好转。到傍晚，眼看着乾隆就不行了。第二天辰刻，乾隆驾崩了，走完了他荣耀的一生。嘉庆十分悲痛，捧着乾隆的脚大哭不止。申刻时分举行大殓，灵柩安放在乾清宫的正中央，以举行祭奠仪式。

嘉庆的哀痛之深，令在场的人感动。他从早到晚，“哭不停声，竟日水浆不入口”。他向内阁发了一道哀诏。[10]嘉庆讲了很多，说父皇对他的恩泽之深，对这个国家付出之多，对天下百姓的爱护之心，让人感动。这是父子之间的生离死别，也是两个帝王之间的告别，更是两代不同政治之间的分裂。

据说，在乾隆死前，曾单独召见和珅，年轻的嘉庆帝陪侍在侧。只见乾隆双目紧闭，喃喃自语，嘉庆根本听不懂他在说什么。过了一会，乾隆睁眼问道：“其人何姓名？”和珅答道：“徐天德、苟文明。”这两人，是四川地区的两个白莲教头领。嘉庆与和珅退出来后，嘉庆就问乾隆爷到底说了些什么，和珅就说：“太上皇所诵，乃西域咒语。诵此咒语，则所恶之人，虽在千里之外，不无疾而死，也要遭到奇祸。奴才闻太上皇念此咒，料知他欲咒之人，必定是教匪中凶狠之首领，故以此两姓名对策。”[11]嘉庆大为惊叹，觉得和珅还懂咒语，实在很厉害，对和珅的权势越发忌惮，但是碍着乾隆的颜面，他也不敢造次。

在乾隆辞世五天后，嘉庆就开始整顿朝政了，他已经不再需要考虑乾隆的感受。

乾隆驾崩后，第一个出来弹劾和珅的是给事中王念孙。王念孙这么做，一则出于公心，二则也有为其学生吕凤台申冤的私意。就在宣布乾隆遗诏的那一天，嘉庆下令逮捕和珅，革去官职。王公大臣们负责审定和珅的罪责，总共拟了二十大罪，[12]包括当嘉庆被册立为皇太子时，“先期预呈如意，泄机密以为拥戴之功”、“圆明园骑马直入中左门，过正大光明殿至寿山口”、“川楚教匪滋事，各路军报任意延搁不递，有心欺蔽”、乾隆“圣躬不豫时毫无忧戚，逢人谈笑自若”，等等。

内外许多大臣都认为，和珅当以大逆论，嘉庆还是决定从宽，只让和珅自裁。这个时候，揭发和珅的人越来越多，大多数人把和珅比作有谋朝篡位之心的曹操、王莽。直隶布政使吴熊光曾在和珅手下任职军机处，嘉庆就问他：“人言和珅有异志，有诸？”吴熊光答：“凡怀不轨者，必收人心，和珅则满、汉几无归附者，即使中怀不轨，谁肯从之？”嘉庆问：“然则治之得无太急？”吴熊光答：“不速治其罪，无识之徒观望夤缘，别滋事端。发之速，是义之尽；收之速，是仁之至。”嘉庆觉得吴熊光答得很有道理。

查抄和珅家产的清单已经出来，后人都有记录，大同小异。官方登录的和珅家产主要有：[13]

钦赐花园一所，亭台二十座，新添十六座；

正屋一所十三进，共七百三十间；

东屋一所七进，共三百六十间；

西屋一所七进，共三百五十间；

徽式新屋一所七进，共六百二十间；

私设档子房一所，共七百三十间；

花园一所，亭台六十四座；

田地八千顷；

银号十处，本银六十万两；

当铺十处，本银八十万两，号件未计；

(金库) 赤金五万八千两；

(银库) 元宝五万五千六百个；

京锞五百八十三万个；

苏锞三百一十五万锞；

洋钱五万八千元；

(钱库) 制钱一百五十万千文；

(以上共约银五千四百余万两)

(人参库) 人参大小支数未计，共重六百斤零；

(玉器库) 玉鼎十三座，高二尺五寸；玉磬二十块；玉如意一百三十柄；镶玉如意一千一百零六柄；玉鼻烟壶四十八个；玉带头一百三十件；玉屏二座二十四扇；玉碗一十三桌；玉瓶三十个；玉盆一十八面；大小玉器共九十三架，未计件；

(以上共作价银七百万两)

另又玉寿佛一尊，高三尺六寸；玉观音一尊，高三尺八寸

(均刻云贵总督献)；玉马一匹，长四尺三寸、高二尺八寸；

(以上三件均未作价)

(珠宝库) 桂圆大东珠十粒；珍珠手串二百三十串；大映红宝石十块，计重二百八十斤；小映红宝石八十块，未计斤重；映蓝宝石四十块，未计斤重；红宝石帽顶九十颗；珊瑚帽顶八十颗；镂金八宝屏十架；

(银器库) 银碗七十二桌；金镶箸二百双；银镶箸五百双；金茶匙六十根；银茶匙三百八十根；银漱口盂一百零八个；金法蓝漱口盂四十个；银法蓝漱口盂八十个；

(古玩器) 古铜瓶二十座；古铜鼎二十一座；古铜海三十三座；古剑二口；宋砚十方；端砚七百零六方；

(以上共作价银八百万两)

另又珊瑚树七支，高三尺六寸；又四支，高三尺四寸；金镶玉嵌钟一座；

(以上三件未作价)

(绸缎库) 绸缎纱罗共一万四千三百匹；

(洋货库) 大红呢八百板；五色呢四百五十板；羽毛六百板；五色哔叽二十五板；

(皮张库) 白狐皮五十二张；元狐皮五百张；白貂皮五十张；紫貂皮八百张；各种粗细皮共五万六千张；

(以上共作价银一百万两)

(铜锡库) 铜锡器共三十六万零九百三十五件；

(磁器库) 磁器共九万六千一百八十四件；

(文房库) 笔墨、纸张、字画、法帖、书籍未计件数；

(珍馐库) 海味杂物未计斤数；

(住屋内) 镂金八宝床四架；镂金八宝炕二十座；大自鸣钟十座；小自鸣钟一百五十六座；桌钟三百座；时辰表八十个；紫檀琉璃水晶灯彩各物，共九千八百五十七件；珠宝、金银、朝珠、杂佩、簪钏等物，共二万零二十五件；皮衣服共一千三百件；绵夹单纱衣服共五千六百二十四件；帽盒三十五个；帽五十四顶；靴箱六十口，靴一百二十四双；

(上房内) 大珠八粒，每粒重一两；金宝塔一座，重二十六斤；赤金二千五百两；大金元宝一百个，每个重一千两；大银元宝五百个，每个重一千两；

(以上均未作价)

(夹墙内) 藏匿赤金二万六千两；

(地窖内) 埋藏银一百万两；

另又家人六百零六名；妇女六百口；

尚有钱店、古玩等铺俱尚未抄。

另外，清人薛福成的《庸庵笔记》卷三抄录和珅家产清单，共有一百零九张，其中二十六张清单估价值白银26 389.516万两；其他八十三张未估价。丁国均的《荷香馆琐言》卷下说，和珅家产有数可查的，共有1 005 549万两。还有资料记载，这未估价的八十三张清单，物品价值是已估二十六张的三倍半，那至少还有白银8亿两。

还有传说，抄家之后，嘉庆打赏给臣下的很少，绝大部分都藏入内府。副都统萨彬图曾上奏说，和珅财产还不止这个数，一定仍有埋藏、寄顿、侵蚀、挪移的，要求秘密派官作进一步追查。意思无非是未估清单的财物进入内库，不应当向天下人隐瞒。嘉庆自然很不高兴，骂他“越俎”。

人们还听说，和珅家中曾藏有一匹玉马，长三尺多、高二尺，洁白温润，是乾隆平定回部叛乱时命人从和阗采来、藏在大内中的，不知何时被和珅盗出，送给了爱妾。抄家后，玉马放在圆明园中了。英法联军毁圆明园后，玉马被抢走了，后来收藏在伦敦博物馆。[14]

在审问和珅的巨额财产来源时，和珅都一一作了交代，认罪态度应该是不错的。下面是他向朝廷交代的两则供词：[15]

> 奴才城内，原不该有楠木房子，多宝阁及隔段式样，是奴才打发太监胡什图，到宁寿宫看的式样，依照盖造的。至楠木都是奴才自己买的，玻璃柱子内陈设，都是有的。总是奴才糊涂该死。
>
> 珍珠手串，有福康安、海兰察、李侍尧给的。珠帽顶一个，也是海兰察给的。此外珍珠手串，原有二百余串之多，其馈送之人，一日记不清楚。宝石顶子，奴才将小些的，给了丰绅殷德几个。其大些的，有福康安给的。至大珠顶，是奴才用四千余两银子，给佛宁额尔登布代买的，亦有福康安、海兰察给的。镶珠带头，是穆腾额给的。蓝宝石带头，系富纲给的。又家中银子，有吏部郎中和精额，于奴才女人死时，送过五百两。此外寅著、伊龄阿都送过，不记数目。其余送银的人甚多，自数百两至千余两不等，实在一时不能记忆。再肃亲王永锡袭爵时，彼时缊住原有承重孙，永锡系缊住之侄，恐不能袭王，曾给过奴才前门外铺面

房两所。彼时外间不平之人，纷纷议论，此事奴才也知道。以上俱是有的。

和珅的供词，比较明确地显示了他的财产是如何得来的，当然绝大部分属于贪污受贿。

这样庞大的家产数目，着实令世人惊叹，难怪要被拟为大罪了。嘉庆只知道和珅很有钱，却没有想到和珅的财富比皇室还多。[16]

嘉庆下令将和珅的二十条大罪公示天下，同时向内阁发布了谕旨，其实也就是通过他们向全国通告嘉庆对于和珅的态度，那就是“朕若置之不办，何以仰对在天之灵”。

嘉庆还说，他在昨天已经降旨，将和珅的罪状宣谕全国各督抚，一起讨论和珅的罪行。直隶总督胡季堂反应很快，上奏痛骂道：“和珅丧尽天良，非复人类。种种悖逆不臣，蠹国病民，几同川楚匪；贪黩放荡，真一无耻小人；丧心病狂，目无君上。请依大逆律凌迟处死。”他还查出和珅在蓟州的坟茔有僭妄违制的地方，以及附近州县私设的当铺资财。嘉庆很高兴，希望大家向胡季堂学习，继续揭批和珅的犯罪事实和证据。在乾隆朝仅次于和珅的权臣福长安，嘉庆也没准备放过。嘉庆认为，他世代受皇恩眷顾，本来可以及早将和珅的罪状据实禀报，但在嘉庆即位的三年内，无一字提及，有“扶同徇隐”之罪，加上平时的种种不法行为，嘉庆觉得还是无法容忍。嘉庆就说，如果福长安曾在他面前有一字提及和珅的罪状，他断断不肯将福长安一并革职拿问。现在查抄福长安家资，发现虽然不如和珅家的金银珠宝多，但为数依然可观，并非他所应得之物，所以他的“贪黩昧良”之罪是仅次于和珅的。

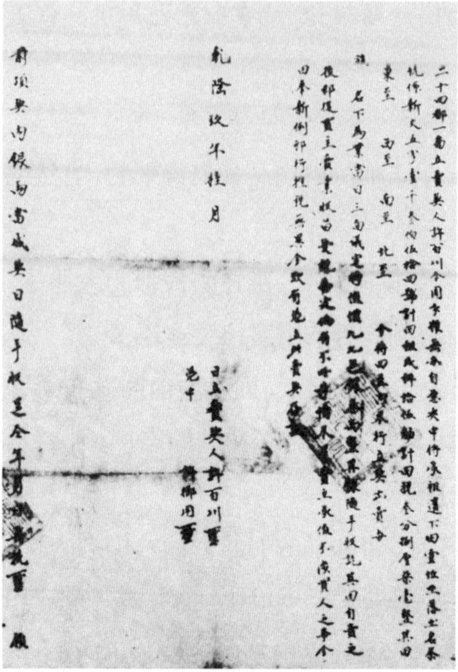

乾隆九年卖地契

在乾隆死后的整个正月里，处理和珅的案件，几乎成了嘉庆及其大臣们的主要工作。抄家，拟罪，朝廷的讨论，案情反复公示天下，意在不断警示世人不可作奸犯科，否则，即使像和珅、福长安这样位极人臣的豪门权贵，也难逃一死。

有人传出和珅在狱中十分痛苦的情景。元宵节晚上，正是家人团聚的日子，和珅作了不少诗。有一首五律称："夜色明如许，嗟余困未伸。百年原是梦，廿载枉劳神。室暗难挨暮，墙高不见春。余生料无几，空负九重仁。"诗句虽然不佳，但足以表现和珅在大难来临时的心境。和珅的宠妾长二姑，人称二夫人，在和珅被迫自裁时，赋了两首七律作为挽诗，并借以自悼。一首是："谁道今皇恩遇殊，法宽难为罪臣舒。坠楼空有偕亡志，望阙难陈替死书。白练一条君自了，愁肠万缕妾何如。可怜最是黄昏后，梦里相逢醒也无。"另一首是："掩面登车涕泪潸，便如残叶下秋山。笼中鹦鹉归秦塞，马上琵琶出汉关。自古桃花怜命薄，者番萍梗恨缘艰。伤心一派芦沟水，直向东流竟不还。"生离死别，总是有些感人之处。根据邓之诚《骨董琐记》中的说法，和珅留有一首绝命诗，只有四句："五十年来梦幻真，今朝撒手远红尘。他时应泛龙门关，认取香烟是后身。”也令人感叹不已。

和珅死的时候，还不到五十岁。

马戛尔尼使华

清代到乾隆时期，国力还是相当强盛的。与周边邻国，如东亚的朝鲜、日本，东南亚的越南、暹罗（今泰国）、缅甸、柬埔寨、老挝、菲律宾、马来亚、印度尼西亚及南亚的尼泊尔、印度等，继续保持着传统的友好关系。中外在经济文化上的联系，更是相当广泛。康熙朝时，中国商船还携带丝绸、瓷器、茶叶、药材、纸张、染料、书籍、文具等货物，到过日本；船队最多的时候，一年就有一百多艘。同时，日本的铜、金银、漆器等商品，也大量输入中国。在文化交流上，来华的耶稣会士们，将中国一些儒家经典和文史名著介绍到欧洲，产生了较大的影响。如法国思想家伏尔泰及许多百科全书派学者，就认为儒家学说符合人文主义精神，十分推崇中国传统的思想和制度。

另一方面，清廷实施着闭关自守的国策，限制了多方面的对外交流。当英、法、美等资本主义国家，为了开拓市场，陆续来到东方时，清朝就强制推行起了闭关政策，限制对外经济贸易。

乾隆二十二年（1757），朝廷规定只准在广州一处向外通商，由政府特许的“十三行”商人经营外贸事务。清朝在对外贸易上始终处于出超的有利地位，这就势必因贸易而引发冲突。清朝的保守和封闭性，是这个王朝走向停滞的要因之一。

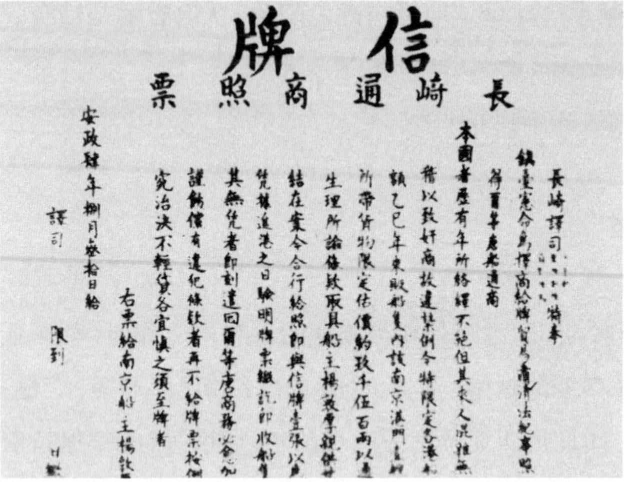
信牌

長崎通商照票

日本发给中国商船的通商信牌

黑格尔在1822年时，对当时的中国有这样的评论：中华帝国是一个神权政治专制国家。家长制政体是其基础；为首的是父亲，他也控制着个人的思想。这个暴君通过许多等级领导着一个组织成系统的政府。……个人在精神上没有个性。中国的历史从本质上看是没有历史的；它只是君主覆灭的一再重复而已。任何进步都不可能从中生产。黑格尔的看法当然是片面的，但它影响了许多西方学者。

应该说，黑格尔看到了中国社会的一些侧面，也作了一些分析，但用停滞论来涵括整个清代社会，肯定是有失偏颇的。

欧洲的英国，早在康熙二十七年（1698），就到中国来进行贸易活动了。

乾隆七年（1742）十一月，英国的一艘航船遭遇大风，漂到广东澳门地界。总督策楞态度友好，派地方官前往赠送粮食等物，又帮助修船。乾隆二十年以后，英国方面一直要求中国开放宁波地区，以作通商大港，但未得到中国政府的同意。乾隆五十八年（1793），英国国王乔治三世派遣使臣马戛尔尼勋爵等人来到中国，并要求派人常驻北京，在宁波、舟山、天津、广州等地通商并减免关税，乾隆都不答应。[17]

在清朝的官方文件中，将马戛尔尼等人的来华，通称“朝贡”或“入贡”，这是十分自大的用词。在英国看来，这不过是国与国之间的正常交往而已，并不是宗主国与朝贡国的关系。

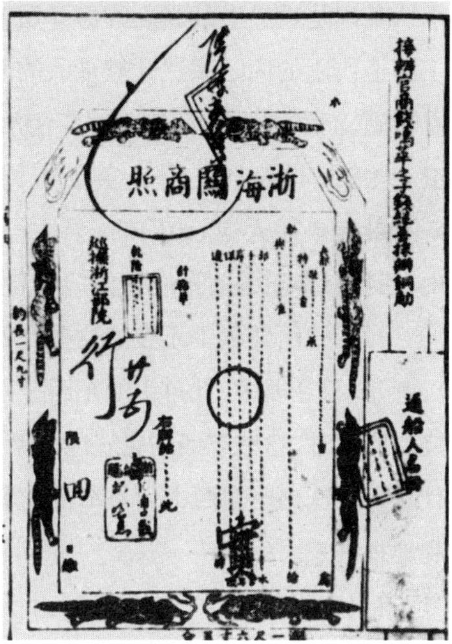

乾隆二十五年清政府发给中国商船出海贸易的商照

在1793年7月底，马戛尔尼率领着庞大的使团，以向乾隆皇帝祝寿为名，来到中国北方。他们先到天津大沽口。

对于这次中西方十分正式的会面，英王也作了精心的准备，因为英国人认为，如果向大清国赠送的礼物只是些时髦玩意儿，是有失体面的，所以挑选了不少能显示欧洲先进科技的东西，并且希望对大清皇帝有所启迪。

代表性的礼物有“天体运行仪”，说明地球是宇宙中的一个小点，仪器则代表了天文学与机械学的完美结合；“地球仪”，可让大清皇帝看到世界上所有君主的国土、首都和大洲、海洋、山脉、岛屿，并且特别标示有大英帝国开辟的世界新航践，等等。此外，还有一批西方的先进军事武器，目的无非是恫吓一下清王朝：“欧洲其他国家都承认英国是世界上最强大的海洋国家，因此英王陛下想在给皇帝陛下派遣使团的同时派遣几艘最大的船只，以示敬意。但鉴于黄海里有暗礁，而欧洲的航海家又根本不熟悉这段航路，英王陛下不得已派遣一些较小的船只。另外，英王陛下赠送给皇帝陛下英国最大的、装备有最大口径火炮110门的‘君主号’战舰的模型。”给乾隆的礼品中，还特意介绍了榴弹炮、迫击炮、卡宾枪、步枪、连发手枪等。⑱

自大的清廷根本不在意这些东西有什么大用处，觉得不过是些玩意儿，只是要求，礼单中的东西一样都不能缺。后来到英法联军火烧圆明园时，这些东西还完好地被保存着。洋人们很纳闷，大清国为什么没有从这些东西中学习军备技术？否则他们根本不可能这么顺利地打进来。

8月5日，马戛尔尼使团登上了天津的地面。马戛尔尼完全被那里的妇女们吸引住了：“一些年轻女子沿着河岸轻快地奔跑着：她们的脚都完好无损。听人介绍说，女子缠足的习俗在北方各省比其他地方较为少见。女子的头发粗黑，编成发辫后用一根束发针束在头顶上。”英国人完全被这样的景象迷住了。他们在大沽待了三天，然后带着礼物，乘着三十七艘小船，浩浩荡荡地驶往通州。前来迎接来的是乾隆的代表，直隶总督梁肯堂，告诉他们乾隆皇帝将在避暑山庄接见他们，而不是首都北京。⑲

英国人的货物船队被清廷认为是向朝廷进贡的船队，货船因此被挂上了“英吉利贡使”的长幡，礼品清单的名号统统被改成“贡物”。这让英国人感到十分不快。英国人一行先到了北京，他们的言行让“世界中心”的人们大为惊怒，认为完全不合孔孟礼法。

9月11日，马戛尔尼见到了中国最有权势的官员和珅，和珅安排见面的地方是他较为简朴的一处房子。在马戛尔尼的印象中，这位四十多岁的大官，长得相貌堂堂，为人直率，活跃，健谈；和他一起的，是福长安，更为年轻，“同样令人感到很正直”。陪同的，还有两个岁数较大的礼部尚书和户部尚书。马戛尔尼希望尽快见到乾隆，好完成英王给他的使命。和珅的态度十分和蔼，“考虑到使团远道而来，又携带了珍贵的礼品”，礼仪可以灵活些，在星期六庆典活动时可以觐见乾隆帝。[20]

在斯当东的回忆录中，对和珅好评有加：“和中堂的态度和蔼可亲，对问题的认识尖锐深刻，不愧是一位成熟的政治家。他的飞跃上升，固是由于皇帝的特别提拔，这种情况在许多帝国是相同的，但他同时也要得到当朝有势力的统治阶层的一致赞许才能长期保得住这个崇高的职位。同欧洲情况不一样，亚洲君主们不会由于同臣民结亲而降低他们的尊严。这些君主的三宫六院妃嫔很多，皇亲国戚彼此经常互相倾轧竞争。皇亲关系可以增加并巩固已有的政治权力。和中堂以这样崇高的地位，皇帝陛下又把一位公主下嫁给和中堂的儿子。树大生风，官高招忌，这份特殊的宠荣引起皇族中以及一些忠君的人的不安。”[21]

乾隆的生日是在9月17日，许多外国使节和属国领袖都云集在热河，准备祝寿。乾隆决定，提前三天，在9月14日那天接见英国使团。(此处均使用公历——编注)

在这一天，马戛尔尼使团赶到了承德避暑山庄。英国使团住的馆舍，是在热河镇的南顶端，处于乾隆行宫与热河镇之间的一个山坡上面，共有几进院子。由于是在山坡上，住所一进比一进高，台阶都是花岗石做成的。在这个馆舍里，可以俯视全镇和一部分御花园。

使团刚到不久，有两位清廷的官员前来传达乾隆的旨意，还有一位官员是代表和珅来向特使致意的。

不久，他们见到了中国伟大的皇帝。清晨四时，天色未明，纸灯笼照耀着行宫，那么多英国使团成员，只有马戛尔尼、斯当东及其十二岁的儿子小斯当东、翻译李神父准许被乾隆接见。他们等了很久，七时许，乾隆终于出来和大家见面，亲王大臣们都在行三跪九叩之礼。这几个英国人却不同，只是单膝下跪。在马戛尔尼等人心中，只有大英帝国才是“大海的统治者”，英王才是“世上最强大的君主”。[22]

整个接见仪式，乾隆都表现得十分愉快，言行大方。他对不满十三岁、却能讲点中国话的小斯当东十分注意。乾隆喜欢漂亮的男孩，这被外国人视为有同性恋的倾向，因为和珅闪电般地提升中，人们意识到了这一点。据说，乾隆被这个小男孩的风姿所吸引，从腰带上解下荷包，赐给了他。荷包本身并不美观，黄色丝绸质地，绣有一个五爪金龙。这是皇帝才能拥有的象征。宴会的时候，奢侈豪华让这几个英国人深为叹服，乾隆还从自己的宴桌上送给他们好几个菜、几种“用米，蜜，薰草酿成的酒”。乾隆

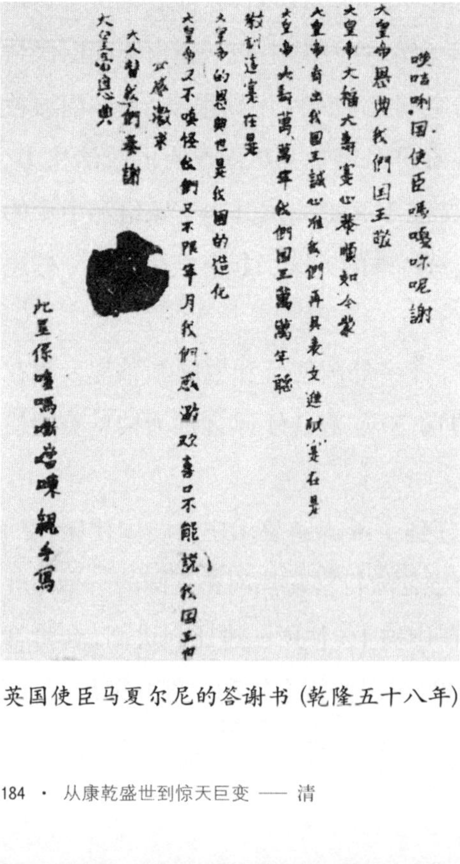
嘆咭唎国使臣嗎嘎吥呢謝
大皇帝恩典我們国王敬
大皇帝大福大壽宴心恭順如今蒙
大皇帝賞我國王誠心准我們再具表文進献宴在是
大皇帝大壽萬萬年我們国王萬萬年聡
教訓這宴在是
大皇帝的恩典也是我國的造化
大皇帝又不嗔怪我們又不限年月我們感謝欢喜口不能説我国王也
必感激求
大人替我們奏謝
大皇帝恩典
此呈保喳嗎嘶噹嗹親手寫

英国使臣马戛尔尼的答谢书（乾隆五十八年）

还问英王乔治三世的年龄，得知比他小二十七岁，为五十六岁，就祝愿英王也能同他一样长寿。这天的历史记录，十分有趣，史官们写道："上御万树园大幄次，英吉利国正使马戛尔尼，副使斯当东等人觐。并同扈从王公大臣，及蒙古王贝勒贝子公额驸台吉，暨缅甸国使臣等赐宴，赏赉有差。"[23]这完全是天朝大国的语气。

清朝的人们，一般都自认这里是世界的中心，天朝大国与外国的关系，当然是宗主国与藩属国的关系。英国人远渡重洋来华，只是向往中华文明，前来朝贡而已。因而在官方文书中所记录下来的语句，用词全是这类标准。

乾隆还有个"特颁敕谕"，让马戛尔尼"传达"给英国国王："咨尔国王，远在重洋，倾心向化，特遣使恭赍表章……朕披阅表文，词意肫恳，具见尔国王恭顺之诚，深为嘉许。……至尔国王表内，恳请派一尔国之人，住居天朝，照管尔国买卖一节，此则与天朝体制不合，断不可行。……若云仰慕天朝，欲其观习教化，则天朝自有天朝礼法，与尔国各不相同；尔国所留之人，即能习学，尔国自有风俗制度，亦断不能效法中国。即学会，亦属无用。天朝抚有四海，惟励精图治，办理政务，奇珍异宝，并无贵重。尔国王此次赍进各物，念其诚心远献，特谕该管衙门收纳。其实天朝德威远被，万国来王，种种贵重之物，梯航毕集，无所不有，尔之正使等所亲见。然从不贵奇巧，并无更需尔国制物件。"由此足见乾隆充分的自信与自大。

乾隆两次打赏英国使臣的单子主要如下：

正使：

玉如意一柄，玉鼻烟壶一个，大荷包一对，小荷包四对，大卷纱三匹，大卷缎三匹；玉玩器二件，玉杯一件，珐蓝玩器一件，小刀二把，茶桶一对，宜兴器四件，漳绒四匹，屯绢四匹；

副使：

玉如意一柄，玉鼻烟壶一个，大荷包一对，小荷包二对，大卷纱二匹，大卷缎二匹；玉玩器一件，玉杯一件，珐蓝玩器一件，小刀一把，茶桶一对，宜兴器二件，漳绒二匹，屯绢二匹。

以后还有多次打赏，东西丰富而精致，充分显示了中华的物力。

有趣的是，清人将英国的出使表文翻成中文时，对大清朝和乾隆皇帝极尽赞美之词：㉔

> 恭惟大皇帝万万岁，应该坐殿万万年。本国知道中国地方甚大，管的百姓甚多，大皇帝的心里长把天下的事情、各处的民众时时照管，不但中国地方，连外国的地方都要保护他。他们又都心里悦服，内外安宁。各国所有各样学问、各样技艺，大皇帝恩典都照管他们，叫他们尽心出力，又能长进生发，变通精妙。本国早有心要差人来，皆因本境周围地方，俱不平安，耽搁多时。如今把四面的仇敌都平服了，本境平安，造了多少大船，差了多少明白的人，漂洋到各处，并不是要想添自己的国土，自己的国土也够了；也不是为贪图买卖便宜，但为着要见识普天下各地方有多少处，各处事情、物件可以彼此通融，别国的好处我们能得着，我们的好处别国也能得着。……如今闻得各处惟有中国大皇帝管的地方，一切风俗礼法比别处更高，至精至妙，实在是头一处。各处也都赞美心服的。故此越发想念着来向化输诚……趁此时候，得与中国大皇帝进献表贡，盼望得些好处！……

将英国表文译得如此卑微，说英国是仰慕中华文明，才派马戛尔尼等人前来“向化输诚”，希望“得些好处”的。这种自大心理，在乾隆敕谕和赏赐中更是一目了然。以后的嘉庆王朝，也是这样的准则，对待外国番邦，无不以天朝自居。

天朝自大

乾隆六十年（1795）九月初三，乾隆在圆明园勤政殿宣布将禅位于爱新觉罗·颙琰，乾隆第十五子，封嘉庆王。次年正月初一，举行了授受大典，颙琰正式继位，改元嘉庆，是为仁宗。

嘉庆（1796—1820）当皇帝的头三年实际处于无权状态，一切看太上皇乾隆的意思办，和珅依然得以权势熏天。根据来华的朝鲜使者的记述，和珅向他们宣读过太上皇的旨意：“朕虽然归政，大事还是我办，你们回国问国王平安，道路遥远，不必差人来谢恩。”

嘉庆皇帝像

嘉庆四年（1799）正月，太上皇驾崩，和珅被捕下狱，朝政顿时改换一新。

嘉庆尽管消除了最大的政治隐患，但国内的不安局势，依然令他担忧。地方民变不断，据说还有人要到皇宫来刺杀他。大规模民变，以川、楚、陕、甘、豫五省的白莲教起义为最。这些五省交界之处，大多属于贫困的山区，流民的集聚地。白莲教的口号“有患相救，有难相扶”，让很多贫民深感安慰。嘉庆元年，湖北枝江、宜都的白莲教在荆州发动叛乱，很快就蔓延到四川，各地流民一呼百应，大大小小的叛军有一百四十多支队伍。这样大规模的民变，清政府花了很大的力气，终于在嘉庆九年（1804）基本平定下去，据说其中的军费就达二亿两白银。

其次让嘉庆头痛的，是南方沿海的“海患”，也就是“海盗”。到嘉庆年间，这种海患愈演愈烈，广东、福建地方官的多次禁捕和镇压，都以失败告终。海患问题要到嘉庆十五年（1810），政府施行“招降”的缓和政策，才大致平息。

第三，以北京为中心的天理教民变也十分厉害。所谓“天理教”，也称“八卦教”，教徒都是下层社会的贫农、小贩、雇工等人，广泛遍及河北、河南、山东、山西四省。嘉庆十八年（1813）九月的一天，一些乱民居然与内监勾结，杀入了宫中，嘉庆正在承德避暑山庄，躲过一劫。不久，天理教民变也被平定下去了。

白莲教起事后，嘉庆写了一首诗，对臣下们多有责备：“内外诸侯尽紫袍，何人肯与朕分劳？玉杯饮尽千家血，银烛烧残百姓膏。天泪落时人泪落，歌声高处哭声高。平居漫说君恩重，辜负君恩是尔曹。”对时局的变化，多少显得有些无奈。

早在嘉庆七年（1802）春天，英国的兵船停泊在澳门附近的鸡头洋，广东总督吉庆宣读了嘉庆的命令，让他们回国去，到六月份，英国人才走。嘉庆十三年秋天，英国兵船再次来到澳门，借口保护商货，强行占据了澳门；同时，派兵船闯入了虎门，停泊在黄埔。

成为英国殖民地的印度，东南部盛产“波毕”，即罂粟花，捣取浆液，抟成块状，就是鸦片，清人也称“洋药”，有安神止痛的良效。这种东西从隋唐至明代，其实已经存在，明代就称“阿芙蓉”。

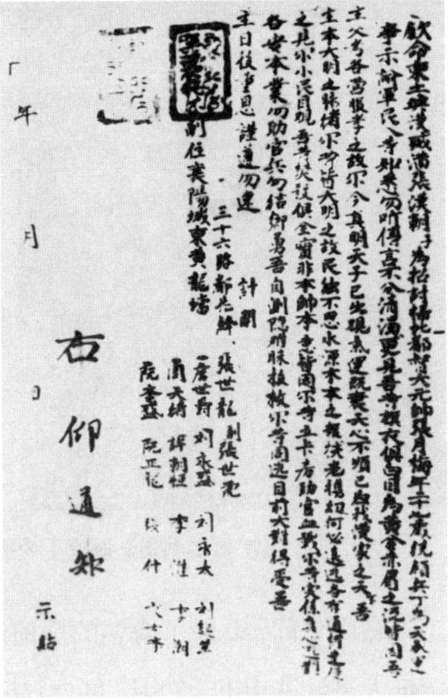

嘉庆二年白莲教起义军发布的布告

嘉庆十五年(1810)三月，京师广宁门查到一个杨姓的人身上藏有六盒鸦片，刑部审办后，嘉庆说：“鸦片烟性最酷烈，食此者能骤长精神，恣其所欲，久之遂致戕贼身命，大为风俗人心之害，本干例禁。该犯杨姓胆敢携带进城，实属藐法，著即交刑部严审办理。惟此项鸦片，近闻购食者颇多，奸商牟利贩卖，接踵而来。崇文门专管税务，仅于所属口岸地方稽查，恐尚未能周到，仍著步军统领、五城御史于各门禁严密访查，一有缉获，即当按律惩治，并将其烟物毁弃。至闽粤出产之地，并著该督抚关差查禁，断其来源。毋得视为具文，任其偷漏！”可见嘉庆对鸦片有强烈的抵制情绪，可能还与鸦片贩卖损害了国家的正常税收有关。㉕

嘉庆十九年(1814)冬天，清政府下令限制英国人在中国传教。次年春天，禁止鸦片的运动就开始了。

《万国来朝图》描绘了西洋各国使者来华的场景

嘉庆年间，编修了清朝的全国地理总志《大清一统志》，这算是一桩大事。其中的“外国”部分，讲到嘉庆二十一年“英吉利国遣使入贡。赐国王白玉如意一柄，翡翠朝珠一盘，敕谕一道，以示怀柔”。居然仍将大英帝国视作一般的蛮夷，嘉庆皇帝以天朝大皇帝自命，以此体现他“怀柔远人”的胸怀。

在此期间，英国曾派使臣阿美士德来华，希望依靠外交手段扩大通商的目的，依然遭到失败。于是，在中国沿海进行的包括鸦片在内的走私贸易，大量出现了。而鸦片的输入，严重地损害了中国人民的身心健康，更造成中国大量白银外流，影响到了政府的财政收入。

注释：

① 《清史稿》卷三百十九《和珅传》。

② (清) 佚名:《查抄和珅家产清单》。

③ (清) 佚名:《秦鬟楼谈录》。

④ [英] 斯当东:《英使谒见乾隆纪实》,上海书店出版社2005年版。

⑤ [法] 阿兰·佩雷菲特:《停滞的帝国》,三联书店1993年版。

⑥ (清) 汪诗侬:《所闻录》,"和珅"条。

⑦ (清) 昭梿:《啸亭杂录》卷十,"和相善谑"条,中华书局1980年版。

⑧ (清) 佚名:《蕉窗雨话》,"记乾隆间吏部郎中郝云士谄事和珅事"。

⑨《清史稿》卷一百八《选举志三》。

⑩《清仁宗实录》卷三十七,"嘉庆四年己未正月壬戌"条。

⑪ 张杰、王虹:《和珅传奇》,中国人民大学出版社2003年版。

⑫《清史稿》卷三百十九《和珅传》。

⑬ (清) 佚名:《查抄和珅家产清单》。

⑭《清朝野史大观·清朝史料》卷三,上海书店1981年版。

⑮ 孟森等著:《清代野史》,中国人民大学出版社2006年版。

⑯《清仁宗实录》卷三十七,"嘉庆四年己未正月庚午"条。

⑰《清史稿》卷一百五十四《邦交志二·英吉利》。

⑱⑲⑳㉒㉓ [法] 阿兰·佩雷菲特:《停滞的帝国:两个世界的撞击》。

㉑ [英] 斯当东:《英使谒见乾隆纪实》,上海书店出版社2005年版。

㉔ 故宫博物院掌故部编:《掌故丛编》,中华书局1990年影印本。

㉕ (清) 李圭:《鸦片事略》卷上。

08 鸦片战争

鸦片之祸

嘉庆二十五年(1820)七月二十五日,嘉庆帝在承德突然病死,据说是“中风失语”,故无遗言留下。由密储确定第二子旻宁继位,改元为“道光”(庙号宣宗),史称“道光帝”。

道光皇帝像

道光是清朝入关后的第六代皇帝。他不英武,也不昏庸,是一个勤政图治而无显著治绩的皇帝。道光也算是个幸运者。白莲教起义是父亲嘉庆皇帝予以了结的;道光在位最后一年,洪秀全发动的太平天国运动,由儿子咸丰皇帝承担了全部苦果。张格尔为首的边疆骚乱，最后被平息，但海上鸦片之战却失败了。大清王朝开始领受一次又一次的屈辱，被迫订下第一个不平等条约《南京条约》。

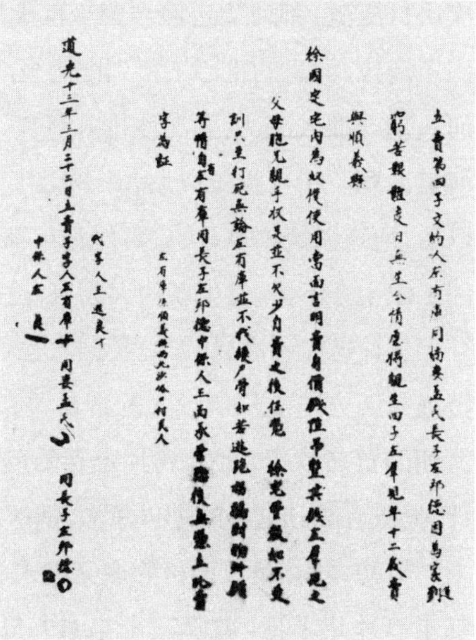

道光十三年某夫妇卖亲生儿为奴仆的文契

道光帝是嘉庆皇帝的次子，生于乾隆四十七年(1782) 八月初十日。自幼十分好学，翰林院编修秦承业、检讨万承风担任他的老师。十岁时，陪同乾隆皇帝打猎，他居然射中一头鹿，这让乾隆十分高兴，赏赐他黄马褂和花翎。嘉庆十八年 (1813) 九月，嘉庆皇帝在木兰围猎，旻宁先回京城，正逢天理教作乱，有人潜入内宫养心殿的南面，被旻宁用火枪打死了两人，其他人都逃走了。京城内乱终于平息。嘉庆知道后，感到很欣慰，就封他为智亲王，将火枪号为“威烈”。嘉庆向内阁大臣们说：“旻宁忠孝兼备，岂容稍靳恩施。”对旻宁大为赞赏。

嘉庆死的时候，并无遗言，就由皇太后宣布道：“大行皇帝龙驭上宾，皇次子智亲王仁孝聪睿，英武端醇，见随行在，自当上膺付托，抚驭黎元。但恐仓卒之中，大行皇帝未及明谕，而皇次子秉性谦冲，予所深知。为降谕旨，传谕留京王大臣，驰寄皇次子，即正尊位。”①

在中国北方，最严重的环境问题，首先当属黄河的善决善徙。每次决口泛滥，都使周边城乡蒙受巨大的损失，也加剧了环境的恶化。到了清代，河患的重心下移到淮阴至河口段。这是因为元代以后，黄河长期夺淮入海，大量泥沙排入海口，河口不断延伸，同时河口以上河道淤积。十八世纪以后，徐州以下的河患也最为集中。十九世纪以后，河道淤废不堪，决口事件每年都有，但因国内政治形势动荡，治河工作十分不力，发生新的大改道，已是不可避免。

更让道光不高兴的，是英国人在贸易问题上的反反复复，他甚至拒绝与西方建立任何正式的贸易关系。因为在道光十六年（1836），清朝的贸易收支，因为鸦片走私的问题，出现了可怕的赤字。据统计，大概有四分之三的进口总额，都被鸦片占了。

最初，鸦片是以药材的名义进入中国的，康熙十年（1671）以前，每年不过几十箱；乾隆三十年（1765）前，每年不过两三百箱；嘉庆亲政后，逐渐多了起来；道光年间（1821—1850）的情况则最为严重。根据西方人的记载，道光年间，从印度输入中国的大小鸦片，有逐年递升的趋势，主要如下：[②]

道光二年，大鸦片二千九百十箱，小鸦片一千七百十八箱，共四千六百二十八箱，价洋银八百三十一万四千六百圆；

道光六年，大鸦片三千六百六十一箱，小鸦片六千三百八箱，共九千九百六十九箱，价洋银九百六十一万八十五圆；

道光七年，大鸦片五千一百三十四箱，小鸦片四千四百一箱，共九千五百三十五箱，价洋银一千四十二万五千七十五圆；

道光八年，大鸦片五千九百六十五箱，小鸦片七千七百七十一箱，共一万三千七百三十六箱，价洋银一千二百五十三万三千一百十五圆；

道光九年，大鸦片七千一百四十三箱，小鸦片六千八百五十一箱，共一万三千九百九十四箱，价洋银一千二百五万七千一百五十七圆；

道光十年，大鸦片六千六百六十箱，小鸦片一万二千一百箱，共一万八千七百六十箱，价洋银一千二百九十万四千二百六十三圆；

道光十一年，大鸦片五千九百六十箱，小鸦片八千二百六十五箱，共一万四千二百二十五箱，价洋银一千一百五十万四千二百六十三圆；

道光十二年，大鸦片八千二百六十七箱，小鸦片一万五千四百三箱，共二万三千六百七十箱，价洋银一千五百三十三万二千七百五十九圆。

此后，更是有增无减。太常寺卿许乃济却说，应该承认鸦片的合法贸易，这样做的理由，就是政府可以增加税收，弥补财政赤字。各部尚书、大学士、军机大臣和直隶总督穆彰阿，也赞成弛禁说，得到不少官吏的拥护。

道光十七年六月，御史朱成烈奏报说，广东海口每年要输出白银三千多万两，福建、浙江、江苏各海口输银不下千万两，天津海口出银就有二千余万两。地方官员也向道光抱怨，再这样下去，“数十年后，中原几无可以御敌之兵，且无可以充饷之银”。御史袁玉麟的说法，则更加令人惊心：“百姓若仍沉湎于毒，则夫无以训妻，主无以使仆，师无以教学子。民心将毁于一旦。”据称，清朝水师将领还参与鸦片走私，并从中捞取好处。

林则徐禁烟

道光十八年（1838）闰四月，鸿胪寺卿黄爵滋上奏，要求对鸦片走私加大惩治力度。他的一大理由就是："道光三年至十一年，岁漏银一千七八百万两；自十一年至十四年，岁漏银二千余万两；自十四年至今，漏至三千余万两之多。"将中国的有用之财，填向了海外无穷之壑，换来的全是鸦片这种害人之物，渐成病国之忧。道光帝就让大臣们根据黄的奏疏，讨论鸦片的禁弛问题。

五月份，时任湖广总督的林则徐，禁烟呼声最高，其奏词也最为恳切。他十分赞同黄爵滋的提议，说："臣伏思鸦片流毒于中国，纹银潜耗于外洋，凡在臣工，谁不切齿，是以历年条奏，不啻发言盈庭，而独于吸食之人，未有请用大辟者。一则《大清律例》早有明条，近复将不供兴贩姓名者，由杖加徒，已属从重，若径坐死罪，是与十恶无所区别，即于五刑恐未协中；一则以犯者太多，有不可胜诛之势，若议刑过重，则弄法滋奸，恐讦告诬攀，贿纵索诈之风，因而愈炽。所以，论死之说，私相拟议者未尝乏人，而毅然上陈者独有此奏。然流毒至于已甚，断非常刑之所能防，力挽颓风，非严蔑济。兹蒙谕旨饬议，虽以臣之愚昧，敢不竭虑筹维。"他认为对吸食者与贩卖者一样，都要作相应的惩戒；清朝各地方官员，也应有责任，共同禁烟。他拟了六条禁烟的具体章程，十分详细，主要如下：③

一、烟具先宜收缴尽净，以绝馋根；如果地方繁庶，而收缴寥寥者，立予撤参相关官员；如能格外多收，当分别奖励。

二、此议定后，各省应立即出示布告，劝令自新，以一年为期，划分四限，递加罪名，以免因循观望；惩戒由宽而严、由轻而重，不肖之徒如再不知悔惧，置之死地也不足惜。

三、开馆兴贩以及制造烟具各罪名，均应一体加重，并分别勒限缴具自首，以截其源；要示谕烟袋作坊、瓦器窑户，以及金、银、铜、锡、竹、木、牙、漆各匠，互相稽查，如逾期不作首告，及首后再制，俱照新例重办；有装成枪斗可用吸食者，即应论死；保甲知情不首告的，与犯同罪。

四、失察处分宜先严于所近；文武属员在其中有犯禁的，该管上司于奉文三个月内查明举发者，均予免议；逾限失察者分别议处；其本署戚友家丁有犯禁，如不能早令革除，又不肯据实举发，除本犯加重治罪外，应将庇匿之员即行革职。

五、地保、牌头、甲长有稽查奸宄之责，凡有烟土、烟膏、烟具，均应著令查起；至于开烟馆的房主及地方保甲，如知情不报，就是包庇，应与正犯同罪，并将房屋充公。

六、审断之法宜预讲；有烟瘾的，要延长廷审时间，不能轻易放过；沿海商业码头及通衢繁会之区，更要注意查核。

林则徐像

林则徐还提供了两种戒烟药方，请求颁行各省，以资疗治。

道光对他的上奏，十分重视，亲自让他入京面谈。到年底，道光决定，任命林则徐为钦差大臣，会同两广总督邓廷桢，到广州查禁鸦片。

道光十九年正月，两广总督邓廷桢等人上奏表态："遵旨力除鸦片，共矢血诚，俾祛大患！"道光十分高兴，勉励道："卿等同钦差大臣林则徐若能合力同心，除中国大患之源，不但卿等能膺懋赏，即垂诸史册，朕之光辉，岂浅鲜哉！而民生之福，政治之善，又非浅鲜。谅卿等亦不烦谆谆告诫也。勉之！勉之！拭目待之！此折给林则徐阅看。"

正月二十五日，林则徐来到了广东。轰轰烈烈的禁烟运动，就这样开始了。林则徐向道光，也向广东地方军民承诺："本大臣既带关防，得便宜行事，若鸦片一日不绝，本大臣一日不回，誓与此事相终始。"道光很感动，说："览及此，朕心深为感动，卿之忠君爱国，皎然于域中化外矣！"

林则徐等人就在广州等地，严查烟犯，并责令广州十三洋行，按期缴出鸦片，并交出历年贩运鸦片的洋奸商查顿、颠地二人。查顿听到风声，早已逃走了。英国驻华商务监督义律事先找借口躲到澳门，后来又潜回广州，密令洋商们不准上缴鸦片。林则徐断然下令与洋人终止一切贸易，并派兵监视洋馆，封锁广州、澳门之间的交通。

二月二十三日，又向"十三行"发出最后通告。义律无奈，与各方商人议妥后，被迫上缴鸦片20 283箱，价值300万英镑，约合白银800万两。征得道光的允许后，林则徐派人将鸦片押运至虎门，在海滩上挖了两个大池，将鸦片倒进去，并灌入海水，放入石灰，顷刻之间海水沸腾起来，这样每天可以销毁鸦片三四百箱以至上千箱不等。从四月二十二日起，到五月十五日才全部销毁完毕。整个过程，都要求洋人现场观看。

林则徐还规定，以后新到洋商船，如再有贩运鸦片的，“人即正法，船货入官”；并发照会给英国国王。

五月份，朝廷讨论议定了查禁鸦片章程，共计三十九条，措施十分严厉。④

道光要求，将这些禁烟章程修入“则例”，永远遵行。地方政府要迅速刊刻出来，以便学习执行。

道光二十年（1840）初，林则徐就任两广总督，邓廷桢改任闽浙总督，在沿海地区加大了戒备。

林则徐的禁烟，伸张了中国人民的正气，表达了绝大多数中国人民的意愿，却引起了帝国主义侵略者的极大忌恨。

就在林则徐推行禁烟的同时，英国内阁决定，派义律为代表，率兵四千，分乘四十多艘战舰，向中国宣战。第一次鸦片战争开始了。

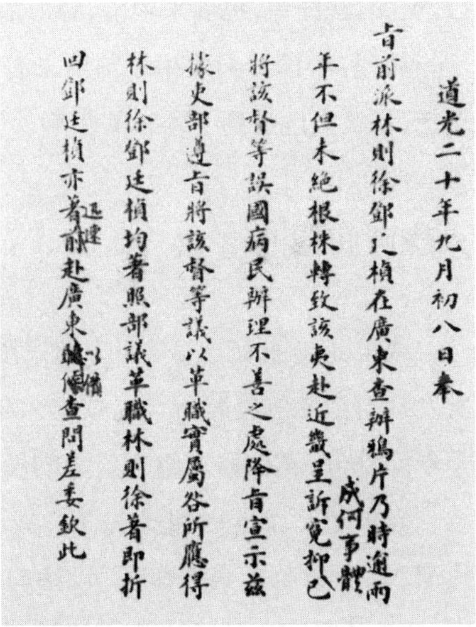
道光二十年九月初八日奉
旨前派林則徐鄧廷楨在廣東查辦鴉片乃時逾兩
年不但未絕根株轉致該夷赴近畿呈訴冤抑已成何事體
將該督等誤國病民辦理不善之處降旨宣示茲
據吏部遵旨將該督等議以革職實屬咎所應得
林則徐鄧廷楨均著照部議革職林則徐著即折
回鄧廷楨亦著迅速前赴廣東以備查問差委欽此

1840年10月道光皇帝将林则徐、邓廷桢革职的批件

从道光二十年六月份开始，到道光二十二年（1842）秋天，这场战争历时两年。其间英人一路顺利，北上打到了天津。林则徐等人被诬为查办不力，反引来外患，受到严厉处分。当时的亲历者法国人老尼克曾在他游历中国的书中讲过，英军与清军开战后，打得十分惨烈。

《南京条约》签订时中英双方代表合影

中英双方开始议和。最后，在江宁首府（今南京）签下了屈辱的和约，即《江宁条约》，俗称《南京条约》。条约规定，清方向英方赔款2 100万银元，割让香港给英国，开放广州、厦门、福州、宁波、上海五处为通商口岸，英方享有“领事裁判权”和片面的最惠国待遇。此后，美国、法国等，也前来中国，胁迫清廷签下了一系列不平等条约。

从此，中国社会发生了前所未有的大变动，从政治、经济到文化思想，都极大地受到了外来的影响。

火烧圆明园

咸丰元年（1851）底，西方殖民国家为了扩大在中国的利益，再次发动对清朝的侵略行为。咸丰六年，第二次鸦片战争爆发。咸丰十年（1860），英法联军组成庞大的侵略军，从天津大沽，一路攻向北京。当年夏天，就到了北京城下。咸丰帝在众人的护持下，仓皇避往热河，只留弟弟恭亲王奕䜣，设法与洋人谈判。京城西北郊的圆明园，被英法联军洗劫后焚毁，从此成为一片废墟。

著名法国作家雨果，在圆明园被毁一周年的时候，写了《致巴特勒上尉的信》，抗议侵略者的强盗行为。如果没有他为后世留下的这封信，会是历史公论的缺失，会是人类良心的缺失。这封信收录在《言行录》里，直到1875年出版时才和世人见面。信中这样写道：

在地球的一隅有过一个世界奇迹：它叫圆明园，一个特等民族的想象力所能创造的一切几乎都集中在那里……用大理石、玉料、青铜和瓷器建起了一个梦一般的世界，外面镶以宝石，裹上丝绸，这里是圣殿，那里是后宫，后面是城堡，放入众神与鬼怪，涂漆上釉，贴金抹粉（诸神众鬼就位于内。彩釉熠熠，金壁生辉），请具有诗人气质的建筑师建造一千零一夜里的一千零一个梦境，再加上园林、水池、喷泉、天鹅、白鹮与孔雀，请您想象一下

1858年中英《天津条约》在天津签字

1860年被英法联军抢劫、烧毁的圆明园残迹

人们幻想中的光辉夺目的桃源世界吧！

一天，两个强盗闯进了圆明园。一个大肆抢掠，另一个放火焚烧。同这些连在一起的是让人不得不想起巴台农神庙的额尔金这个名字。额尔金在巴台农神庙开始干的事，他又到圆明园干了。这次他干得更为彻底漂亮，连一点都没有留下。我们所有教堂里的珍宝加在一起也抵不上这个伟大壮丽的东方博物馆。战功赫赫，战果辉煌！胜者之一装满了腰包，另一个装满了他的箱子：他们臂挽着臂欢笑着回到了欧洲。

烧毁圆明园后，联军还是不肯撤走。负责谈判的奕䜣等人无奈，与英法联军签订了屈辱的协议。主要内容如下：

一、赔偿同盟国军费八百万两，并给十万镑于被抓的英法军兵及其家属；

二、以牛庄、登州、台湾、潮州、琼州、九江、汉口、镇江等为对外商埠；

三、准许四国公使常驻北京；

四、准许传教士游历内地。

条约签订后，洋人终于撤兵了。

1860年11月，在英法联军攻占北京之际，沙俄强迫清政府签订了《中俄北京条约》，确认了1858年《瑷珲条约》中的领土要求，使中国失去了黑龙江以北，外兴安岭以南约六十万平方公里的领土。此后，通过一系列的不平等条约，沙俄进一步对中国的西北和东北地区鲸吞蚕食。十九世纪下半期，被沙俄侵占的领土达一百五十多万平方公里。

从道光元年到这时，整个中国十分混乱，百姓生活痛苦，清廷政治黑暗，各地民众已经奋起反抗。这是洪秀全发动太平天国运动的主要时代背景。

注释：

①《清史稿》卷十七《宣宗本纪一》。

②④（清）李圭：《鸦片事略》卷下。

③（清）林则徐：《林则徐集·奏稿》，中华书局1965年版。

太平天国运动 09

洪秀全的故事

洪秀全，广东花县人，嘉庆十八年十二月初十（1814年1月1日）出生。家境还算不错，父亲是个中农；有两个哥哥仁发和仁达，还有两个姐妹辛英和宣娇。他排行第四。家中有一些耕地，一两头牛，几间瓦房。

洪秀全像

道光八年（1828）时，洪秀全十六岁，开始了传统中国读书人正常的科举生涯，在道光十六、十七和二十三年，到广州参加了三次大考，都没考中。他很愤怒，据传，他发誓以后“不考清朝试，不穿清朝服，要自己来开科取士”。

在第一次去广州的时候，他在城内龙藏街贡院前，得到了一本基督教徒梁发编的书，叫《劝世良言》，主要内容就采自《圣经》。这给他以很大的启发。第二年落榜后，他得了一场大病，据说在病中看到了许多幻象，还写了一首诗：

手握乾坤杀伐权，斩邪留正解民悬。
眼通西北江山外，声震东南日明边。
展爪似嫌云路小，腾身何怕汉程偏。
风雷鼓舞三千浪，易象飞龙定在天。

这首诗写得很有霸气，他要掌握世间的生杀大权，要解救民间的疾苦，要成为世间真正的主宰。他还编了一本书，叫《太平天日》。在书中，将自己说成是上帝耶和华的使者，是“太平天王大道君王”，下凡到人间，上帝向他保证：“尔勿惧，尔放胆为之，凡有烦难，有朕作主；左来左顶，右来右顶，随便来，随便烦，尔何惧焉！”

年轻的时候，洪秀全被官方认为是个“无赖”。平时的生活，主要靠占卜为生，常在广东、湖南一带游荡。①

有个叫朱九畴的，创办了“上帝会”，也称“三点会”。洪秀全和同乡冯云山都拜他作老师，从事传教活动。朱九畴死后，洪就成了教主。他曾请著名的铁匠铸了一把宝剑，称“斩妖剑”，并赋诗道：

太平天国天王洪秀全的玉玺

手持三尺定山河，四海为家共饮和。
擒尽妖邪投地网，收残奸宄落天罗。
东南西北敦皇极，日明星辰奏凯歌。
虎啸龙吟光世界，太平一统乐如何。

这样的教会，在官方看来，自然是邪教活动，是要予以禁止的。官方开始全面抓捕他们，洪秀全无奈，只好逃往香港，并加入当地的耶稣教，借此和官府对抗。

不久，洪秀全带着冯云山回到广西，住在桂平，展开传教活动。当时加入教会的，还有洪秀全的妹夫萧朝贵，以及杨秀清、韦昌辉，贵县的石达开也来了。传教队伍顿时壮大起来。

洪秀全曾经生过大病，诡称病死七天后复活，并能预知未来发生的事。他说："上帝召我，有大劫，惟拜上帝可免。"其意无非是召大家都来参加拜上帝会，从而充实力量。会员中人，男的称兄弟，女的叫姊妹，所谓人人平等之意。洪秀全还向大家说，他通"天语"，说天父叫耶和华，耶稣是其长子，他本是其次子。从此，洪秀全就单独睡一间，严禁别人窥伺，也不吃饭，过了几天才出来。他说这几天他正与上帝讨论大事呢，所以闭门不出，大家对他十分惊服。

洪秀全还编了《宝诰》、《真言》等书，在教中秘密传布，作为教众的思想理论指导。他还偷偷留起了前额的头发，住在山里，派人分别到武宣、象州、藤县、陆川、博白等县传教，宣传民众前来入会。

这时候的广西地方，确实也很乱。不但有饥荒，还多盗匪。洪秀全就和杨秀清等人一起创立了"保良攻匪会"，练兵筹饷，越来越多的人来归附他们。

桂平知县坚持认为他们是在搞邪教活动，就找机会诱捕了洪秀全，并搜到入教的花名册十七本。案子发生后，巡抚郑祖琛判决不下，一时也找不到什么更好的借口，只好将洪秀全释放了。

洪秀全出狱时，杨秀清率领会众都来迎接他，排场似乎十分荣耀。自此之后，一些被官方认为的地方“大盗”或亡命之徒，纷纷来到桂平县，归附洪秀全。其中的代表人物，就有贵县的秦日纲、林凤祥，揭阳县的“海盗”罗大纲，衡山县的洪大全。人员一下子增加了上万人。这些人，成了日后太平天国政权的基本骨干队伍。

在这个组织中，以冯云山读书最多，学问最大，智谋也最高，队伍的部署、攻守的方略，基本由他负责制定。

当年是庚戌年（道光三十年）十二月十日，正逢洪秀全的生日。他们就提出这是应了“红羊”的谶语，于是当天就在金田村起事了。

洪秀全为代表的太平天国起义的初衷是建设一个平等、和谐、美好的国家。“太平天国”这个国号，本身就标示着他们的理想。“太平”一词出于《公羊传》的“三世说”，即据乱世、升平世、太平世，“太平世”是最后的境界。“天国”则取自基督教的教义《圣经》。“太平天国”理想具有中西合璧之美。

起义伊始，太平天国的首领们的确信心满满，想干一番大事业、显一番大身手。当时发布的第一道诏令中的关键词有二：一为“秋毫无犯”，一为“同心协力”，而且一再强调“各军各营众兵将，各宜为公莫为私”。

有这样一则故事：当时有八个“三合会”长老要投奔太平军，洪秀全就派出十六人去那里宣传教义。事情做得很圆满，“三合会”长老为了表示感谢，送给每人一个红包。回太平军后，十五人将红包上交给了“圣库”，而一人则利欲熏心将红包据为己有了，结果被发现后，洪秀全将此人五马分尸，并将尸体示众，以为警戒。

可是，随着队伍的壮大和运动的发展，小农的散漫性、自私性的弱点愈来愈明显地表露出来了，也把从前记的“无处不均匀，无处不饱暖”的誓言抛到九霄之外去了。

对“太平军”的兴起，清廷十分震怒，撤了巡抚郑祖琛的官职，下令重新起用前任两广总督林则徐为钦差大臣，前往广西督师围剿。不料，林则徐在途中病死，清廷当即换两广总督李星沅为钦差，赶往广西。

为了避开清军的锋芒，洪秀全带领队伍来到了平南县思旺墟，却被清军副将李殿元的部队击退，只好再度返回金田。清江协副将伊克坦布前往进攻，被洪秀全他们给打死了。李星沅赶忙下令镇远总兵周凤岐前往镇压，打了一天一夜，洪秀全手下死了几百人，不过尚无大碍。

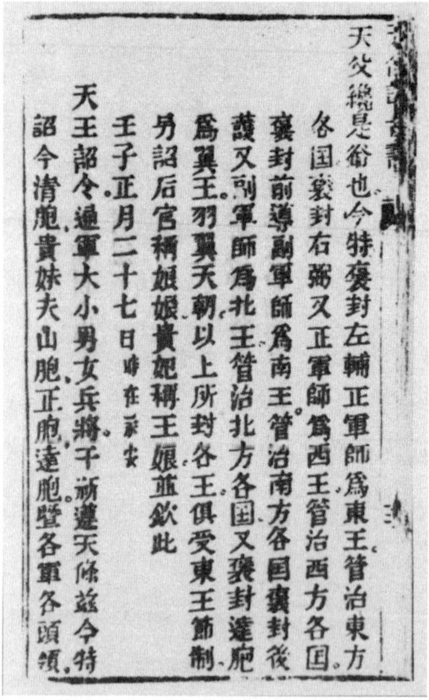
天父總是爺也今特褒封左輔正軍師為東王管治東方
各国褒封右弼又正軍師為西王管治西方各国
褒封前導副軍師為南王管治南方各国褒封後
護又副軍師為北王管治北方各国又褒封達胞
為翼王羽翼天朝以上所封各王俱受東王節制
另詔后宮稱娘娘貴妃稱王娘欽此
壬子正月二十七日時在永安
天王詔令通軍大小男女兵將千祈遵天條茲今特
詔令清胞貴妹夫山胞正胞達胞暨各軍各頭領

洪秀全1852年在永安发布的封王诏令

此后专门负责金田围剿的是提督向荣，前任漕运总督周天爵任广西巡抚，加强地方控制。

咸丰元年（1851），洪秀全自称“天王”，派人四处进攻，后来进入象州。清廷如临大敌，命令广州副都统乌兰泰负责征讨，大学士赛尚阿为钦差大臣。乌兰泰到象州后，三战三捷，但依然深感忧虑，上疏说："粤西寇众皆乌合，惟东乡僭号设官、易服蓄发有大志，凶悍过群盗，实腹心大患。"他认为，洪秀全的队伍绝非一般的乌合之众，是有体制、有计划的，堪称大患。

当时，巡抚周天爵主张滚营进逼，向荣不同意，下令贵州镇总兵秦定三移营大林，堵住洪秀全北退象州的道路，秦定三居然也不听命。四月份，洪秀全就从大林退走象州，进入桂平。赛尚阿增调川兵，并招募乡勇，合计三万人，分兵守住各地要隘，取得不小的成绩。

七月，洪秀全等人来到了紫金山，以山前新墟作为门户，山后双髻山、猪仔峡作为防守要隘，坚持战斗。不过，清兵还是从山后攻了上来，洪秀全等人被迫再次撤退。清兵追击途中，适逢大雨，影响了行军。

八月份，洪秀全北上攻下了永安，在那里成立了"太平天国"，洪秀全为天王，妻子赖氏为后，建元天德；杨秀清为东王，负责军事工作；萧朝贵为西王，冯云山为南王，韦昌辉为北王，石达开为翼王；洪大全为天德王；秦日纲、罗亚旺、范连德、胡以晃等四十八人任丞相、军师等职，建立了较为严密的组织系统。

在清军的大举进攻下，洪秀全方面，形势十分不利。

咸丰二年 (1852) 二月，石达开率领太平军，分兵四路，打败了清军的围攻。但清军抓住了天德王洪大全，押到北京后就斩首示众。

三月份，太平军撤往广西省城，与前来围剿的清军展开大战。战后继续北上，并顺着长江而下，直逼湖南长沙。在蓑衣渡地方遭到围攻，冯云山中炮而亡。太平军退守道州，这里拜上帝教的会员本来就多，纷纷加入战斗，形势一下子变得好了起来。

在太平军中，还传唱许多歌谣，无非是对于前途的美好向往。有一首“打江山”，很具代表性：②

太阳出了三丈三，跟随天王打江山。
打平江山享天福，享了天福永无穷。

六月，太平军就攻下了江华、宁远、嘉禾等地；七月，攻下桂阳州，直取郴州。萧朝贵作战勇敢，且富智谋，率领李开芳、林凤祥等人，由永兴、茶陵、醴陵攻打长沙。可是在八月，萧朝贵负责攻打长沙南门时，被清兵击中，枭首示众。洪秀全听闻萧朝贵死了，急忙从郴州赶来，猛攻长沙。九月份，又派人挖隧道，多次攻城，没有成功。次月就转攻益阳、岳州等地，取得大胜，并在长江一带，夺得五千只船，可谓满载而归，士气因而大振。

太平军又顺江而下，在十一月攻下汉阳，十二月就开始攻打武昌。当时指挥军事的是杨秀清，具体战事由李开芳、林凤祥、罗大纲负责。时值冬季，汉水、长江的水位都较低，太平军用船作浮桥，居然很顺利地攻入了武汉。洪秀全下令，人们可蓄发束冠，并在小别山下搭了高台，发表演说，发动人们起来抗清。

咸丰三年（1853），赛尚阿因久战无功被撤，由两广总督徐广缙为钦差大臣，继续围剿太平军。

当时石达开正攻打武昌，徐广缙一直在岳州逗留，不敢前进。咸丰皇帝很不高兴，改派向荣为钦差大臣，日夜急攻。太平军无奈之下，放弃了武昌，乘船顺江东下，号称五十万大军，所有资粮、军械、子女、财帛都放在船上，两岸辅以步兵，向九江进发。一路之上，顺利地攻下了黄州、武昌、蕲水等十四个州县。到广济县的时候，两江总督陆建瀛率兵二万多人、战船一千五百艘，迎江而上，结果不战而退，先头部队全部覆没，陆建瀛十分狼狈地逃到金陵（今南京）。

咸丰对陆建瀛的行为十分震怒，下谕说："陆建瀛一战兵溃，不知收合余烬，与向荣大军协力攻击。并不力守小孤山，扼贼入皖之路。又不亲督兵据守东西梁山，以障金陵。仓皇遁归，一筹莫展，以致会垣惊扰，士民播迁。杨文定藉词出省，张皇自全，罪均难逭。建瀛已革职，交祥厚拿问，解刑部治罪。"这时的陆建瀛还躲在金陵城中，当然已经知道自己被革了职；而且不久朝廷下令抄家的命令也来了。

太平军从九江而下，获得了不少清军丢弃的军事物资，打下了安庆城，巡抚蒋文庆战死。此战的胜利，大大扩充了太平军的实力。他们水陆并进，兵临金陵城下，沿城筑了二十四个军事堡垒，布好战船，从新州大胜关到七洲里为止，昼夜进攻，还挖地道入城。守城清兵十分溃乱。陆建瀛乔装改扮逃走途中，被太平军杀掉了。

次日，也就是三月二十日，金陵被太平军占领。

这时，洪秀全的太平天国，已拥有精兵六十多万，士气高涨，形势一片大好。洪秀全决定，就势在金陵建都，改称"天京"。洪秀全的部下都颂称他是明代后嗣，建都的首要大事就是去拜谒明太祖陵，举行盛大的祀典。洪的祝词称："不肖子孙洪秀全得光复我大明先帝南部疆土，登极南京，一遵洪武元年祖制。"太平军将士都连续三次高呼"汉天子"。洪秀全颁布了登极制诰，分封将士：王分四等，侯为五等；设天、地、春、夏、秋、冬六官丞相为六等，殿前三十六检点为七等，殿前七十二指挥为八等，炎、水、木、

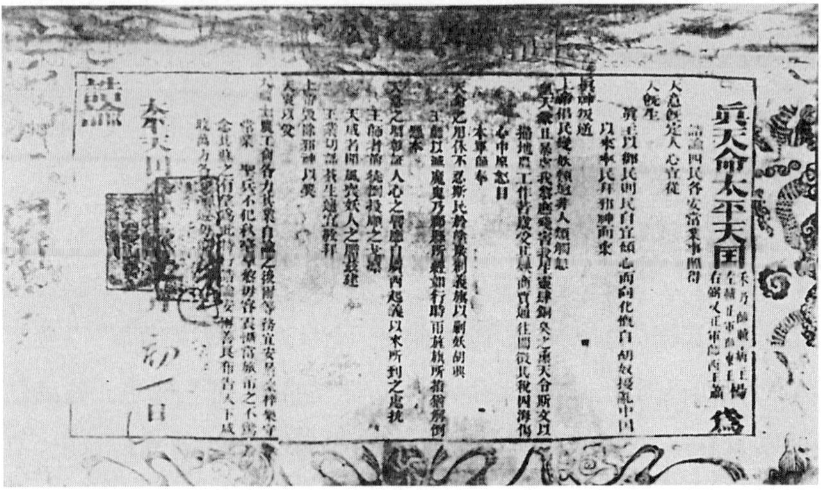
真天命太平天国
诰谕四民各安常业事照得

太平天国攻克南京后发布的安民布告

金、土正副一百将军为九等，炎、水、木、金、土九十五总制为十等，炎、水、木、金、土正副一百监军为十一等，前、后、左、右、中九十五军帅为十二等，前、后、左、右、中四百四十五师帅为十三等，前、后、左、右、中二千三百七十五旅帅为十四等，前、后、左、右、中一万一千八百七十五卒长为十五等，前、后、左、右、中四万七千五百两司马为十六等；自检点以下至两司马，都职同名目。其体制分朝内、军中、守土三个系统：朝内官，如掌朝门左右史之类，名目繁多，而日新月异；军中官为总制、监军、军帅、师帅、旅帅、卒长、两司马。凡是攻城略地，曾以国宗或丞相领军，训练士卒，分领队伍，屯营结垒，接阵进师的，都责成军帅，管理监军总制上到领兵大帅。官员体制清楚，系统分明，是一个很好的控制架构。地方官职有郡总制、州县监军、乡军帅、乡师帅、乡旅帅、乡卒长、乡两司马；地方狱讼钱粮，都军帅、监军管理，最后由总制决断。

特别值得一提的是，太平天国当中还有女官，包括女军师、女丞相、女检点、女指挥、女将军、女总制、女监军、女军帅、女卒长、女管长，共计女官六千五百八十四人；女军四十个军，女兵十万人。这是当时社会中极其新异的体制。

太平天国的服色也以黄为上。天王洪秀全的金冠，雕镂龙凤，像圆规沙帽式，上绣满天星斗，下绣一统山河，中间留空格，凿有“天王”两个金字。东王、北王、翼王的金冠，像古兜鍪式，冠额上绣有双龙单凤，中间有金字职衔。其他官员的头冠都有不同的等制。如果是帽子，就按帽上龙的节数分等差。如诸王是九节，侯相七节，检点、指挥、将军五节，总制、监军、军师三节。袍服分黄龙袍、红袍、黄红马褂。洪秀全是天王，自然是黄缎袍，绣九龙。自诸王以下至侯相，递减至四龙。检点是素黄袍，指挥至两司马都是素红袍。其他人等服色都有不同。

太平天国出版的《太平诏书》

金陵作为天京后，建造了不少宫室，十分奢丽。雕镂的螭龙、鸟兽、花木，都是用金子做的。

太平天国的思想宣传，还是洪秀全早期入教时的习惯，经常要在高台上，集合众人进行演说。总之要给民众以自由权，要解放拘束妇人的条条框框。法令制度也很严格，如行军严禁抢夺，只要取民间一尺布、一百钱的，杀无赦。

太平天国还反对嗜烟，犯了吸烟罪的人，有时只要说明是邪魔诱引他们的，还可以免除死罪。洪秀全的禁烟布告也很有趣："吹来吹去吹不饱，如何甘蠢变生妖！戒烟病死甚殊死，脱鬼成人到底高。"

定都天京后，太平天国推出了《天朝田亩制度》，规定"天下田天下人同耕……有田同耕，有饭同食，有衣同穿，有钱同使，无处不均匀，无处不饱暖。"这既是农民平均主义思想的反映，也是一种空想，而且实施中又出现许多偏颇。但是，这一理想的提出，极大鼓舞了千百万农民群众，激发了人们为推翻封建的土地制度而斗争的豪情。

定都金陵后，洪秀全曾派遣林凤祥、李开芳率领太平军发动过北伐，可惜最后都以失败告终。清军迅速合围金陵，在长江南北建立"江南大营"和"江北大营"，与太平军对峙。

咸丰六年（1856）后太平军多次攻入长江中游，江西、湖北、安徽等地多被攻取。在江南负责围剿太平军的清军将领向荣、张国樑，在南京城郊的孝陵卫建立"江南大营"，号称"江南劲旅"，但频年征战，军饷多发不到士兵手中。士兵常忍饥挨饿与太平军作战，很是绝望。杨秀清等人乘机攻破江南大营，张国樑奋力保护着向荣逃到镇江府丹阳，向荣有病，一时忧急，悲恸而亡。

向荣死后，太平军十分兴奋，都称颂杨秀清的功劳，洪秀全却深居简出，军事上都放任杨秀清去做。就是文告奏章，都先报到杨秀清府上，至于怎么处理，最后也由杨决定，权力大大超过其他几个王，"开国"功臣韦昌辉、石达开，仿佛成了杨秀清的副将。清军的江南大营被击溃后，南京周围没有太大的威胁，外忧消失，内患顿起。太平军的内讧开始了。

东进江南

从道光三十年开始，以洪秀全为领袖的太平天国西起广西，而后所谓“挟兕虎出柙”之势，席卷湖南、湖北、江西、安徽、江苏、浙江等地，又挥师北征河南、山西、河北、天津诸地。与清军的多次交锋，基本上属于所向披靡。

咸丰三年（1853），安徽庐州府合肥县人周邦福，在城中开砻坊，年底太平军就攻了进来。他回忆说：“（十二月）二十五日早饭后，本城沈广庆手执令箭，长毛打锣，大声喊叫：合肥新兄弟们听着！士农工商各执其业，愿拜降就拜降，不愿拜降就叫本馆大人放回，倘不放就到丞相衙门去告。听说此令，我到房内向先生说：大人再不放我，就去告状。先生们说：你好错，他都是邀买人心的话，何能去告？心内听此，又急又怒。”③

当时有所谓“大乱居乡”之说，即城里人都躲到乡下，乡下又往哪里躲呢？周邦福的家人早已躲到了乡下，自己困在城中，只能依靠别人的口信，传递消息。心情的苦痛，自然可以理解了。

就在这一年，太平军也攻入了金陵城。景象十分悲惨。镇江、扬州一带，当时有人在酒楼中看到一首诗，这样写道：

烽火连年隔远尘，（指广西湖南说）
大江东下忽飞腾，（此指破武昌而下）
眼看一月倾三省，（江西、安庆、金陵）
笑煞千官愧众僧，（指山僧尚能杀贼）

铁甕打开重入甕，(镇江)
金陵掘遍剩荒陵，(南京)
伤心莫续芜城赋，
烧尽平芜惨不胜！(言扬州最惨)

括号内的说明，是当时苏州府常熟县人徐日襄写的，当时他听说太平军已打下了金陵城，忧虑万分，但仍对清军和地方团练武装抱有很大希望，希望他们能够抵御太平军的东下，守住家乡。

中国最为繁华的江南地区，一时陷入了动荡不安之中。所谓狂飙所及，庐舍为墟，遍地瓦砾。受难情形，在当时人看来，都说比其他地方要严重得多，“凡不忍见、不忍闻之事，怵心刿目，罄笔难书，所谓铁人见之，亦当堕泪也！”

清代的江南地区，代表了中国传统社会和文化发展的极致。这里的富庶繁华，对以农民为基本组成的太平军来说，有着巨大的吸引力和诱惑力。太平天国定都金陵后，太湖平原仿佛就是他们的囊中之物了。

根据当时人的回忆，从咸丰三年开始，太平军已不断攻略太湖平原的城乡地区。

在北方，对清朝政府带来重大压力的，是咸丰五年(1855)六月间，黄河在河南省兰阳铜瓦厢发生大决口，先向西北淹到封丘、祥符各县村庄，又往东漫流至兰仪、考城、长垣等县后，分成三股，向东漫流。

决口发生后，李鸿章代表安徽、江苏地主阶层的利益，不同意堵塞决口；山东巡抚丁宝桢代表山东地主阶层的利益要求堵住决口，主张河道仍由淮入海。双方争执不下。太平天国在南方的打击，使清政府无暇顾及河防工作，山东地区由此蒙受极大的灾难。

在南方，到咸丰六年春天，离湖州府极近的安徽宁国府失守，各地连连告警，地方富户都在准备逃亡。在当时政府官员看来，“欲攘外必先安内”，内部社会秩序的稳固是首要问题。也就在这一年五月份，江南地区爆发了特大旱情，延至六月，天一直不雨，枝河汊港皆涸，地上都长了毛，农田禾苗全部枯槁；此后城乡地区秋蝗蔽天，食稼伤禾，以致米价腾贵，民生十分艰难。嘉兴、湖州的形势更为严峻，各地乡民借灾滋事相继而起，首先是秀水、海盐，继之平湖、嘉善，又继之嘉兴、石门，乡民聚众哄闹公堂此起彼伏。嘉兴地方还出现殴打官员、拆毁衙门的严重情况。

与天灾相比，太平天国军队的东进，显然更令人感到害怕。

咸丰九年二月，年仅十八岁的湖州府乌程县人李光霁，听到太平军要来湖州，十分紧张，马上与哥哥一起将老母亲送往乡下舅舅家避难。这次太平军的到来，主要是要去打杭州，以缓解金陵城的危机。④

太平军从皖南由绩溪、广德向浙江，接连攻陷泗安、长兴和杭州。湖州知府王有龄下令组织团练，以归安人、内阁中书赵景贤为领袖，负责指挥地方团练和清朝溃散的军队，以湖州城为据点，组织保卫战。太平军被打败，从埭溪退往杭州。赵氏在湖州招募兵勇、添筑新城、制造战船，先后克复长兴、德清、安吉、武康、孝丰等县。四月份，苏州城被太平军占领，嘉兴受到威胁。赵景贤派军驻防南浔，以扼其冲要。太平军就从常州府的宜兴等地，进入太湖，对湖州府的西北方展开攻势。到次年十月，湖州地区的战事一直不断，都在赵氏的领导下击退了太平军的多次进攻。到同治元年，终因粮尽援绝而亡。湖州城在被攻陷时，“官吏无一降贼者”，与赵氏的影响颇有关系。

上海的《申报》对战乱有多方面的评论，说：“浙省自发逆肆扰以来，通计各府，惟杭州、湖州两府各属受灾最重。”

咸丰十年（1860）五月，东征苏州、上海的太平军有数万人，在李秀成统领下，于6月2日就攻克了苏州，并以苏州为首府建立了太平天国的“苏福省”。李秀成在这里采取了一些稳定社会秩序的措施，苏州的商业一度出现了兴旺景象，所谓“百货云屯，流民雨集，盛于未乱时倍蓰”。

但与被破坏的相比，这种暂时的兴旺实在是不值得一提。在苏州城被占二十多天后，太平军担心城内居民消耗粮食太多，影响军队的战斗力，就将城内老幼数万人全部赶了出去。城内的行会组织，手工业工场和作坊，全部陷入停顿，物价飞涨。被太平军占领的苏州，“南腿”每斤二千文，但在清军控制下的常熟县，每斤只有一百文。

在苏州城内，就是想高价买点豆腐，也成了不可能的事。城内与外地的正常贸易往来、百姓生活都被严酷地隔绝。

一开始，太平军在地方上的抢掠，部分原因还有解决军需的目的。但是到了江南，太平军将士中的私欲很快释放出来，他们大肆搜刮城乡士绅百姓的财物。

尽管苏州城中的许多富户逃了出来，但他们的很多金银来不及搬运，多埋在家里的地窖中，最后大都被太平军抄走了。

大量的士绅百姓开始逃亡，他们选择的主要避难地，就是有洋人盘踞的上海。而在上海，人们还是不放心，万一太平军打入上海，他们的命运将何以堪，有许多人也开始准备逃亡。当时英文版的《北华捷报》报道了这方面的许多消息。其中，1860年5月30日的一则上海商场报告这样说道："由于叛军（太平军）在运河以西自南京至杭州各地的军事行动，上海在贸易上受到的影响极其严重……上海的老百姓恐慌万状。最近恢复出具庄票的上海钱庄重行关门，停止营业。百姓的眷属纷纷逃往他处，许多富户搭乘外轮，逃往南方各城市。"

还有一则报道的内容更加恐怖："本星期二（7月17日），上海租界出现一次极不平常的大恐慌。这次恐慌以惊人的速度蔓延到租界各个部分以及上海县城。这天差不多十一点钟的时候，有人喊着长毛已到上海，全城随之陷入极度恐慌之中。华人的店铺全都闭市，商店老板忙将值钱的东西从家里搬出，不知撤退到什么地方去。街上可以看到六至八人的一队队妇女，她们手携手急急忙忙地向着避难的地方乱跑；码头上和洋行内的苦力放下他们的活不干，也开始逃跑，有的赶到码头用大价钱雇船，要船夫把他们渡到美国租界那边去。英国领事馆旁边的大桥差不多堵塞住了，因为大家都涌在那里要过桥。所有民船都停在江中心，无论岸上怎样饵以重金，皆遭其拒绝。惊慌情形极为可怕，经过多少钟点才平静下来。我们听到在一家茶坊，有很多妇女急于跳水，企图自杀。有一女二男上吊而死，另一人从楼船跳下，跌碎了腿骨。"

但是涌入租界的难民还是很多。《北华捷报》1862年9月6日的报道称："最初流入租界的大批难民，主要是从西南方各村庄而来，但以后自上海各方面传来警报，老百姓从各个方向到达河的这一边，以致租界附近和界内道路与空地上都挤满了一批批男女老幼，他们还牵着水牛与黄牛。”租界成了一个巨大的避难所。根据统计，1853年在租界居住的中国人共计五百人，1854年上海小刀会起义期间，约增至二万余人；而在1860年太平军第一次攻打上海时，竟增至三十万人，1862年又达五十万人；一度还暴增到七十多万人。

死难者大概比逃亡者还多。一般的士绅百姓，在传统时代十分之老实，他们根本不在乎谁来统治，只要赋税不要太多，生活能够好过、平安，就很容易满足。

正像外国人在当时看到的那样：

农民，他们对于受到谁的统治，完全不会在意，只要统治者在收税时不要过分地勒索就好。许多人是不得已才参加太平军的，他们对于这个运动是不关心的，当他们看到外国军队真的要向太平军攻击时，他们就认为太平天国运动必将衰亡，所以一有机会，就投顺清军。

另外，传统生活的观点也强有力地笼罩着他们的观念，离开祖宗庐墓的所在地，背井离乡，放弃脚下的热土，是他们绝不情愿做的事。因此，尽管战争残酷，还是有大量的民众留了下来，盼望战争很快能够过去，生活的轨道还可以正常运行。有性格刚烈的人们，开始组织起来，与太平军展开对抗，妇女们来参加的也很多。

在青浦县的农村，农民们曾决心从本地区赶走“长毛”，全都自愿帮助清军和民团与“长毛”们作战，曾击毙“叛军”一百名，号称大捷。在附近的重固、黄渡等乡村，约有一万多人的民团与“长毛”展开大战，取得大胜，生擒了十多人、十多匹战马，杀死一百多人，民众士气为之大振。

1862年，李秀成的生日，太平军借庆贺为名，向嘉兴的濮院镇和新塍镇派捐六百元和三四百元，另外附加犒赏军队银元宝六十只。

乡村生活的景象，在西方传教士们看来，十分悲惨。在长江三角洲地区，曾被吹嘘一时的太平天国土地制度，现在已经变成了一件通过征收、捐献或者没收来收取谷子的事情。在苏州等地，太平军还被一些对清朝不满的农民们看成是拯救者，他们乐意看到地主们逃跑，也乐于拿出钱粮来交给太平军。但在更多的地方，从1861年以后，农民就自发组织地方武装，来驱逐太平军。战争期间，太平军逃跑路线上的许多桥梁，早被农民们事先拆掉，致使来不及逃走的太平军遭受清军更大的打击。有时，农民还敢抢掠太平军的军需物资，对太平军的作战十分不利。

附从太平军管理江南城乡的当地“乡官”，也成了肥缺。一些“乡官”借战乱大肆搜刮，引起民众的巨大愤怒。当时海宁人冯氏的《花溪日记》，记录了一次当地由乡官施虐而引发的民众反抗事件。咸丰十一年(1861)春天，太平军逼迫乡村交纳银粮。黄八十是太平军指定的乡官，负责承办七图地方的贡银一万多两，百姓难以接受。本来海盐县地方只要交办三万两，至四月初七日，又勒加了一万五千两。五月初，每家分门牌，写上人丁数目，每个门牌要一元四角，每人每天征二十一文，每灶每天征一百文，行军灶每天征五十文。老百姓很害怕，都只好交了。有人借机会从中捞钱，百姓敢怒不敢言。有个农民叫沈长大，挑动大家起来反抗，到十一日就聚集了上千人到海盐城，以暴力抵制太平军的派征，一路上很多百姓加入进来，队伍迅速扩大到上万人。每个人头上都裹着白毛巾，手拿木棍，也用白色作记号，在石牌桥的地方还得到一艘枪船。南湖地方的胡四老为太平军帮办钱粮，听到风声逃走了，他们就烧了胡四老的房子。黄八十家被烧的时候，突然发生爆炸，黑焰冲天，大家很惊骇，才明白黄八十私藏了很多火药。在承办局被关押的六个农民被放了出来，都说“今乃得见天日矣”！[5]

在常熟乡下，有个姓王的医生首先起来抵抗太平军的征粮政策，自备酒筵，请了上千乡民结盟，捉打太平军任命的地方官吏，拆毁馆局，各地前来参加的竟有两万多人。

过于老实的农民，被迫接受太平军的调配使用。当时人柯悟迟说：“贼目催粮，愈加严酷，勒乡官限状，非捆锁，即杖枷，乡里日夜不宁。农家典质无路，告贷无门，田地又无卖处，什物未能变偿，甚有情极自尽者。”[6]日子没法过下去，只好选择自杀。

太平军在江南乡村的不良行为，使太平天国在江南丧失了最重要的群众基础。

士为“四民”之首，包括入仕或退职的儒家官员。他们拥有较高的社会地位、广泛的社会关系、较多的社会财富，当社会变乱，他们的谋生之途要比普通百姓更多，自然更会引起太平军或清军的注意。

江阴团练首领华翼纶（举人出身，做过知县），太平天国官员曾劝他蓄发，华严辞拒绝，说：“某虽不才，尝作邑宰，待汝天朝一统后，蓄发未晚也。”态度很硬。苏州一府为“忠节”而死难的士绅，可谓不计其数。[7]在吴县，因生员死节过多，学校都空无一人，十分冷清。嘉兴府桐乡县一个县学生“拒不从贼”，并骂道：“吾儒生也，读孔孟书，有天地，有人伦，焉肯从汝行！汝等教匪，蔑天理人伦，叛逆无道，干天神之怒，今日肆虐，会当有清明之日，当尽杀汝辈！”被太平军当即处死。[8]

也有一些士绅与太平军采取了合作的态度。如吴江县盛泽镇的王家看到太平军攻占了嘉兴，就专门派人送礼品到太平军军营，有枣子一桶、银锭十只、雄鸡十只，还用黄旗写了“早定一统、雄冠三军”八个字，表示恭贺。[9]有的地方士绅，在太平军到来后，马上表示准备蓄发，改装易服；亲戚朋友当中，有不愿合作的，就会去做劝说工作。然而还是有人性格刚烈，坚决不从。

但是更多的士绅、地主和商人，都选择了逃难。有的士绅避乱居乡，江南河湖密布，人们慌不择路，人多船小，经常发生沉船死人的事情。也有不少人死于战乱途中。江南的各个州县都差不多，战乱后各地政府曾清理城乡地区，许多死难者的尸体被重新填埋，对死者生前的气节予以高度旌扬。譬如，宝山县霜号三十八图的东勇墓，收埋咸丰十一年五月间大场镇死于太平军战事的地方百姓；嘉定县外冈镇北七图的保元堂，同治五年由知县汪福安倡建，祭祀咸同间殉难乡民；昆山县光区九图江圩的申迁义冢，是同治九年敦善堂司董朱惟沅、蒋泰咸修筑，为昆山、新阳城乡居民避至申江旅次病故，由上海辅元、保安各善堂代厝的公地；而新阳县天区三图南黄圩的抚恤局义冢，是在同治二年克复县城后，根据上级要求，为病故的难民而设，无主棺柩葬在普育堂的空闲地上。

太平天国战乱后，浙江地区田亩荒芜，昔日繁华的市镇大多被焚毁，乡村更是人烟寥落。苏州、常州、镇江、杭州、嘉兴、湖州诸地受害可以说是最深最久。到同治三年（1864），清人仍对江南饱受战患后的残破保留着极深的印象，称其“自沪至昆，炊烟缕缕，时起颓垣破屋中。而自昆至苏境转荒落。金阊门外瓦砾盈途……由是而无锡，而常州，而丹阳，蔓草荒烟，所见一律。”浙江全省在战后几乎田地尽荒,“各市镇悉成焦土”,而且远近乡村“人烟寥落,连阡累陌,一片荆榛”。

战争结束,地方上出现了一些歌谣,描写了战后江南社会的凄凉景象。其中一首“猪换妇”称:

> 朝作牧猪奴,暮作牧猪奴。冀得牧猪妇,贩猪过桐庐。睦州妇人贱于肉,一妇价廉一斗粟。牧猪奴,牵猪入市廛,一猪卖钱十数千。将猪卖钱钱买妇,中妇少妇载满船,蓬头垢面清泪涟。

而在苏州地区,原来兴盛的佛教信仰及寺庙,大多被太平军荡平,神佛塑像处处残毁,寺庙中的戏台、殿屋等自然难逃被焚的厄运。

江南地区的寺庙遭受了一场毁灭性的打击,有些寺庙就此永远堙废,有些虽有重建,但规模远不如前。如苏州府的常熟县地区,各庙香火极差,原因就在于战争期间各寺的神佛塑像不是被毁坏,就是被搬走。即如佛寺极盛的金陵地区,城南原有的四百八十寺,在清时仍有几十所,但在太平天国战争后便“无复孑遗”,所以当时人就感叹这次对于寺庙的劫难是“千年所罕也”。

天国的陨落

太平天国在金陵定都后的初期,形势一片大好。杨秀清也认为自己功高盖世,有些自大。有时就说上帝附体,有新的旨意,要洪秀全到他府上去听宣。

咸丰五年(1855)的时候，杨秀清得了大病，在病中，他依然说自己能够在梦中承接上帝的旨意，第二天，就向洪秀全等人转达。有时，洪秀全得亲自离开天王府，到门口去迎接东王杨秀清的到来。如果杨秀清不想出门，作为太平天国第一号人物的天王洪秀全，居然要亲自到杨的府上，去领受上帝的命令。

在金陵城里，洋人是受欢迎的，因为他们与太平军有着同样的宗教信仰，而不是城隍老爷、观音娘娘之类。有个在金陵城里的爱尔兰人，曾称杨秀清为太平天国的“第二号人物”。他回忆了与杨的一次见面：[10]

> 第二天早上六点钟左右，我们被召到第二号人物跟前，他问我们是怎样打仗的，他似乎认为我们只用拳头打。我们就表演给他看，我们可以用剑和火器；他就递给我们一根棍子，我们尽所能表演了攻守动作。我们告诉他用拳打只是在喝醉的时候。为了表达我们的意思，就拿起杯子装作喝醉。他让我们表演了一点拳术，这逗乐了第二号人物，使他大笑起来。他们带来一支英国手枪叫我们打，在距离五千码外的墙上贴了一张纸，我打到了纸的中央。我在瞄准的时候，第二号人物站在我的后面，我用武器的时候，他似乎有些不安。……在环顾他宽大的宫殿时，他问我们的君主是否有这样的宫殿，我们当然回答“没有”！

杨秀清给这个洋人的印象颇好。洋人说杨颇具魅力，长相高贵，态度和蔼可亲，而且早起晚睡，勤于军务。

不过，对洪秀全的态度，杨秀清并不好。杨经常批评洪秀全的不良行为，如不让宫女侍奉他的母亲，这是不孝；洪的儿子洪天贵福被立为太子后，杨秀清经常批评他，说他的不是。

洪秀全本人常常在众人面前，被迫向杨秀清高呼万岁，心中当然十分不快。1856年9月初，他就准备叫北王韦昌辉回金陵，商议对付杨秀清的策略。正好韦昌辉在江西吃了败仗，杨秀清借机责他无功而返，不让他进城。韦昌辉再次恳求进城，才被允许。他马上去见洪秀全。洪秀全表面上假意批评他，让他到东王杨秀清府上去请命，实际上暗藏杀机。

到了东王府，韦昌辉说外面的将士都佩服东王的才智，还称他“万岁”。杨秀清很高兴，就留他吃饭。酒至半酣，韦昌辉出其不意，拔出佩刀，刺向杨的胸部，杨当即毙命。韦昌辉向众人宣布：“东王谋反，吾阴受天王命，诛之。”同时按照洪秀全的命令，在金陵城中搜捕杨秀清的党羽。

东王杨秀清的部下与北王韦昌辉的部下发生了激烈冲突，在金陵城中出现了斗杀的残酷局面。由于杨秀清已死，东王党羽除了被打死的，大多逃走了。

这时，洪秀全妻子赖氏说：“除恶不尽，必留后祸。”就劝洪秀全假装降罪给韦昌辉，罪名是酷杀，要处以杖刑，以平服东王余党的不满。果然，东王党羽都来观看洪秀全如何处置韦昌辉，结果全部被杀。前前后后，杨秀清的党羽有近三万人死于非命。

当时翼王石达开正驻防在湖北洪山，黄玉昆在江西临江，听闻金陵城中发生变乱，急忙回来。对韦昌辉的酷杀，石达开十分不满，怒责韦昌辉。韦也很生气，想找机会除掉石达开。石达开很警觉，事先避往安徽宁国。可叹的是，石的母亲、妻子和儿女，全被韦昌辉杀掉。

洪秀全觉得韦昌辉有些滥杀，但韦昌辉认为是他帮助洪除掉了心腹大患杨秀清，功劳甚大，很不服气，就率领手人下围攻洪秀全的天王府，结果失败。韦昌辉被迫逃走。渡长江的时候，被巡逻士兵抓获，押回金陵杀掉了，全家夷灭。洪秀全派人将韦的尸首送往宁国，好言劝说石达开回金陵。石很感动，就回来了。

好景不长，有人不断向洪秀全说，石达开兵力最多、功劳也大，要把他留在天京，再解除他的兵柄，否则，又是一个杨秀清。洪秀全居然心动了，就让石达开住在天京，像杨秀清一样辅助朝政。

在金陵城里住着，石达开也感到危惧不安。手下人张遂向他献计："王得军心，何郁郁受人制？中原不易图，曷入川作玄德，成鼎足之业？"意思是叫石达开学刘备，入川称帝。石达开觉得很对，就先到安徽，邀陈玉成、李秀成同行，这两人都不愿意。金陵是回不去了，只能入川。他带走了太平军的大部分精锐，到四川"远征"。石达开此举，大大削弱了太平军在东南的军事力量。不过，石达开在西征途中，对西南少数民族十分爱护，地方民歌中保留有对他的赞词：⑪

翼王派官到我家，问声米粮差不差。
缺粮给谷并银两，牵来牛奀又有耙。
财主佬奀乱似麻，穷佬心里正开花。
自耕自种自得吃，大家齐唱太平歌。

后来在同治二年（1863）六月，石达开的军队在大渡河被清军合围，全军覆没。

到这时，与洪秀全开创太平天国事业的元勋，大都死的死，走的走，剩下的是后起的年轻人，威望自然不能与前辈相较。其中，李秀成与陈玉成，是其中的佼佼者，也得到了洪秀全的重用，对外的军事，都由他们负责。内政方面，是洪秀全的兄弟安王洪仁发、福王洪仁达在操纵。

清军逐步向金陵合围。在外围战线上，庐州已被清军夺去，太平军退守三河、金牛一带，与清军展开顽强的对抗。

咸丰六年（1856）八月，清军在和春的督率下，对太平军的驻防地发动进攻，占领了高淳县。太平军的不少将士或被生擒，或被打死。金陵附近的重要城市句容与溧水，也在九月份被清军控制。金陵局势顿时紧张起来。

巢县是太平军的重要根据地，驻扎了大量的水陆军兵；他们将获取的粮饷，都直接运往金陵，是金陵外围的重要补给地。可惜，这个据点很快被清廷巡抚福济和编修李鸿章率军攻克，庐州附近也被荡平。

咸丰七年以后，清军在曾国藩、彭玉麟等人的领导下，在湖南、湖北、江西等地发起强大的反击，与太平军展开激烈的战斗，取得了多次胜利。

在金陵的东南战场，清军的形势似乎并不太好。江南大营已退守到镇江府丹阳县，句容已在李秀成的控制之下。长江的防线上，清军的水师实力较强，在瓜洲之战中取得了胜利。

洪秀全看到形势紧迫，召开紧急会议，下令由陈玉成为前军主将，负责长江中游的战局，主要针对湖北的清军；杨辅清为中军主将，以殷家汇、东流为据点，对付清军中路的曾国藩部队；李侍贤为左军主将；而李秀成为五军主将，主持全面工作。

不久，和春率领张国樑等清军，大举围攻金陵。战事紧张之际，洪秀全还在与部下喝酒聚餐，流弹打到了洪秀全膝下，大家十分骇愕。洪秀全坦然说道："予已受天命，纵敌兵百万，弹丸雨下，又将如予何！况和春非吾敌也，诸将弄彼如小儿，特供一时笑乐耳，奚恐为？"叫大家不必害怕，清军根本打不过太平军，表现出了出奇的镇静之态。

清军在雨花台方向展开阵势，太平军又恰从这里进攻清军大营，结果大败。和春、张国樑等人准备与太平军作长久战，在金陵城外，筑了沟壕，把金陵城团团围住，断绝金陵与外面的联系。洪秀全很是紧张，叫大家坚守各个城门，暗中派人突围出城，联系外援，都未成功，死亡将士的尸体填满了道路。

此时，太平军中的重要部队都在外地。石达开在四川，杨辅清在福建，林绍璋已在湖南被清军打败了，林启荣受困在九江，黄文玉守在湖口，张朝爵、陈得才孤军在皖，陈玉成坐守在小孤山、华阳镇一带，金陵城已是孤立无援。但是，城内储藏的粮食还算充足，能够坚守一段时间。

城外经过陈玉成的多方抵抗，终于打退了清军的围攻。李秀成则出兵攻入杭州，想围魏救赵，但清军不为所动，依然围住金陵不放。双方在东南一带，进入了最艰苦的拉锯战。太平军多次反扑，同时洪秀全下令太平军分扰安徽、福建、浙江等省，希望分散在金陵周围的清军，形势在逐渐好转。

太平军在东南的再度挽回局势，让咸丰帝深感不安，他下诏让曾国藩率领湘军从江西前往浙江，不久改往福建。

咸丰九年（1859）以来，太平军内部虽然经历了洪、杨内乱，镇江也一度被清军克复，但陈玉成等人的东征西战，而且联合了北方的捻军，多次挫败清军的进攻，使清军的围剿工作陷入尴尬之境。曾国藩认为，要廓清各路战线，必须先攻破江宁："欲破江宁，必先驻重兵于滁、和，而后可去江宁之外屏，断芜湖之粮道。欲驻滁、和，必先围安庆，以破陈玉成之老巢，兼捣庐州，以攻陈所必救。"曾国藩定下了四路进兵的策略：⑫

曾国藩任第一路，由宿松、石牌向安庆推进；

多隆阿、鲍超任第二路，由太湖、潜山攻往桐城；

胡林翼任第三路，由英山、霍山前往舒城；

李续宜任第四路，从商、固规取庐州。

这是后来清军平定太平天国的基本策略，具有重要的历史意义。

在清军的步步进逼下，金陵形势开始危急，外面的援兵都来不及回救。陈玉成的兵力最强，洪秀全对他期望很高，封他为英王，赐八方黄金印，可以便宜行事。但是，陈玉成在军中的威信，远不如李秀成。对此，已经向清军投诚的李世忠，写信给李秀成，劝他投降清朝："君智谋勇功，何事不如玉成？今玉成已王，而君尚为将，秀全之愦愦可知矣。吾始反正，清帝优礼有加。以君雄才，胡为郁郁久居人下？盍从我游乎！"这封信李秀成没有看到，被正在李秀成驻地监军的太平天国兵部尚书莫仕葵获取，读后大吃一惊，向李秀成质问原因。李秀成表白说："臣不事二君，犹女不更二夫。昭寿（指李世忠）自为不义，乃欲陷人耶？"莫仕葵表示相信李的忠诚，向洪秀全作了汇报。洪秀全却下令封江，挡住李秀成的部队，同时把李秀成的母亲、妻子带到江北，希望不让李秀成南渡。莫仕葵觉得洪秀全这样做十分不当，说："如此，则大事去矣！"与一些同僚去见洪秀全，上谏说："昭寿为敌行间，王奈何堕其计，自坏长城？京师一线之路，赖秀成障之。玉成总军数月，不能调一军，其效可睹矣。今宜优诏褒勉，以安其心。臣等愿以百口保之。"莫仕葵等人都以身家性命担保李秀成的清白，使洪秀全有所悔悟，就下令召见李秀成，并安慰他说："如卿忠义，而误信谣传，朕之过也。卿宜释怀，效力王室！"马上加封他为忠王荣千岁。李秀成也觉得洪秀全对他是始终信任的，十分高兴。

太平天国玉玺

浦口是金陵城外的咽喉要地，被清军阻隔，断了金陵城内粮草的来援。洪仁发等人都希望李秀成留下来守城，洪秀全本人也说："事皆天父排定，奚烦计虑？"李秀成就说："官军既以长围困我，当谋救困法，俱死于此无益也。"于是，李秀成马上出兵，亲自向西到皖南的芜湖、宁国召集兵马，然后从小道回击浙江，分散清军江南大营的兵力，缓解金陵的困境。

这一年，是自洪、杨内乱后，太平天国最后的兴盛时期。洪秀全为了安定人心，手下大将几乎是无人不王，他们各有军队，势不上下。

太平军到镇江金坛后，在乡村里扫荡一过，写下了"攻野不攻城，野荒城自破"的标语。李秀成从句容向丹阳进攻，清军高级将领张国樑打开丹阳县的南城门迎战，结果受伤落于尹公桥下而死。

李秀成进入丹阳城，命令礼葬张国樑，说：“两国交兵，各忠其事。生虽为敌，死尚可为仇乎？”此后，李秀成乘胜而进，先后攻克常州和苏州。李秀成在苏州城内待了十一天，发布了安民告示，在城厢内外收埋了八万三千多具尸体。跟随李秀成的，都说他爱人不嗜杀。但是李秀成的部下，经常恣意掳掠乡里，民间被迫组织团练进行自保。

在江南大营溃败后，清廷任命曾国藩为两江总督，到次年底，太平军在安徽受挫，又命曾统辖苏、皖、赣、浙四省军务。曾的指挥部就设在安庆。曾派他的弟弟国荃，顺着长江，向东进攻金陵；派左宗棠率领另一支湘军从江西进入浙江；派李鸿章整合安徽地方武装，组成“淮军”，用英国人的轮船运到上海，待机进攻苏州、常州。李鸿章在上海时，与洋人进行多方面的联系，得到了英、法、美三国的支持。这实际上仍是上年曾国藩制定的平定方略，现在终于付诸实践。

同治元年（1862），淮军与英法军队和“洋枪队”（也称“常胜军”），开始突击上海周边的嘉定、太仓和青浦，结果被李秀成的太平军打败。在浙江慈溪的洋枪队头目美国人华尔，也被太平军打死了。

可惜的是，还没等李秀成进攻上海，金陵上游的皖南连连告急，英王陈玉成因叛徒出卖，于当年六月被清兵抓住后杀掉。八月份，曾国荃率领的清军，迅速合围金陵城，洪秀全十分慌张，一天之内连下三道诏书，让李秀成回去救援。李秀成无奈，只好撤兵，但还留了一部分军队在苏州城。回金陵的路上，他写信要求先到金陵的上游召集太平军各部，然后再回救金陵。洪秀全大怒，骂他违抗命令。李秀成坚持要去皖南招兵，洪秀全也没办法，只好让他去了。

李秀成在金陵开会时曾说过："曾国藩善用兵，将士听命，非向(荣)、张(国樑)可比。将来七困天京，必属此人。若皖省无他故，尚不足虑。一旦有失，则保固京城，必须多购粮食，为持久之计。"应该说，李秀成是很有远见的，他的计划可以让太平天国维持较长的时间。但是，洪秀全很不以为然，责备道："尔怕死！我天生真主，不待用兵而天下一统，何过虑也？"自认是天命真主，不需征战就会天下一统，这实在是愚蠢之论。李秀成叹息而出。加上洪仁发等人背后的算计，李秀成更加无心留在金陵城了。

同治二年(1863)三月，在李鸿章与英国官方协商后，英国军官戈登率领"常胜军"帮助清军作战，还用洋枪、洋炮武装淮军。他们从上海出发，向金陵进发。在浙江等地，清军的围攻开始取得不少胜利。形势越来越危急，洪秀全本人也无大的进取精神，一切靠上帝的安排。李秀成建议，先冲出金陵城，再另谋发展。这个计划，恰恰是曾国藩最为担心的。

然而，洪秀全只想坚守在城内，等待上帝给太平天国带来转机，对李秀成的建议毫不在意。秀成劝道："粮道已绝，饥死可立待也！"洪说："食天生甜露，自能救饥。"李秀成见劝说无效，只好自己先撤往江西。

同治三年六月，洪秀全就在城内死了。

根据李秀成的回忆，这位天王当时已有重病，却不肯吃药，"任病任好，不好亦不服药"，终于在对上帝的无限信任中离开了他的太平天国。长子洪天贵福，继承了洪秀全的位置。好景不长，一个月后，金陵就被清军攻破了。李秀成在突围时被俘，最后被处死。

后人论道："秀全以匹夫倡革命，改元易服，建号定都，立国逾十余年，用兵至十余省，南北交争，隐然敌国。当时竭天下之力，始克平之，而元气遂已伤矣。中国危亡，实兆于此。"[13]太平天国运动极大地损伤了清王朝的元气，从此清朝中衰，再无反弹之势。

咸丰帝之死

在战乱期间，为了镇压太平天国运动，军费常常无从筹措。咸丰帝就下令铸铁钱、铅钱、大钱，并发行纸钞，都不能正常流通；又推行"捐纳"法，士绅百姓可以花钱买官做，基本上是虚衔，不过有钱的人们还是比较踊跃；另外还有"捐输"等办法，都未能真正解决庞大的军费问题。

咸丰皇帝像

从咸丰三年开始，朝廷决定地方政府可设卡抽取通行货物的税，大约是百分之一，称"厘金"，就地供应军饷。曾国藩的湘军和其他地方武装的经费，主要依靠厘金发展起来。后来，各地征收的标准高了起来，设卡数也越来越多。这不但妨碍了商品经济的发展，增加了民众的负担，也加剧了地方官吏们贪污腐败的程度。

由于曾国藩、李鸿章、左宗棠等汉族官僚的竭力护持，大清王朝终于从太平天国的威胁中振作起来。但前后两次鸦片战争的打击，仍使清王朝筋疲力尽。

1861年，第二次鸦片战争刚刚结束，清朝以屈辱求得了暂时的和平。咸丰帝却在热河一病不起。

热河是清朝帝王的重要行宫，避暑胜地，夏季帝王们大多在那里休养、理政。而冬、春季节就在北京城内，秋天去奉天（今辽宁沈阳），平时住圆明园。圆明园那时离城中较远，要到园中向皇上汇报工作的大臣，需在半夜里起身，骑马前往，天亮前才到。事情处理完毕，再骑马回京城，时间还未到中午。奉天与热河，驻扎着的大多是满洲官员。这两处地方，收藏着很多奇珍异宝，以热河为最多。光绪末年，京城皇宫中大兴土木，慈禧想着热河行宫中的宝物，就用了一百八十辆大车，将二万多件珍宝运回宫中。由此可以想见热河行宫的奢华，难怪清朝不少帝王对热河一直情有独钟。

咸丰生病期间，还写了“且乐道人”四字，命人张贴在行宫里。当时的皇后、后来的慈安太后随驾在侧，觉得这几字写得不妥，就说：“天子一日万几，安有自求逸乐之理？今虽蒙尘，尤不宜有此。”就督令内侍将字撤掉。

临终前，咸丰召集了随他出宫的三个御前大臣和五个军机大臣，即怡亲王载垣、郑亲王端华、协办大学士户部尚书肃顺和军机大臣穆荫、景寿、匡源、杜翰、焦佑瀛，立六岁的儿子载淳为皇太子，这八人为赞襄政务大臣，也就是顾命大臣。次日，咸丰驾崩，这八人辅佐长子

曾国藩像

李鸿章像

载淳为帝，改年号为“祺祥”，整个朝政大权就在这八人手中。在遗诏所定的八位顾命大臣中，以肃顺的实力为最强。

咸丰在世时，肃顺已很受器重。肃顺善于选拔人才，在镇压太平天国起事的汉族权贵中，曾国藩、左宗棠等人，就是由他选拔擢用的。也因为他重用汉人，满族贵族对他产生了不满。又有人说他专横残暴，对政敌的手段十分毒辣。

热河掌政的这一派势力，与留守北京跟洋人议和的恭亲王奕䜣一派，产生了权力之争。奕䜣（1832—1898）是道光的第六子，在道光三十年（1850）被封为恭亲王。第二次鸦片战争期间，他因为与英法联军谈判，得到了外国势力的信任和支持，后来也成了推行洋务运动的领导核心。在咸丰朝，他却是个不得意的人物。咸丰把他扔在北京与洋人谈判，本身就是一件苦差。不料奕䜣由此因祸得福，咸丰死后不久，在北京的地位急速攀升，不仅得到洋人的信赖，也得到了肃顺政敌的支持。

这时，在热河“离宫”的两位太后的密旨，被秘密地带到了北京。

一位太后是咸丰的皇后，钮祜禄氏，尊号就叫慈安，俗称东太后；另一位就是叶赫那拉氏，尊号慈禧，人称西太后。慈禧原为宫女，因为怀上皇帝的后裔，被升为贵妃，而这个儿子载淳，又是咸丰的独子，咸丰死后当了皇上，慈禧的命运瞬间改变。

左宗棠像

当时有御史提出，因新皇上年幼，要两位太后垂帘听政。这个提议，却遭到肃顺等人的强烈反对。这让慈禧极不愉快。慈禧先让仁厚的慈安相信，肃顺这帮人会图谋不轨；然后让慈安同意，送密信到北京的奕䜣那里，召他来热河商议大事。

奕䜣得到这封密信，立即派人到热河送上奏折，说是要觐见皇上。肃顺等人不想让奕䜣来，就用留守北京责任重大为理由，驳了下去，却未能成功。肃顺又以叔、嫂之间不便通问的礼法为由，阻止奕䜣与两位太后见面，仍未成功。至于奕䜣与太后们怎么见上面，说法较多。

从热河回京城后，奕䜣被封为议政王，八个顾命大臣全部被捕，两个亲王被赐自杀，肃顺砍头，其余或充军或监禁，肃顺一党基本被扫荡干净了。新皇上的年号，也从“祺祥”改成了“同治”，意思就是两位太后共同治政。从此，延续同治、光绪两朝四十七年的垂帘听政历史开始了。

同治并未中兴

在这场政治变化中，溥仪祖父奕譞的功勋，是为慈禧在半壁店地方，捉拿了护送咸丰灵柩回京的肃顺。

早在咸丰十年（1860），十九岁的醇郡王奕譞，奉旨与懿贵妃叶赫那拉氏的妹妹结婚，府邸就在宣武门内的太平湖东岸（今中央音乐学院所在地）。这是第一座醇王府。奕譞是道光皇帝的庄顺皇贵妃乌雅氏生的，生于道光十二年，殁于光绪十六年。咸丰是他的亲哥哥。除了十岁时因咸丰登基，按例获封为郡王外，奕譞没有得到过更大的赏赐。

同治皇帝像

政变后，奕譞的政治命运发生了很大的转变。

根据溥仪的回忆，有一天在王府里演《铡美案》这折戏，幼小的六叔载洵看到陈世美被包公铡死时，吓得大哭。奕譞就怒喝道："太不像话！想我二十一岁时就亲手拿过肃顺，像你这样，将来还能担当起国家大事吗？"⑭

咸丰死后半年，即在慈禧的名号出现的那阵子，年仅二十一岁的奕譞，不断得到荣耀的头衔，如正黄旗汉军都统、正黄旗领侍卫内大臣、御前大臣、后扈大臣、管理善扑营事务、署理奉宸苑事务、管理正黄旗新旧营房事、管理火枪营事务、管理神机营事务，等等。这一切的获得，都与妻子的姐姐做了皇太后有关。但主要的原因，还是奕譞帮助慈禧扫除了政坛上最大的障碍。

同治即位时，也就六岁。这样一个小儿，根本不懂什么军国大事，一切自然由慈禧为首的“老人”们裁断。太平天国平定后，鸦片战争也刚结束不久，内忧外患，从地方到中央，都需要重新整顿，恢复社会经济，稳定政治形势。

许多地方官确实很卖力，为重建社会秩序，做了不少工作。

在江南的常州府江阴县，那里的政府工作，在当时颇具代表性。以知县为首，掀起了一场思想改造的运动，当然是直接针对太平天国这样的“邪教”组织的。他们被要求认真学习清代帝王们的“圣谕”，在讲乡约的过程中，结合太平天国之乱的实际，对城乡士绅百姓进行全面彻底的宣传教育。为此，江阴县还成立了“乡约局”，作为这项重要工作的领导组织。

“乡约局”成员董江北，在同治三年九月，写了一篇《普济江南难民说》的文稿，向县境内的百姓进行宣教。[15]当时正值盛夏，战乱之后，满目疮痍。政府十分希望人们有钱出钱、有力出力，重振时局。江南不少地方，出现了兴办慈善事业的高潮，当然都是在地方政府的宣传策动之下，或救济贫困，或收养弃婴，或填埋无主尸骸，或发起义冢组织，等等。这些，自然十分有利于社会秩序的稳定。

但在中国的北方，情况依然不佳。

同治三年以后，太平天国在南方失败了，在北方再度兴起捻军运动，由张宗禹、任化邦、太平军旧将赖文光等人为领袖，与清军展开多次战斗。他们面对的，正是清军统帅中最厉害的人物僧格林沁、曾国藩等人。战斗持续到同治七年为止，捻军运动才被真正平定下去。

在中国的西南，贵州有苗民起义，在张秀眉等人领导下，维持到同治十一年春天；云南有回民起义，以杜文秀为主要领导，战斗坚持到同治十二年初；西北的陕甘地区，也有回民起义，最后也在同治十二年被左宗棠的清军剿灭。战后景象依然凄凉，当时人都承认，在陕西西安府等最肥沃的地方，战后土地开垦不到十分之二三，而死于战乱的人民，却有十分之六七。

农村社会经济的凋敝之状，自战乱以来一直十分严重。曾国藩早已指出了这些问题，[16]希望各地官府要“重农”，关心农民疾苦，防止更多的乡农加入对抗政府的队伍。曾的建议，显然是正确的。但农村的实际情况，当然比曾国藩所讲的还要糟糕。

除了人祸，天灾一直不断，更加剧了人们生活的贫困和社会的动荡程度。在环境条件最好、社会最为富足的江南地区，也是如此。江南最怕水灾，惨况不言而喻。但江南也有大旱灾，同样令人恐慌。当时的嘉兴知府宗源瀚，在同治十二年七月给上级官府的汇报中这样写道：“乾隆、嘉庆、道光、咸丰以来，除道光初年及二十九年两次大水外，其余乾隆乙巳（五十年）、己酉（五十四年），嘉庆甲戌（十九年）、己卯（二十四年），咸丰丙辰（六年），无不大旱。同治以来，六年旱。本年又苦旱，当闰六月二十以前，人心忧皇，荒象几成。”他特别强调了同治六年、同治十二年两次他亲历的江南大旱，情况十分严重，有的地方都到龙王庙去求雨了。在同治十二年六月至闰六月，嘉兴府地方有五十天不下雨，他亲自率领民众天天祈祷，偶有小雨降临，但都无济于事。[17]

不过，他对于地方社会的控制工作，似乎要有成效得多。因太平天国战乱，江南出现了大量无主荒山荒地，外来求生者，大批涌入湖州、嘉兴等地，种山垦地，与当地土著居民经常发生冲突。

同治九年（1870）后，宗源瀚主持湖州府政务时，发布了编查棚民保甲的规约，主要包括：一禁客民承垦田产抗粮、抗租；二禁客民赌博、盗窃、奸拐、结盟、拜会；三禁客民私藏军火器械、窝结匪类；四禁客民欺凌土著、强拼山货种种生事。另外还有配套的棚编册、门牌、腰牌制度，希望能起到强制约束的作用。对管理客民较有成绩的地方基层领导，则颁发花红奖匾，以示奖励。[18]同时要求府属七县，不分县域疆界，一起合力查办客民问题，实行跨政区的联合，巡检及委员差役薪水饭食等项经费，先由乌程、归安二县垫给，最后由七县按大小股份摊派。

但并不是每一个地方都能做得这么好。江南许多地方因为没有注意农田水利的治理工作，光绪二年到五年之间，连续四年出现灾荒，死亡人数在一千万以上。北方的情况更差，山西省在光绪三年大旱期间，一年之内就有五百万人死于灾荒。

同治朝只有十三年，年幼的皇帝载淳根本无法亲政。等他稍长大一些，只是喜欢在宫中游戏，经常与太监玩“掼交”。[19]这种小孩的游戏，居然影响了全国人民，当时梨园中演戏的也在学他。

而在民间小说中，对同治多少有些好感。陈莲痕的小说《同治嫖院》，称这个小皇帝很英明，但又写他暗访酒馆妓院，染上毒疮，头发都脱落了。

同治被人论为清代最任性的皇帝，当了十三年皇帝，只活了十九岁。令人饶有兴味的，是他的死因真相不明。主要有下面两种说法。

一说他是死于经常性的微服私行，得了花柳病，最后毒发而亡。民间传闻和小说故事，对此渲染得十分生动。这种病症，确切地说，就是梅毒。除野史记载外，据说还有同治帝御医李德立的后人李镇写的文章，说其曾祖父奉诏入养心殿看病之初，已认定是梅毒之症；为了慎重起见，曾约请另外一位御医张本仁会诊，仍然确定是杨梅大疮。当时已是不治之症，又是帝王得的，不能布告天下。

二说他是死于痘疫，俗称天花，这是一种体面的解释。在光绪皇帝的老师翁同龢的日记中，也有这样的记载，说十一月初二日，"圣躬有天花之喜"，所谓"喜"，不过是得病的曲讳说法；十一月十九日，

第一批赴美留学的幼童。同治十一年(1872)，在容闳的努力下，曾国藩、李鸿章联合上奏了《挑选幼童赴泰西肄业章程》，获得清廷批准，第一批30名。

看药方脉案，同治“痂已落，泄渐止，而头眩发热，腰腿重痛，便秘筋挛，系肾虚停食感寒所致”；二十一日，“余毒在腰，重痛漫肿流汁，脖项手膝亦成豆痈，筋挛，烦躁少寐”；到十二月初二日，药案上写同治“腰间浆少而浓，口红知痛……两颊肿甚，唇鼓色红，虚火满面，目光却好……口糜又虑成走马疳”。

近人从清宫档案中，发现了一份《万岁爷进药底簿》，其中详细记录了自同治十三年十月三十日未刻皇上得病，到同年十二月初五日酉刻死去，前后共三十六天的脉案、病情和用药情况。基本症状是脉息浮细、阴气不足、发热头眩，后来有皮肤红肿溃破、腿痛痉挛，最后全身溃烂、牙胀面肿。现代医学家据此分析，认为同治是因患天花病故的：起初是痘疹，接着转为痘后痈毒，最后发展到毒热内陷。

后来，病重中的同治，又受了西太后惊吓，昏厥后牙关紧闭，滴药不进，于初五日夜晚死去。

同治死后不久，两宫皇太后立即下旨：根据御史余上华的奏请，将相关御医立即开除。

还有两件相关的事情。一是同治死的时候，嘉顺皇后已身怀六甲，还未等她生产，慈禧就立载湉为帝，就是光绪。二是据说他死的那天，曾召见过军机大臣李鸿藻，口授遗诏，要传位给载澍，后来遗诏被慈禧所毁，一切死无对证。

同治是慈禧的亲生儿子，但两人的不和，却是众所周知的。溥仪在小时候就听皇宫中的老太监说过，同治在东太后慈安那里请安时，说过不少话，还能谈谈心；但在亲生母亲慈禧那里，经常连一句话都说不出。[20]

慈禧把同治死的全部责任，推到皇后身上，并下令限制她的饮食，结果两个月后，这位年轻的皇后就被折磨死了。

《清实录》中，记载了同治的遗诏，显然是经过慈禧等人认可的。遗诏是对同治短暂的一生及其时代的委婉评论，既道出了清朝的社会形势，也说明了同治致死之由是天花："朕体气素强，本年十一月适出天花，加意调摄，乃迩日以来，元气日亏，以致弥留不起。岂非天乎？……兹钦奉两宫皇太后懿旨，醇亲王奕譞之子载湉著承继文宗显皇帝为子，入承大统，为嗣皇帝。特谕！"㉑

无论如何，同治并不是一个有作为的帝王，"戡乱"救国，他没有起到什么大作用；何况到他死时还不到古人所说的"弱冠"，心智发育并未健全。至于平定太平天国、捻军、小刀会等起义的清朝文武官吏，依然无法挽救王朝颓败的命运。民国间有人论同治朝"国运中兴，十年之间，盗贼划平"；其实，平定"乱民"没同治什么事，中兴之说，更无从谈起。同治十三年，只是清朝另一个动荡不安的时代。

注释：

①《清史稿》卷四百七十五《洪秀全传》。

② 罗尔纲选注：《太平天国诗文选》，中华书局1961年版。

③（清）周邦福：《蒙难述抄》，民国二十五年铅印本。

④（清）李光霁：《劫余杂识》，民国二十五年铅印本。

⑤（清）冯氏：《花溪日记》卷上，原燕京大学图书馆藏钞本。

⑥（清）柯悟迟：《漏网喁鱼集》，中华书局1959年版。

⑦ (清) 潘钟瑞:《苏台麋鹿记》卷下,同治十三年修、光绪十年刻香禅精舍集本。

⑧ (清) 沈梓:《避寇日记》卷六。

⑨ (清) 鹤樵居士辑:《盛川稗乘》,“沈枝珊”条。

⑩ [美] 史景迁:《“天国之子”和他的世俗王朝:洪秀全与太平天国》,上海远东出版社2001年版。

⑪ 罗尔纲选注:《太平天国诗文选》,中华书局1961年版。

⑫⑬《清史稿》卷四百七十五《洪秀全传》。

⑭⑳ 爱新觉罗·溥仪:《我的前半生》,群众出版社1980年版。

⑮ (清) 郑经编:《江阴现行乡约》,同治六年江阴乡约局刊本。

⑯ (清) 曾国藩:《劝诫浅语·劝诫州县四条》,盛康《皇朝经世文续编》卷十八《吏政一·吏论上》。

⑰ (清) 宗源瀚:《开掘虹桥、斜桥堰通泖济旱禀牍》,载 (清) 佚名编著《浙西横桥堰水利记》,光绪二十五年刊本。

⑱ 以上详参 (清) 宗源瀚:《颐情馆闻过集·守湖稿》卷九《保甲·查办埭溪一带七县境内棚民土著拟议章程》,光绪三年刻本。

⑲ (清) 王无生:《述庵秘录》,“同治帝之轶事”。

㉑《清穆宗实录》卷三百七十四,“同治十三年十二月甲戌”条。

10 傀儡皇帝

垂帘听政

清朝最后的几代帝王，子嗣都很凋零，远不及康、雍、乾三朝。下面有一个简单的对比：

恭亲王奕䜣像

努尔哈赤，十六子、八女；
皇太极，十一子、十四女；
顺治，八子、六女；
康熙，三十五子、二十女；
雍正，十子、四女；
乾隆，十七子、十女；
嘉庆，五子、九女；
道光，九子、十女；
咸丰，二子、一女；
同治，无子女；
光绪，无子女。

大概帝王子嗣的兴衰，与帝国的隆替有着一定的关系。道光以后，帝室生育的不济，恰恰又与国运的衰微有着同样的趋势。最糟糕的，就是同治和光绪。

同治十三年（1874）底，同治帝崩于养心殿，年仅十九岁，没有遗下一子半女。

慈安与慈禧马上召见惇亲王奕誴、恭亲王奕䜣、醇亲王奕譞，孚郡王奕譓、惠郡王奕详，以及贝勒载治、载澂，御前大臣伯彦讷谟祜、奕劻、景寿，军机大臣宝鋆、沈桂芬、李鸿藻，内务府大臣英桂、崇纶、魁龄、荣禄、明善、贵宝、文锡，直弘德殿徐桐、翁同龢、王庆祺，南书房黄钰、潘祖荫、孙诒经、徐郙、张家骧等人，下令由慈禧的妹夫醇亲王奕譞之子载湉承继文宗（同治），为嗣皇帝，是为光绪。[①]同治与光绪是表兄弟，作为皇帝来说，两人年纪都太小了。

慈禧画像

同治十年（1871）六月二十八日，光绪出生于北京西太平街醇王府的槐荫斋。当皇帝时，不过四岁，比顺治、康熙、同治三位登基时还小，完全是一个不懂事的孩童。被带入宫中的时候，他还在酣睡之中，根本不知道发生了什么事。

光绪出生这一年，慈禧不过三十多岁，正当壮年，是中国政治的强权者。儿子同治不过十六岁，只是一个少年。

载湉因出身贵胄，命运自然非同一般。

他出生的那天，父亲奕譞被召入宫中，慈禧和同治对他都表示了极友好的祝贺。

慈禧问道："醇亲王，嗣子已算命了吗？"

奕譞道："回太后，算过了。"他进一步表示，孩子刚出生，很弱，需要精心照料。

慈禧十分关心她的这个外甥，说长命锁要在宫中特制，又送了不少贵重的礼物给奕譞。由于名字还没取，慈禧决然地说："我们将把他叫做载湉，意为'农民的田地'，因为有'土地'的含义，更有利于把这个柔弱的新生儿绑在人世上。"②

同治十三年起，这个小孩已被封为辅国公了，享有很高的生活标准。当上皇帝后，一切由两宫皇太后垂帘听政，根本不需要他做什么事情。从此，皇太后的训敕要称"懿旨"，皇帝的言语则称"谕旨"。

小皇帝即位，一些识相的亲王大臣，纷纷上奏，要两宫垂帘听政。慈禧也惺惺作态："览王大臣等所奏，更觉悲痛莫释！垂帘之举，本属一时权宜。惟念嗣皇帝此时尚在冲龄，且时事多艰，王大臣等不能无所禀承，不得已，姑如所请。一俟嗣皇帝典学有成，即行归政。钦此！"③

慈禧还将载湉认作自己的儿子，作为同治帝的继承者。对她的决定，有谁敢违抗呢？

慈禧还说："为了永远纪念我儿，这一嗣承将用一个表示'光之继续’的名字命名，我儿之光继续普照中原王朝；反对这种同代嗣承的人必须冷静地仔细考虑，这并未破坏传统，因为承嗣者和被继承人事实上将被当作同一个人，好像他是同治皇帝的再生。”她接着宣布：“咸丰皇帝家族中七王爷的儿子将继承中国的皇位，其年号要按我的愿望，以便我儿之‘光’永存。那就是‘光绪’。”④

慈安是老好人，性格卑懦，识字又少，一切基本由慈禧出面表达。在宣布新皇继位的懿旨中，慈禧讲得也不无道理，实在是新皇帝太过幼小，确实需要有人出来把把关。慈禧也许诺，等小皇帝成人，她是要归政的。后来到光绪十六年（1890），皇上已至弱冠之年，慈禧不得不向全国宣布光绪归政。但十六年来，慈禧的用人行政，光绪根本不能置喙。所以，归政之后，也无实权，一切仍要禀请慈禧定夺。这是很大的悲哀。

光绪元年十二月，两宫皇太后宣布懿旨：“皇帝典学，内阁学士翁同龢、侍郎夏同善授读于毓庆宫，御前大臣教习国语满、蒙语言文字及骑射。”为小皇帝安排好了学习的老师，如教弓箭的、教文学的、教剑术的、教绘画的、教书法的，等等。其中，出身名门的翁同龢，对光绪的影响最大，也是光绪最为崇敬的老师。

翁同龢是咸丰六年（1856）丙辰科殿试的状元，后来担任过学政、同治皇帝的老师、军机大臣、总理各国事务衙门的总理、户部尚书等重要职务。光绪二年（1876）正月二十二日，翁同龢与夏同善来到了养心殿东暖阁，开始指导光绪读书识字。三个月后，读书房换在毓庆宫内。一直到光绪二十三年（1897）正月，翁同龢陪同光绪在毓庆宫学习，参议政事。两人感情非同一般。开蒙之初，光绪太小，讲学实在不顺利。有时翁同龢干脆决定提前放学，要光绪到庭院中去玩一会。有一次书读到一半，光绪就不想读下去了。一问才知道，光绪还没进早膳，翁便马上叫人送来点心，光绪很高兴。他们两人之间的这种互敬互爱，也令人感动。

既然是垂帘听政，朝廷上的亲王大臣无不看慈禧的脸色行事。慈禧对朝局的控制，外有军机大臣孙毓汶的帮衬，内有太监李莲英的行走，使得光绪这个皇帝如同虚设。

民国年间有部《奴才小史》，讲到李莲英的一些佚事，可补正史之缺。据称，李莲英是直隶河间府人，这里号称"太监之乡"，明清两代盛产太监。李莲英是一个无赖，从小没有父母的怙恃，为人落拓放荡，曾经因为私贩硝磺，蹲过监狱。后来改事补皮鞋，因此人称"皮硝李"。他有个很要好的同乡沈兰玉，在宫廷中当太监。李莲

养心殿东暖阁

英恳求他帮忙引荐进宫做太监。当时正逢慈禧因为梳头房太监不能赶上潮流帮她梳上北京市面流行的发式，时常发脾气，撤换了好几个太监。沈兰玉就将这件事情告诉了他。说者无心，听者有意。李莲英决心学好这门手艺，就到各处妓院中，刻意揣摩梳头的手法。数日之后，他就学会了。沈兰玉就这样把他介绍入宫，成了慈禧专用的梳头太监，慈禧很是喜欢。后来他从梳头房晋升为总管，权倾一时，而且营私纳贿，无恶不作，朝中很多官员都来与他结交。他四十岁生日时，慈禧赏赐他珍品、蟒缎、福寿等字幅，荣耀与朝廷大员相埒；朝廷内至军机大臣，外到督抚大吏，都向他贡上庆祝之礼。据说积下的私赃，以千万计。光绪就是想责罚，也碍于慈禧的庇护，动他不得。

在光绪朝的初期，天下依然不太平。

光绪三年（1877）初，朝廷要求各省加紧开垦荒田，禁止地方械斗，谨慎进行举劾，整顿驻军营规。另外还下令赈济直隶、山东、山西、河南、安徽、江西、福建等地逃荒回来的饥民。两宫皇太后一起下旨说："梓宫在殡，皇帝冲龄，除朝贺大典外，其颁庆赏宴外宾典礼暂缓举行。"先皇同治的殡葬工作正在进行中，新皇上幼小，一般的庆赏活动都要暂缓举行。

到五月份，北方出现了特大旱情，以山西的旱灾为最重。朝廷留了京饷二十万赈济山西；七月份，又拨海防经费援助山西赈济饥荒。

《清实录》中特别强调了当时大旱给北方社会带来的影响，以及相伴产生的蝗灾。有御史就提出，要对捕蝗不力的地方官进行严惩。两宫皇太后深表认可："今年天气亢旱，直隶等省间有飞蝗为害，该地方官倘能于蝻孽初萌之时立即扑捕，何至蔓延为患。著各该督抚府尹严饬各属实力掩捕，如有扑拿不力之员，即行照例参处，毋稍疏纵！”⑤

九月份，命前任侍郎阎敬铭往山西查勘赈灾情况；不久下令禁止山西人种罂粟，改植桑、棉等基本农业经济作物；拨山东冬天漕粮八万石，续赈山西、河南的灾荒。年底，下令免除明年山西、河南受灾州县的税粮。尽管如此，灾荒期间，山西等地还是有很多人相食的惨象。

光绪七年（1881），慈禧忽然得了大病，请了不少名医来看，都无效果。薛福成的哥哥福辰是医生，诊断后开了一些调养的药，慈禧很快就康复了。慈安置酒庆祝她康复，就讲起咸丰朝逃难热河，肃顺如何擅权，宫中的颠沛艰难，同治十三年与她共同临朝视事，度过危难，两人十分感怀。慈安还毫无防备地说出，先帝咸丰曾有一道遗诏给她。据说这份遗诏是专门用来控制慈禧的，其大意是：按照祖制，叶赫氏是不能入宫的，现已入宫生了皇子，也不能尊为太后，如果以后不能安分守己，可以出示这道诏书除掉她。

慈禧为此耿耿于怀，表面上对慈安十分殷勤照顾，使慈安相信慈禧对她根本没有危害。终于，有一天慈安居然当着慈禧的面，烧掉了咸丰留下的这份遗诏。

过了不久，东太后慈安就暴死在宫中，年仅四十五岁。有人说是吃了慈禧送去的点心，也有人说是喝了慈禧给慈安做的什么汤。

此事给溥仪的祖父醇亲王奕譞以极大的刺激，他更为谨慎小心，取信讨好慈禧似乎成了他为官的唯一目的。

当时奕譞负责海军建设，由李鸿章担任会办大臣，为了让西太后有个好玩的地方，就将很大一部分海军经费挪用到颐和园的建造上。期间，河北、京师一带发生了特大水灾，御史吴兆泰上奏要求停止颐和园的建设，以免灾民闹事。奕譞却一直一言不发，将工程按期完成。光绪十五年，颐和园落成了，奕譞也死了。[6]不过，由他手创的海军，在当时世界上已具有相当可观的规模，配备有装甲十四寸、十二寸巨炮的七千吨主力舰二艘，各式巡洋舰、鱼雷艇还有数十艘。演习之际，阵势浩大，气势不凡。这支舰队，据估计，在当时世界上的实力排名，应在第六与第八位之间，日本海军的实力则在第十一到第十六位之间。大清海军舰队，还被清廷派往邻国朝鲜、日本、新加坡一带巡行，大有炫耀示威之意。令人惊讶的是，四年后，就是这样一支不容小觑的海军，竟然惨败于中日甲午海战。

中日战争

在光绪十五年（1889）正月，慈禧宣布本月举行皇帝的大婚典礼；二月举行光绪的归政典礼，举国欢庆。

第二年，慈禧率领大批人马，前往东陵祭扫，号称“打围”，意思无非是不忘祖训以骑射得天下，不忘用武。一路之上，兴师动众。宫驾所到之处，各地方官员百姓老早做好了各种准备工作，排场很大。当时的亲历者都叹为观止。

这一年，光绪名义上是亲政了，实际仍然要看慈禧的脸色，那些下臣奴仆更是如此。

有一次，内务府大臣立山新任户部侍郎，知道光绪皇帝怕冷，就为他在殿门上装了玻璃窗。慈禧为此大怒，骂他：“文宗晚年患咳嗽，亦极畏冷，遇着引见时，以貂皮煨在膝上，何等耐苦！皇上年少，何至怕冷如此？况祖宗体制极严，若于殿廷上装起玻璃窗，成何样子！汝谄事皇上，胆大妄为。汝今为廷臣，非奴才可比，我不能打汝。然违背祖制，汝自问该得何罪？”立山吓得磕头如捣蒜，连声请求恕罪。玻璃窗很快被拆掉，这件事也就作罢了。⑦

光绪二十年（1894），光绪稍稍能够掌握些实政，欲思变革。但他环顾朝廷众臣，没有多少人听命于他，使他颇觉黯然。就想提拔一些亲信，作为股肱之臣，帮助他实现新政的理想。

他先看中文廷式。文是瑾妃、珍妃的老师，她们认为文不错，光绪将他从翰林院编修擢升为侍读学士；同时将她们的兄长志锐提拔为侍郎。对此，慈禧很不高兴。当时正值她六十大寿，必须预习礼仪。光绪与大臣们都不得不按时到习仪所去练习，只有李莲英到得最晚。练习完礼仪，光绪就说李莲英藐视礼仪，下令廷杖四十下。李莲英受此惊吓，十分不满，向慈禧诉苦。慈禧认为打狗还要看主人，光绪居然如此大胆，更加怒不可遏。李莲英乘机进谄言，讲光绪对她有怨望之意，慈禧就有废他的意思了。⑧

光绪二十年（1894）六月，日本不宣而战，击沉清朝的“高升”号，船上官兵共九千人壮烈牺牲。这一年是农历甲午年，故称“甲午战争”。

当年七月，日本入侵朝鲜。清廷下诏宣战，派遣道员袁世凯前往平壤御敌；李鸿章负责扩充海军，训练将士；不久，又派吴大澂统领湘军，赴朝鲜督战。八月份，慈禧认为李鸿章筹办海军太久，并无功劳可言，缴回了以前赏他的三眼孔雀翎和黄马褂。但是，与日本的战事，越来越糟，清朝的奉天援军统领、高州镇总兵左宝贵，与日军在平壤一战大败，左也战死了。平壤军事统领叶志超临阵退缩，被撤了

1894年7月25日丰岛海战中日军舰浪速（右）击沉“高升”号（左）的情景

职。随后丁汝昌率军与日军海上大战，致远舰管带邓世昌壮烈殉国，此战清军以失败告终。日军乘胜渡过鸭绿江，占领了九连城。清廷急忙调兵增援前线。十月份，日军步步进逼，攻下了金州，副都统连顺早已弃城逃走。

邓世昌像

而在北京，慈禧正在宫中的文华殿，接受各国驻华使节的朝贺，祝她万寿无疆。几天后，日军又攻下了岫岩州，当地守将丰升阿、聂桂林都弃城而逃。日军还袭击了清军重要的旅顺船坞，形势顿时紧张起来。清廷下令严守山东沿海的威海，由吴大澂负责山海关的防务，等候其

日军攻占旅顺后进行血腥大屠杀

他各支清军的会合，准备救援朝鲜。光绪下诏指示："临事而惧，古有明训。切勿掉以轻心，致他日言行不相顾。"希望他们能守住领土，绝不可以临战退缩。因旅顺失守，李鸿章负有重要责任，将他免职留用；海军提督丁汝昌则留职察看。

可惜形势依然并未好转，十一月，日军节节胜利，金州、复州完全被他们占领了。清军与日军多次交锋，均被打败，实在令人沮丧。

这年冬天，慈禧仍然不忘给李莲英报仇，发泄对光绪的不满。她好像已经忘记了日军对朝鲜的侵略、清军多次的惨败。她先是将瑾妃、珍妃废黜，还要剥去衣服廷杖；再将她们的兄长志锐发配到乌里雅苏台。文廷式因早已称病离京，所以没有遭到严惩。在慈禧的安排下，宫中开始讨论废光绪、立新帝的问题，但因个别亲王的强烈反对，此举没有成功。从此以后，光绪只要与大臣们会面，商议什么事情，慈禧都要派人在屏风后监听，加大对光绪的控制力度。

光绪二十一年（1895）正月，日军入侵威海。清朝海军与其开战，又是一败涂地，威海很快陷落，北洋水师全军覆没。

无奈之下，清廷只好议和，派李鸿章为头等全权大臣，前往日本谈判。日方全权代表是伊藤博文、陆奥宗光。双方在马关会议，订成和约，承认朝鲜为独立自主国，也就是不再藩属于清朝；清方割让辽东半岛、台湾、澎湖各岛给日方，并赔偿军费白银二亿两，增加通商口岸，日本商民享有从事工艺制造等特权，日军也可暂时驻扎在威海。

北洋海军提督丁汝昌像

大清海军与日本海军的开战，没有几周时间，几乎全军覆没，主力舰也被日军掳走，被当作日人海岛上的普通商用盘货船。加上《马关条约》的签订，对中国人而言，都是极大的耻辱。

为了推出战败责任者，清廷高官们纷纷抛出战争期间有退缩、战败情节的中下层官员，如叶志超、龚照屿等人，被认定是“败军辱国”，其罪当死。有人建议，《马关条约》中的巨额赔款，清廷一下子也拿不出，可以抄没这些罪人的家产，或者让他们捐出巨款来赎罪，然后才可免其一死。这个措施也未实施。

1898年6月在《京报》上刊登的《明定国是诏书》

这年九月，工部侍郎汪鸣銮等人有一次与光绪会谈，正好谈到了宫中的事情，对两宫皇太后各有褒贬。屏风后的太监听到了，立马向慈禧汇报。慈禧大怒，逼着光绪下了一道谕旨，以正视听。大意是说：“朕受皇太后鞠育之恩，皇太后之圣德，天下所闻。朕事奉皇太后，亦不敢有失。乃汪鸣銮、长麟于召见时，屡进谗言，离间两宫。著即行革职，永不叙用。”就这样，汪鸣銮、长麟这两个部级大臣一下子被降为平民。

第二年年初，慈禧又向文廷式开刀。这次，文廷式就没能逃过这一劫。基本情况如谕旨所说：“文廷式在松筠庵，广集徒众，妄议朝政，及贿通内监，结党营私等事，虽查无实据，而事出有因。文廷式著即革职，永不叙用。并即行驱逐回籍，不许逗留。”这样没有实据的事情，硬生生盖到了文廷式的头上，使他无端遭受大难。

这两件事情发生后，人人都能从谕旨中揣摩出慈禧与光绪之间貌合神离的内情。

接下来的两年间，清朝不断受到外国的欺辱，最后是重要的军港胶州、旅顺、威海，分别被德、俄、英三国侵占。

议行新政

光绪二十四年 (1898)，光绪准备起用康有为，议行新政。

康有为 (1858—1927) 是广东南海人，博学多才，特别精通经学，是当时维新运动的领袖人物。他提倡要用孔子纪年，尊孔保教。给事中余联沅认为，康有为的行为是“惑世诬民，非圣无法”，根本不把朝廷放在眼里，要求将他写的书统统焚毁。光绪二十一年，康有为正在北京参加科考，适逢丧权辱国的《马关条约》签订，令国人十分愤慨，就与一千三百多名各省举人一起联名上万言书，要求“拒和、迁都、变法”。这份联名书，光绪根本看不到。不久，康有为就独自署名上书，由都察院代传。光绪阅后，对他的建议十分赞赏，下令有关部门讨论新政的问题。⑨

光绪帝像

康有为在京城中还成立了“保国会”，提倡变法强国。尚书李端棻，大学士徐致靖、张百熙，给事中高燮曾等人，先后都向光绪推荐康有为。四月份，光绪初次召见了康有为。康有为利用这次机会，充分陈述他变法强国的见解，让亲政不久的光绪深受震动。康有为说：

"四夷交侵，覆亡无日，非维新变旧，不能自强。变法须统筹全局而行之，遍及用人行政。"光绪担心道："奈掣肘何？"这个掣肘意指慈禧太后。康有为就说："就皇上现有之权，行可变之事，扼要以图，亦足救国。唯大臣守旧，当广召小臣，破格擢用；并请下哀痛之诏，收拾人心。"康有为的意思，是要从用人施政上下功夫，变不利形势为有利条件，利用光绪现有的能力，挽回人心，收拾时局。光绪觉得他的陈词实在是说得好，就让他在总理衙门章京上行走，享有专奏的特权。

不久，维新派人员侍读杨锐、中书林旭、主事刘光第、知府谭嗣同都被召纳到新政的工程中来了，这些人就是康有为所说的"小臣"。根据康有为等人的新政谋划，光绪下令全国：改革科举制度，废除八股文，改试策论，设立京师大学堂和译书局，振兴农学，奖励新书新器，改各省书院为学校，允许士民百姓上书言事，等等。同时，在朝廷裁撤詹事府、通政司，大理、光禄、太仆、鸿胪诸寺，及各省与总督同城之巡抚，河道总督，粮道、盐道，在懋勤殿形成会议制度，改元易服，南巡迁都。变法就这样开始了。这一年是农历戊戌年，史称"戊戌变法"。

康有为像

维新变法使中外震动。但是新政的推行者在朝政中大多是弱者，数量更多的实权官僚并不欣赏政治改革，况且慈禧一直掌握着朝政大权，改革很快夭折。变法推行的时间大

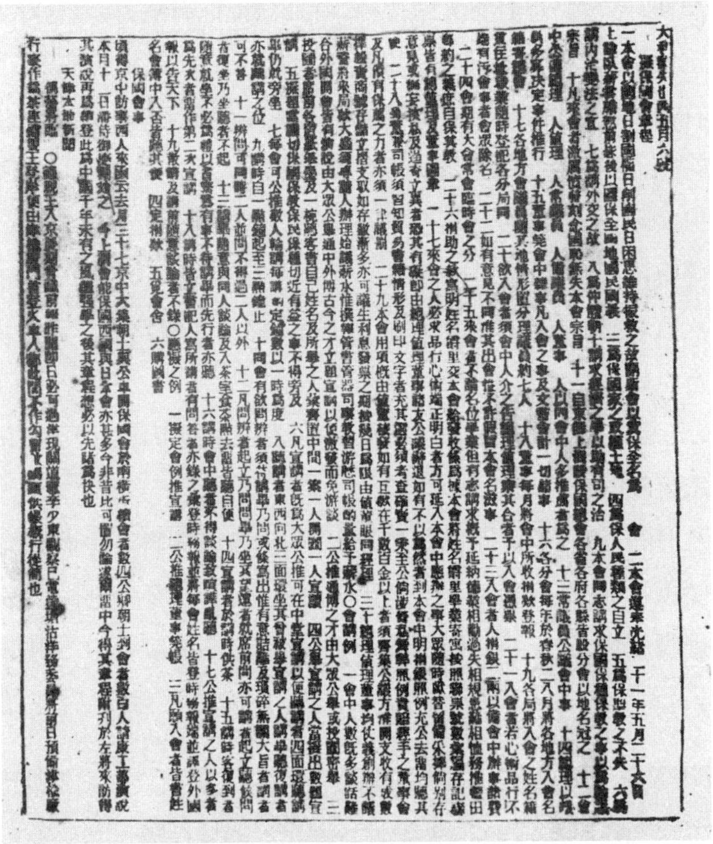
保國會章程

保国会章程

概只有一百天。

慈禧太后重新垂帘，罢撤新政，将光绪幽禁在瀛台；同时下令逮捕新政党羽，很多人因此被捕杀。康有为连夜离京，乘船南逃，路上听说光绪有生命之忧，他就写好遗书，准备跳海殉国。将要蹈海自杀前，忽然听说光绪并无大事，他觉得还不必殉国，就逃往日本，又流转南洋，后来到欧美各国游历去了。

起初，慈禧仍想着将光绪废掉，对外只说他有病，在瀛台疗养。

京城里开始谣言四起，都说光绪病重。开初有人说是得了淋症，接着有人传言是得腹泻症，又说光绪有遗精症，后有人又说是患咳嗽症，等等。这些消息的来源，都是从内务府太医院传出来的，确凿有据。但实际上，这些传言是慈禧与荣禄等人有意制造的，为他们的阴谋编好舆论。

八月初六日，北京有电旨打往上海，说是光绪驾崩。有人说，这种谣言也就是慈禧放出来的，其他人谁敢呢？不久，又有新的诏书到来，说光绪未死，不过是病势加剧、不能临朝视事而已。一切依然是由垂帘听政的慈禧决断。

八月初七日，有一个英国传教士，向内务府御膳茶房人员询问光绪的健康状况，这人说皇上已得了失心疯病，多次要外逃。大概是光绪要逃脱虎口，被慈禧党羽觉察，将他幽禁在南海瀛台中。那里四面环水，只有一面设有板桥可以出入，十分闭塞。据称，当时想随光绪

京师大学堂职员

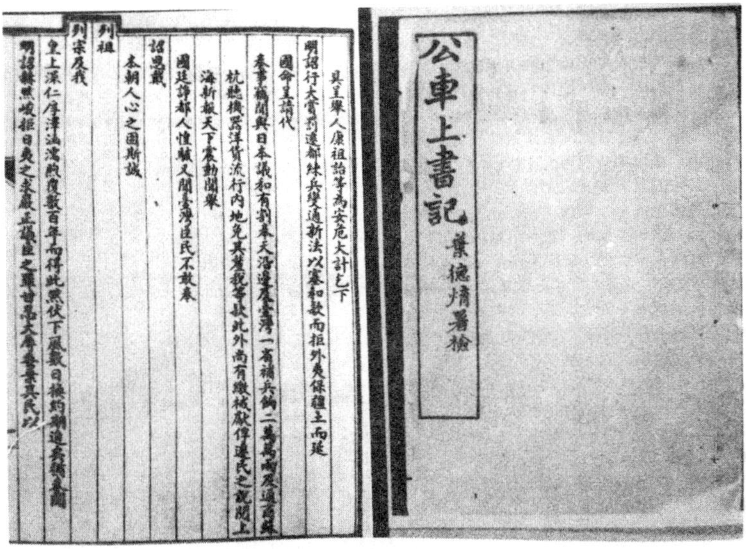

1895年5月出版的《公车上书记》

外逃的六名太监，被抓后，在十三日与康广仁等“戊戌六君子”一起被处斩。对光绪的看管自然更加严格起来，所有监护的太监都是慈禧的亲信。

清廷大肆缉捕、惩治新党人员，当时被拿办下狱、革职、圈禁、停差、逮捕家属者，还有很多人。下面聊举数例。

徐致靖，直隶省人，翰林院侍读学士；七月光绪帝特擢署礼部右侍郎；西太后训政后，革职下狱永禁。

陈宝箴，江西省人，湖南巡抚，力行新政；光绪帝屡诏嘉奖。西太后训政后，革职永不叙用。

张荫桓，广东省人，户部左侍郎，总理各国事务大臣；戊戌六月，特授铁路矿务大臣。西太后训政后，革职，抄查家产，遣戍新疆。

黄遵宪，广东省人，在上海创设《时务报》，曾任湖南按察使；光绪帝新擢三品卿，出使日本大臣。西太后训政后，免官逮捕。

端方，满洲人，原任霸昌道；戊戌六月，光绪帝新授三品卿衔，督办农工商局新政；西太后训政后，销衔撤差。

张元济，浙江省人，刑部主事，总理衙门章京，兼办铁路矿务事；上书要求改革官制；西太后训政后，革职永不叙用。

熊希龄，湖南省人，翰林院庶吉士；曾帮助陈宝箴、黄遵宪推行新政；西太后训政后，革职永不叙用，圈禁于家。

以光绪为首的“帝党”，在“后党”的高压下，可谓“一网打尽”。此后主持朝政大事的，是荣禄，担任军机大臣，兼统辖北洋各军。[10]

光绪二十四年（1898）九月八、九日间，废黜光绪的谣言越来越多，不由得人们不信。当时日本的《时事新报》也有相关报道，大意是说：“太后欲九月八、九日废立光绪，预约庆、端二亲王，率神机营之兵入宫，发西后之诏而举事。……今托词光绪有疾，召集名医，而观九月三日之病谕，则可为深虑焉。盖彼辈之意，以为废病危之帝，而招天下物议，不如俟其自死，今惟设法速其死而已。故光绪今有大病，而求米粥则不得，求鸡丝则不得，凡所求食，皆诡词拒之，故伤其意。而太后竟若罔闻，惟数日一招优伶入宫，临观取乐而已。”[11]

梁启超像

一般认为，日本人的这段报道，应该是比较可信的。慈禧为首的“后党”，处心积虑，希望光绪早死，好另立新君，维持现有的权力和地位。但若真要废黜光绪，不仅要满人权贵们意见趋同，更要汉人为主的南方各封疆大吏们的认可。慈禧就向两江总督刘坤一、湖广总督张之洞等人发了密旨，让他们同意废帝之举。

刘坤一曾想抵制废光绪之议，与张之洞协同一致，让光绪复辟，以安定社稷。不料，张之洞有点滑头，说是西太后与光绪间的不相洽，只是一家私事，不应是臣下们所当争论的。刘坤一明白了张之洞的意思，只好一人上奏，表示反对。正好康有为与其学生梁启超等人，联合了南洋群岛等地华商，共立“保皇会”，致电政府，拥护光绪，反对废帝。一时海内舆论大起，对慈禧等人多有指摘。

到光绪二十五年，东南志士蔡元培、黄炎培、经元善、王维泰等千余人，联合致电清廷，要求慈禧停止立嗣之议。但在次年正月，立嗣的诏书就出来了，以光绪的名义为同治皇帝立端王载漪的儿子溥俊为嗣。皇帝的诏书这样写道：“入继之初，曾奉皇太后懿旨，俟朕生有皇子，即承继穆宗毅皇帝为嗣。统系所关，至为重大。忧思及此，无地自容，诸病何能望愈！用再叩恳圣慈，就近于宗室中慎简贤良，为穆宗毅皇帝立嗣，以为将来大统之畀。”

这虽是光绪的朱笔上谕，但可以想象，诏书中所宣告的，应非光绪本意。

诏书发布后，天下震动，东南地区士民的反应特别激烈，上千人联名上书表示异议。

这时义和团运动就起来了，他们的口号就是灭洋人、杀新党。这个运动得到了慈禧的默许。

庚子西狩

义和团，也称义和拳，原为民间的秘密组织。据称是源于嘉庆年间被禁的白莲教徒，在华北乡村私相传习，以山东地区搞得最盛。

光绪二十六年（1900），农历庚子年。

当时内忧外患，德国人强占了胶州湾，再加上各地民众与洋教之间冲突不断，令民情激愤。义和拳就以“扶清灭洋”为号召，发起运动，大肆鼓吹“灭洋”之说，受到人们的欢迎。毓贤时任山东巡抚，对义和拳的活动基本上是赞许的。后到袁世凯任山东巡抚时，对义和拳采取了镇压措施，派兵征剿，将山东境内的义和拳基本肃清。

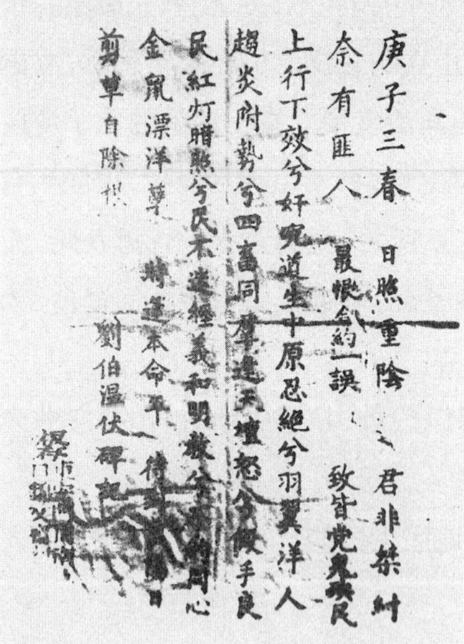
庚子三春　日照重陰　君非桀紂
奈有匪人　最恨合約一誤　致皆党鬼殃民
上行下效兮奸宄道生　十原忍絕兮羽翼洋人
趨炎附勢兮四畜同羣　逆天壇怨兮[illegible]手良
民紅灯照熙兮民不遂　經義和明救兮[illegible]同心
金鼠漂洋孽　時逢本命年　待[illegible]
剪草自除根　劉伯溫伏碑記

义和团反对不平等条约、斥责清政府对外屈从的传单

就这样，从山东兴起的义和拳被迫外逃，蔓延到直隶地区，号称“义和团”。他们围攻涞水县，县令祝芾请兵助剿。直隶总督裕禄派遣杨福同征剿，结果不但未成功，杨本人也被打死了。义和团乘胜进攻涿州，知州龚荫培向朝廷告急。顺天知府何乃莹故意不上报，将龚荫培免了官。此时正因戊戌政变，康有为外逃后，受到英国人的庇护，慈禧对此十分生气。

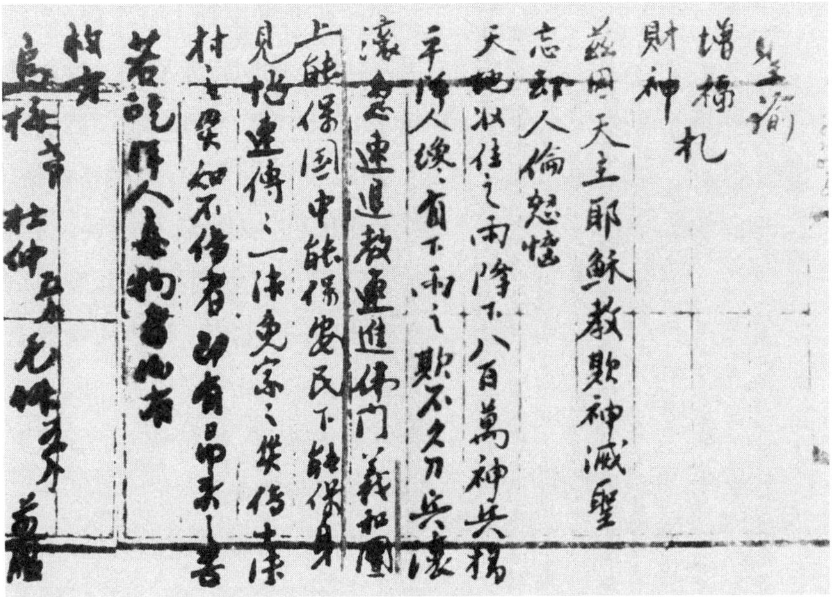

义和团反对列强利用宗教侵略中国的传单

端王载漪曾派人让各国公使入贺他儿子被选为嗣皇帝的大喜事，结果没人理睬他。这使他十分不愉快。义和团恰在此时打起了“灭洋”的旗帜，载漪大喜，马上向慈禧进言，说这些义民起来对抗洋人，是国家的福气。慈禧正对洋人不满意，觉得载漪的建议很不错，就下令刑部尚书赵舒翘、大学士刚毅等，将数万义和团迎入京城。

义和团的声势更加高涨。京城中到处是义和团的坛场，坛场上供的是洪钧老祖、梨山圣母，因为神都是晚上才来，所以每到傍晚，义和团千百成群地在街巷中呼啸。这还不够，他们还让普通百姓烧香，敢违抗的将受惩罚。这样，整座京城就为香烟黑雾所覆盖，加上晚上全城都能听到的鬼哭狼嚎声，一个神圣的帝王之都仿佛成了鬼城。

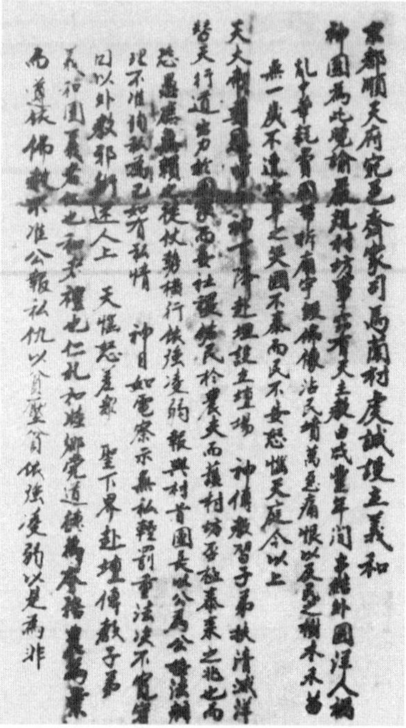

义和团在北京郊区马兰村设坛告示

义和团徒众据说都十分了得，当神灵降体时，他们就像巫觋一样跳动起来，还说可以枪炮不伤，能够飞入空中，指画则火起，刀槊不能伤。许多士民百姓对此深信不疑，纷纷加入进来。连朝廷大员也很相信义和团的神异能力，代表人物就有大学士徐桐、尚书崇绮等。因为光绪曾效法西洋，推行变法，所以更被义和团所仇视。[12]

载漪还带着拳民们去见慈禧，让他们亲自表演一番。表演结束后，拳民们就脱去上衣，用画了符的纸裹在身上，再用火点着。他们向慈禧说：请看，太后，我们有火神保护，火是不能烧伤我们的。接着，他们拿起巨大砖块，朝自己的背部砸去，居然没有受伤。这让慈禧感到有些神奇了。然后他们在地上用力叩头，额头几乎都撞破了。“请看，太后，”他们说，“我们丝毫没有感觉。”慈禧真的感兴趣了，问道：“你们这些看不见的法力来自何处？”他们就说：“来自天神。天神授意我们协助太后把洋人赶出中国。”这让慈禧十分满意。[13]

对于义和团在京城的暴力行动，各国在京的驻华公使都感到十分害怕，纷纷调兵。到五月初三，洋兵进入京城。不久，义和团焚烧了宣武门内的教堂和东城马市教堂。只要是教民的房屋，义和团一经知晓，教民统统杀掉，房子放火焚毁。到二十日，义和团来到正阳门外大栅栏的老德记药房，开始抢掠。有人拿到一个药水瓶，以为是洋酒，就开怀大饮，喝到嘴里才觉不对，就倒煤油焚烧，火光熊熊，药房顷刻被毁。义和团还安慰附近居民："毋惊慌迁徙，只焚此二毛子一家也，他无所累。"结果大火烧到了邻居房子，大家要求义和团施法术救火。回答说："有人泼秽水，破吾法，可恨可恨，吾无能为力矣。"呼啸而去。火势蔓延之处，从大栅栏起，珠宝市、粮食店、煤市街、煤市桥、观音寺、杨梅竹斜街、廊房头条胡同、二条胡同、西河沿，一直到前门外层城楼东西荷包巷、前门桥，西面到大街西一带，四千多户人家，同归灰烬。第二天，义和团开始烧西单牌楼的讲书堂，大火殃及千余家。东城一洋货铺，也被放火，受害的有四千余户。据记载，大火一直烧了三天，使京城这个古都损失惨重。

清廷对义和团的处置，形成了两派意见。一是说这些拳匪不能放纵，否则会引起外交事端。二是说义和团是义民，不应干涉，否则会失去人心。被幽闭了很长时间的光绪，态度忽然坚决，认为这是一群乱民，不能放纵，他说："人心何足恃，徒滋乱耳。士夫喜谈兵，朝鲜一役，朝议争主战，卒至大挫。今诸国之强，十倍日本，若遍启衅，必无幸全。"载漪就说，不用担心会引来外来战争，清军中擅长打仗的有董福祥，洋人不足惧。光绪表示反对，说董福祥以前对付少数民族叛乱还可以，对拥有精兵利器的各国洋人根本不行，此人万不可用。慈禧没想到光绪会出来说话，就厉声道："汝云董福祥不可用，请其可者。"有人就出来保举袁世凯，也说拳匪乱民必不可用。他的话遭到载漪的痛斥。光绪就再也没说话。退朝后，载漪与刚毅一起上疏，坚持义和团是义民，而且法术神奇，报仇雪耻、强我中国，在此一举。

慈禧决断不下，又召见各部官员，开御前会议。大臣们都相顾逡巡，谁也不敢先发言。吏部侍郎许景澄打破了沉默，说中国与外国缔结和约后数十年，民众与洋人的冲突经常发生，最后不过赔偿了事；但是攻杀外国使臣，必定会招来各国军队的入侵，“合而谋我，何以御之?”接着，太常寺卿袁昶，大声说拳匪断不可恃，外衅必不可开，杀使臣的话，有悖国际公法。他的声音太大，几乎震动了宫殿上的瓦片。慈禧对他怒目视之。

后来的御前会议，对义和团的处置仍然争持不下。放纵义和团对抗洋人，必将引起中外战争。慈禧最后决心主战，支持义和团，下诏称他们为“义民”，发给官银十万两。⑭

义和团对外国使馆的攻击，越来越猛烈。光绪曾竭力劝说慈禧与外国使节达成协议，慈禧仍是一概不听。因为她已真的相信，义和团是刀枪不入、无往不胜的，洋人还有什么可怕的呢？她根本不知道，到英、法、美、俄、意、日、奥、德八国联军从天津大沽炮台一路横扫进来后，那些有着神灵护体的义和团，在洋枪洋炮面前，毫无疑问是

八国联军在天津大沽口登陆

不堪一击的。

而在东南地区，各省推举两广总督李鸿章为首，决定互保。李鸿章与两江总督刘坤一、湖北总督张之洞、四川总督奎俊、江苏巡抚鹿传霖、安徽巡抚王之春等地方大员，一起合奏，说是“乱民不可用，邪术不可信，兵衅不可开”。两江、两湖、两广、闽浙、山东等省督抚，就在六月间，与西方各国订立互保条约，不参与战事，仿佛北方中国与他们毫无关系。

七月二十日，八国联军攻进了北京城，清兵到处溃散，路上死尸随处可见。联军统帅瓦德西就住在宫中西苑的仪鸾殿，这里本是慈禧的寝宫。当时有人在北城，看见每户人家都插着小白旗，上面写有“顺民”二字，就像当年李自成进入北京城的样子。北城是八国联军中属于日本国的分区，日军传谕各居民，撤去“顺民”二字，要在小白旗中心涂上一个红日，仿佛日本国旗。[15]

一切已无可挽回，只有逃亡。西安成了逃亡的目的地。皇宫里空空荡荡，太监们早跑光了。第二天清晨，天还未亮，慈禧带着她为数不多的随从，与载漪、载勋、载澜、刚毅等人，仓皇出逃；宫人还有不少自杀了。在出逃前，慈禧还特命心腹李莲英，将光绪的宠妃、她痛恨的珍妃，推到宫中的一口深井里。这一切发生得那么突然，就连目睹这一切的光绪也根本来不及去扑救珍妃。光绪被拉上了西逃的队伍。傍晚到了贯市，光绪与慈禧等人，已有一天没吃饭了。路上还好有百姓向他们献些麦豆，他们就用手掬着食了。晚上天寒，一时连卧具都找不到。有农村妇女送来被子，刚洗过，还没干透，就抱着睡了。

根据春秋笔法，帝王的逃亡应隐讳地称“狩”，好像很体面，是到外地去打猎，其实不过是逃命而已。传统史料上都称这次西逃叫

八国联军在北京屠杀义和团民

“庚子西狩”，因为这一年是农历庚子年。

这西狩路上，慈禧、光绪等人，真正地与民众贴近了。尽管事出狼狈，但是作为大清皇室贵胄，多少要显现一些尊严。路上，有不少百姓都一眼认出了慈禧，光绪的打扮却和太监没什么不同。

有个抱着婴儿的妇女上来献鸡蛋和糕点，她和太监说道：这些东西给皇上是少了，但是我只有这些；你说皇上和太后会接受吗？

光绪对身边的太监说：“付给她钱。”这妇女马上表示：“我不是为钱，是孝敬皇上的，我不要钱。”光绪对她微笑，吻了一下她怀中的孩子，继续赶路。

后面的太监过来，看着远去的光绪，问妇女：“你知道你刚才在和谁说话吧？”妇女道：“我想他是朝廷的一个随从吧。”太监道：“他是皇上！”妇女吃惊得差点将怀中的婴儿掉下来，喘着气说：“我，一个卑贱的百姓，竟和皇上说上了话！”[16]

第二年来到宫中，给慈禧做第一女侍官的裕德龄（1886—1944），是清朝著名外交使臣裕庚的女儿，曾在日本住过四年，法国住过四年，通晓几种外文。她一直很受慈禧喜爱。有一次，慈禧向她又讲述了这场中国大动乱的感受。[17]

慈禧对洋人或洋教士的态度，依然有不少好感：“他们帮助中国人解除困难，这一点是好的，就像我们如来佛，他还挖了自己的肉去喂饥饿的鸟呢。不过他们要是不劝中国人信他们的教，让我们信自己的教，这样我就赞成了。”接着她向德龄说：“你知道义和团是怎么起来的吗？这就要怪中国的洋教徒了，他们待义和团里这批人非常苛刻，自然义和团就要报仇了。不过没有知识的人就有这种缺点，他们总是做得太过火，并且趁此机会发发财，于是在京城到处放火抢劫，不管是谁的屋子，只要他们能抢到钱，就要放火烧，中国的洋教徒是最坏的人。”她说到这里，还向周围看了看，轻轻地说：“康有为想叫皇帝入教，我活着一天，他们就休想。我也承认在有些地方，像海陆军和机器，是外国的比我们强，要说到文明程度，我们中国就是第一等。我知道有许多人说朝廷和义和团是串通的，其实并不是这样。我们一知道乱事发生马上派兵镇压，可是已经来不及了。我那时候决心不离开宫，我已经是一个老妇人了，死活早不放在心上，但是瑞王和澜公劝我马上走。他们还要叫我假扮了别人出去，我大怒，坚决拒绝他们。后来我回到宫里，有人告诉我外面传说我出走的时候，穿了宫中一个老仆的衣服，坐了一辆破骡车，而那老仆却穿了我的衣服，坐在我的轿子里。我不知道这些故事是谁编出来的。自然人家一听就会相信，并且很快就会传到外国去的。”

慈禧回忆到这段历史时，凄凉之中带些悲愤："再说到义和团运动的时候，我是多么苦啊，宫里的人没有一个愿意跟我走。有些在我还没有决定走的时候，就逃得无影无踪了，有的虽然不走，却不做事情，站在旁边冷眼看着。我下了决心问问有多少人愿意跟我走，我说：你们愿意同去的就跟我去，不愿意同去的就离开我好了。出乎我意料之外，来听我说话的人极少，只有十七个太监、两个老妈子和一个宫女，那就是小珠。只有这些人说，不管怎样他们总跟着我。我一共有三千个太监，可是他们都跑了，我要查点都来不及。有些还要当面对我无礼，把我贵重的花瓶跌在石板上打碎了。他们知道我没有时间去责罚他们，因为情况非常紧急，我们马上就要动身了。我大骂，祷告祖宗在天之灵保佑我。每个人都和我一同跪下祷告，和我同走的唯一的亲属就是皇后。有一个近亲平时我待她极好，她要求什么，我总答应她，这次居然也不愿意和我一同出走。我知道她为什么不肯同去，她想一定有外国兵进来把我们一齐捉住杀掉。"

逃难路上的情形，慈禧记得十分清楚。她说："皇帝和皇后都乘骡车。我一路上祷告，求祖宗保佑，皇帝却口都不开。有一天，忽然下起大雨来，几个轿夫逃了，有几匹骡子死了。五个太监却不识趣，去和县官闹着要这样那样的，县官跪在地上向他们恳求，说一切都照办。我听到了大怒，我们在这种情形之下，自该知足，怎么可以苛求。于是我责罚了那几个太监，他们竟跑了。大约费了一个多月光景，我们到了西安。我不能形容那时候的苦楚，一面还担忧着，所以我一连病了三个月。这是我一生中永远不会忘记的。"这是慈禧的真心话。那时候的清廷，真的可以说是岌岌可危。

在逃亡途中，各地勤王的部队陆续到来。慈禧惊魂甫定，就下令各地痛剿义和团。这段时间中，北京和附近城市，都遭到八国联军的残酷扫荡。

光绪二十八年（1902）二月，经过一年多的颠沛流离，光绪等人又回到了北京。之所以能回来，是李鸿章代表清廷，在辛丑年（光绪二十七年）七月，与八国列强签订了可耻的《辛丑条约》。条约规定，清政府要向各国认错道歉；惩办得罪过各国的官员；赔偿各国白银总计四亿五千万两，分三十九年偿清，本息合计有十亿两；清朝的关税和盐税都由各国控制；北京东交民巷为专门的外国使馆区；清政府要下令永远禁止国人成立或加入反对各国的组织，否则处死，等等。慈禧等人为了妥协，居然向各国说要"量中华之物力，结与国之欢心"！

和约签订后不久，过度的精神压力和民族的奇耻大辱，一直重重地压在李鸿章的心头，他死了。

据载，李鸿章有一首临终诗："劳劳车马未离鞍，临事方知一死难。三百年来伤国步，八千里外吊民残。秋风宝剑孤臣泪，落日旌旗大将坛；海外尘氛犹未息，诸君莫作等闲看。"他死之后，清廷赐赠他为太傅，晋一等肃毅侯，谥号文忠。在原籍和建有功勋的省份为他立祠，共有十处。在京师中的祠庙，由相关官员定期祭祀。清代汉族官员中，能在京师建祠的，仅李鸿章一人。

此后，清廷命王文韶为全权大臣，袁世凯任直隶总督兼北洋大臣。载漪因为大力推动义和团抗击洋人而引起国家大乱，受到清廷的严惩；本来要做皇帝的溥俊，也因此被废。

慈禧后来讲道，当她回到北京时，看到宫中乱离后的景象，又是一番伤心："一切都变了！许多名贵的器皿不是被偷了便是被毁了。西苑里的宝物完全被一扫而空。我那天天礼拜的白玉观音也不知被谁砍断了手指。有些外国人还坐在我宝座上照了相。在西安的时候，我们好像是充军去的，虽然巡抚衙门里替我们预备好住所，可是那房子又旧又潮湿，对于身体极不相宜。皇帝也生病了。这次事情，若要细细讲来，也不是一时就讲得完的。总之，一切苦我们都尝够了。"

圆明园四十景之正大光明

后来慈禧曾带领德龄等人参观了她的寝宫，发现了很多外人不知道的秘密。在慈禧的带领下，她们从她卧室的边门经过一道不长的过道，墙上全部画着画。慈禧朝一个太监说了几句，这个太监就弯下身来，从过道两端的地下取出两个木塞。这些木塞是安放在墙脚下的洞里的，原来这是一道木墙壁，移开后，就出现了一个洞室，四周没有窗户，顶上却有一个天窗；洞室的顶头有一块大石头，上面铺着黄色的褥子，旁边放着一个香炉。洞室还有许多东西，旧旧的，除此，就没有什么了。其实，洞室顶头的那个墙一样是活动的，这样就进到了第二个洞室，一层层，就是很多道密屋。慈禧说："在明代，这些密室都是专为皇帝而备的，尤其是当皇帝要一个独处的时候。"这些洞室中，有一间已经成为了她的珠宝库。慈禧等人逃出宫中前，将所有珍宝就藏在这里。等她们回来启开，一样都没少，谁也没有发现这个密室。这是令慈禧很得意的地方。

但是，光绪回到熟悉的皇宫后，看到的是更多的悲伤。一年多前，他亲眼看着心爱的珍妃被推到井里，一切都不可能回到从前了。虽然遭此大变，他在宫中依然受到严密的监视。他的大部分时间，都在孤独中度过。

夕阳下的瀛台

在戊戌政变后，光绪帝显得较为忧郁，对什么也不感兴趣，有人甚至相信他有点精神失常。给光绪理发的太监老刘曾与一位宫女讲道："剃完头，请示皇帝按摩不？大家知道光绪帝是个急脾气的人，对生活细节向来又不讲究，早就腻烦了，向例是摇摇头，更不挑剔奴才的毛病。奴才行礼时，皇上的眼皮也不抬，怔怔地在想心事。”“可能有精神病……光绪像木头人一样，不说也不动，听从下人的摆布。他们都知道光绪的脾气，赶紧伺候，赶紧离开。孤独惯了的人，决不愿有人在一旁打扰。在光绪爷面前当差的人，都是低着眼皮做事，一句话也不说，这是一向的习惯。”[18]

光绪显然变了。不再是一个热情新政的君主。在外国的传教士眼中，他是一个孤独的人，与阿谀奉承的太监、聪明伶俐的嫔妃和珠光宝气的太后在一起，显得毫不起眼。没有一个大臣在他面前磕着头压低声音颤颤抖抖地说话，惯于奉承讨好的太监到他面前也从不跪下；即使有高个子的太监把光绪完全挡住道路，光绪脸上也并无愤怒的迹象，只显出一副温和而可怜的笑容。[19]但在慈禧的女侍官德龄眼中，光绪算是一个美男子：身长大约五英尺七英寸，很瘦弱；高鼻宽额，有着一双光亮乌黑的大眼睛，宽阔的嘴，牙齿洁白整齐，表情总是很坚毅。[20]

不过，光绪十分好学。德龄的外文甚好，光绪曾专门找她，问她学习英语的事。德龄发现，光绪识得不少英文词汇。在德龄看来，光绪“在中国实在是一个又聪明又有见识的人，他是一个出色的外交人才，有极丰富的脑力，可惜没有机会让他发挥他的才能”。光绪不仅喜欢读书，还喜欢钢琴，对西洋音乐有很深的爱好，而且弹得也很好。德龄回忆说：“我们常常谈到西方文明，我很惊异他对每一件事物都懂得那样透彻。他屡次告诉我他对自己国家的抱负，希望中国幸福。他爱他的百姓，逢到饥荒水旱的时候，他几乎愿意牺牲一切来救助他们。我可以看得出他对这些事情是如此地关切。有些太监说他怎样怎样暴虐，完全是诬蔑他。”

有人还从内务府档案中，发现了光绪的一份读书单子。[21]这份资料十分有意思，可以窥见光绪作为帝王的最后一段思想活动和知识追求。不妨介绍一下。

从光绪三十三年到三十四年，内务府有一个“呈进书籍档”，由数件合成，是专门办理光绪帝索要书单的记录。第一份是光绪三十三年十二月二十六日由内务府奏事处交出的书目40种，都有光绪的朱笔批痕：

政治官报局刊印各书：《日本宪法说明书》、《日本统计释例》、《日本宪政略论》、《译书提要》、《驻奥使馆报告书》；

商务印书馆新印各书：《孟德斯鸠法意》、《政治讲义》（严复的演讲集）、《法学通论》、《比较国法学》、《政治学》（作者为日本法学博士小野昉）、《国法学》、《民法原论》（作者为日本法学博士富井政章）、《政治泛论》、《宪法论》、《行政法泛论》（作者为日本法学博士清水澄）、《日本预备立宪》、《国债论》、《警察讲义录》、《日本警察讲义录》、《日本警察法述义》（作者为留日学生李凌云）、《自治论纂》、《宪法研究书》、《日本监狱法详解》（作者为日本佐藤信安）、《万国国力比较》（作者为英国人默尔化）、《政治一般》、《列国政治异同考》、《欧洲最近政治史》、《欧洲新政史》、《欧洲财政史》、《经济通论》、《理财新义》、《日本法制要旨》、《日俄战纪》、《最新战法学》、《德国学校制度》、《各国宪法大纲》、《英国宪论》、《万国舆图》、《欧美政教纪原》。

在光绪三十四年（1908）正月十六日，内务府又补进了五种书：《日本宪政略论》四册；《政治一般》八册；《欧洲财政史》四册；《日俄战纪》四册；《战法学》十二册。

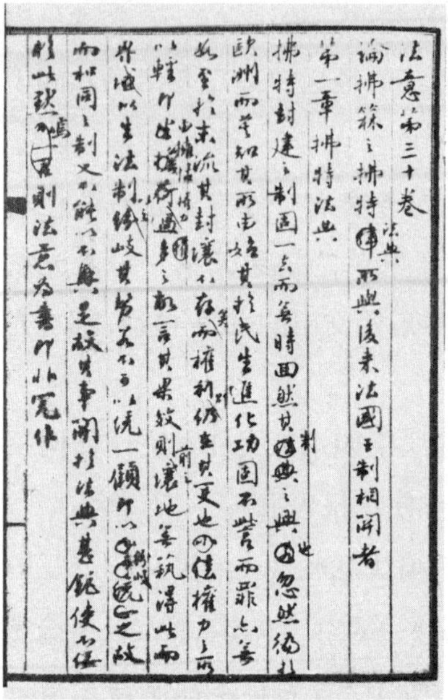

严复译《法意》手稿

此后还看了一些其他的书。

当时商务印书馆的负责人是张元济。他是光绪十八年(1892)的进士，授翰林院庶吉士，戊戌政变前为总理各国事务衙门章京。据张回忆，在戊戌期间，“光绪喜欢看新书。常常写条子到总理衙门要书。这件事都由我经手办理。那时候黄遵宪做了一部《日本国志》。光绪指明要这部书看。也是由我取来送进去的”。

慈禧呢？生活还算不错，除了对义和团的事情一直耿耿于怀。她曾说过，因为义和团的事，她的名声完全毁了。她说：“这是我一生中唯一的错误。不过因为一时的不当心，使我铸成了这大错。以前我是一块洁白无瑕的美玉，人人都称赞我对于国家的丰功伟绩，但自从这事以后，美玉上就有了污点，并终生不能洗除。我时时为这事懊丧不止。”

慈禧在宫中依然过着舒适的生活。但她的脾气，却变得很差。有一个太监陪她下棋，说了一句“奴才杀老祖宗的这只马”，她顿时大怒，说：“我杀你一家子！”果真叫人将这个太监拉出去打死了。伺候过慈禧的太监都说，除了李莲英外，轮着谁在慈禧跟前站班，谁都会提心吊胆。慈禧年老体衰，有了面部肌肉抽搐的毛病后，很不愿意让别人看到。有个太监可能多看了几眼，她就很敏感地问道：

“你瞧什么？”太监一时答不上来，也被挨了几十大板。别的太监知道慈禧的忌讳后，站班时更不敢抬头，慈禧也不高兴：“你低头干什么？”太监无法回答，也遭了几十大板。还有一次，慈禧问一个太监天气怎么样，有着家乡口语习惯的太监说：“今儿个天气生冷生冷的。”慈禧听着这个“生冷生冷”感觉不舒服，叫人将这个太监打了一顿。[22]不仅太监，宫女们也常挨打。不过这些在宫中大概也是正常的事情罢。

光绪三十四年十月，慈禧在颐和园中度过了她的七十四岁生日，不料得了痢疾，卧病在床的第十天，突然做出了立嗣的决定。这一二天内，光绪与慈禧相继弃世。

从十九日开始，庆亲王奕劻参与了立嗣的重大决定。奕劻是乾隆第十七子庆僖亲王永璘之孙，光绪十年起总理各国事务衙门，并封庆郡王，二十年晋封亲王，位高权重。

在西太后慈禧的时代，每个在官场上做事的人，若想有一个很好的前程，就必须时刻为慈禧着想，讨慈禧的欢心，做到投其所好。比如荣禄，通过贿赂大太监李莲英，让荣禄的老婆陪慈禧游玩，得到了不少最新的情报，自然他的讨好奉承，较别人更让慈禧欢心。奕劻也是这样，首先在李莲英那儿花上比别人多得多的银子；他的女儿四格格比荣禄的老婆又机灵得多。溥仪这样回忆说：“如果西太后无意中露出了她喜欢什么样的坎肩，或者嵌镶着什么饰品的鞋子，那么不出三天，那个正合心意的坎肩、鞋子之类的玩艺就会出现在西太后的面前。”这正是四格格的功劳，奕劻的官运因此发达起来。

光绪二十九年（1903），奕劻进入了军机处，权力都超过了其他军机大臣，不久又成了领衔的军机大臣，儿子载振也当了商部尚书。这样的官场攀升路线，自然会招人不满。御史当中有人出来弹劾了：奕劻"自任军机，门庭若市，细大不捐，其父子起居饮食车马衣服异常挥霍……将私产一百二十万两送往东交民巷英商汇丰银行存储"；有位御史还奏称，有人送奕劻寿礼达十万两，花一万二千两白银买了一名歌伎送给奕劻的儿子，这都是很大的贪污受贿行为。结果，一个御史遭到斥责，一个御史被罢了官。奕劻安然无事。

慈禧并非对奕劻毫无提防之心，最不能释怀的，可能是奕劻与袁世凯的特殊关系。袁世凯在奕劻身上也投入了大量的银钱，袁的心腹徐世昌后来就说：庆王府里无论是生子，还是死人，或是过个生日什么的，全由袁世凯的直隶总督府代为开销。据说，奕劻正式成为军机处领衔大臣前，袁世凯就派人传话过来："王爷就要有不少开销，请王爷别不赏脸。"不久，奕劻正式升任领衔大臣，大家都对袁世凯的未卜先知十分叹服。

袁世凯这样大肆地贿赂奕劻，很快引起了慈禧的警觉，准备找借口将奕劻开除。但奕劻广泛的外事关系，使慈禧的计划根本没有可能实现。而对于袁世凯，慈禧却有的是办法。光绪三十三年(1907)，将袁调任外务部尚书。从直隶总督的位置出来，是明升暗降，又失去了兵权，袁虽然不高兴，但仍以高姿态让出了北洋新军的统帅权。尽管如此，袁的实力还在，慈禧居然听说，袁世凯等人准备废除光绪，立奕劻的儿子载振为皇帝。慈禧当机立断，将奕劻临时调到清东陵查看工程，把袁世凯的得力手下段祺瑞的第六镇北洋军全部调出北京，开往涞水。诸事调定后，就迅速宣布，立溥仪为嗣帝，封溥仪的父亲醇亲王载沣为摄政王。等奕劻从东陵回来，一切大事已定，无可变更了。

袁世凯、奕劻联合废帝立新的阴谋，当时很多人其实并不太清楚。据溥仪的回忆，他曾听见一个叫李长安的太监说起过光绪之死的疑案。在光绪死前的一天还是好好的，仅因服了一剂药，身体就出现了严重的问题。后来得知，这剂药是袁世凯派人送来的。按照常规，皇上得病，太医们每天开的药方要分抄给内务府大臣们各一份，假如是重病，还须抄给军机大臣一份。内务府大臣的一位后人和溥仪说过，光绪死前，病情不过是一般的感冒，药方所述的脉相也极为平常，死前一天有人也见过光绪在屋内站着与人说话。

但《清实录》中这样记载道：光绪三十四年（1908）十月壬申，光绪病重，慈禧下令，让醇亲王载沣之子溥仪到宫中教养，在上书房读书；又命载沣为摄政王。次日，光绪病势加剧，光绪的谕旨很快传了出来：㉓

> 自去年入秋以来，朕躬不豫，当经谕令各省将军督抚保荐良医。旋据直隶、两江、湖广、江苏、浙江各督抚，先后保送陈秉钧、曹元恒、吕用宾、周景涛、杜钟骏、施焕、张鹏年等来京诊视。惟所服方药迄未见效。近复阴阳两亏，标本兼病，胸满胃逆，腰骶酸痛，饮食减少；转动则气壅咳喘，益以麻冷发热等证，夜不能寐，精神困惫，实难支持。朕心殊深焦急。著令各省将军、督抚遴选精通医学之人，无论有无官职，迅速保送来京，听候传诊。如能奏效，当予以不次之赏。其原保之将军、督抚，并一体加恩。将此通谕知之。

这份谕旨的内容，讲的都是光绪的病情和医疗情况，并非幽闭中的光绪自己拟的。

袁世凯像

当大家听到光绪病重的消息，都很惊讶，而且病重消息传出来不到四个小时，光绪就晏驾了，死得这样快，着实让人感到惊疑。

但是还有一种说法。慈禧病重时，她不甘心光绪死于其后，就派人下了毒手。溥仪认为这也是有可能的。但溥仪更坚信，在他被宣布为嗣帝的那天，慈禧依然是康健的，没有什么病重之虞。光绪死后两个小时，慈禧授命监国摄政王载沣说："所有军国政事，悉秉承予之训示，裁度施行。俟嗣皇帝年岁渐长、学业有成，再由嗣皇帝亲裁政事。"意思是载沣尽管是摄政王，也是当今新皇的父亲，但一切大事，还得听她的。

但第二天，慈禧的话就不同了。她说："现予病势危笃，恐将不起，嗣后军国政事均由摄政王裁定，遇有重大事件有必须请皇太后懿旨者，由摄政王随时面请施行。"慈禧正式将国家大事委托给了载沣，但毕竟载沣是先皇光绪的亲兄弟；她似乎有些不放心，要求重要事件得请示皇太后，即光绪的皇后、慈禧的侄女那拉氏。

据记载，光绪死于瀛台涵元殿，他的房间陈设极其简陋。和北京城的普通百姓一样，他也是睡大炕，四壁糊纸，已经破裂霉烂，情景十分凄凉。[24]这年，他才38岁。

有两年皇宫生活体验的德龄，对光绪充满了同情。在她回忆录中的扉页，她这样写道：[25]

> 光绪，一代天子，是被世人误解最深的中国皇帝之一。在一个噩兆下，在一块被迷信笼罩着的土地上，他出生了。无法逃避的旧礼教和旧习俗束缚了他，使他的一生成为一幕幕人生的悲剧。在宫中做慈禧太后女侍官的年月里，我有幸能很好地了解光绪，得到了许多关于光绪的不幸遭遇以及他对政治改革先进思想的第一手资料。当然，这只是个人的观点，一个赞赏光绪的仁慈、博学和聪明的女人的观点。但是我坚信，如果光绪不曾被1898年的政变所挫败，那么中国会成为一个强大的帝国，溥仪也不会成为日本人的傀儡，在中国大地上也不会出现军阀的混战。

注释：

① 《清德宗实录》卷一，"同治十三年冬十二月甲戌"条。

②④ (清) 德龄：《光绪泣血记》，江苏教育出版社2006年版。

③ 《清德宗实录》卷一，"同治十三年冬十二月丙子"条。

⑤ 《清德宗实录》卷五十四，"光绪三年七月己巳"条。

⑥ 爱新觉罗·溥仪：《我的前半生》，群众出版社1980年版。

⑦ (清) 何刚德：《春明梦录》卷上。

⑧ (清) 宋玉卿：《戊壬录》，"立储始末"。

⑨ 《清史稿》卷四百七十三《康有为传》。

⑩ (清) 宋玉卿:《戊壬录》,“立储始末”。

⑪ (清) 宋玉卿:《戊壬录》,“改政之变”。

⑫ (清) 罗惇曧:《庚子国变记》。

⑬ ⑯ (清) 德龄:《光绪泣血记》,江苏教育出版社2006年版。

⑭ (清) 宋玉卿:《戊壬录》,“义和团之乱”。

⑮ (清) 陈恒庆:《谏书稀庵笔记》,“洋兵占城”。

⑰ ⑳ 参见 (清) 德龄:《清宫二年记》,江苏教育出版社2006年版。

⑱ 沈义羚、金易:《宫女谈往录》,紫禁城出版社1992年版。

⑲ [美] 何德兰 (Isaac Taylor Headland):《慈禧与光绪:中国宫廷中的生存游戏》,晏方译,中华书局2004年版。

㉑ 叶晓青:《光绪帝最后的阅读书目》,《历史研究》2007年第2期。

㉒ 爱新觉罗·溥仪:《我的前半生》,群众出版社1980年版。

㉓《清德宗实录》卷五百九十七,“光绪三十四年十月癸酉”条。

㉔ (清) 王无生:《述庵秘录》。

㉕ (清) 德龄:《光绪泣血记》,江苏教育出版社2006年版。

11 最后的帝王

宣统皇帝

光绪三十二年(1906),是中国文化史上极为重要的年份。从这一年开始,传统中国的科举制度被永远废止。政府改革措施一出,全国数十万秀才、数百万童生,可以说是如丧考妣。对他们而言,废科举后即使有学习西方的新式教育,但在传统思想中,他们就此没有了功名出身,也就没了仕途前程。这是清代末期政治改革中的一大政策,影响至今很深。

醇王府内的溥仪

也在这一年的正月十日,爱新觉罗·溥仪降生于北京的醇亲王府。溥仪的祖父就是奕譞,道光皇帝的第七子,是后来俗称

新式学校的学生

的醇贤亲王。他的第一、第三、第四子都夭折了,第二子载湉被姨母慈禧太后接入宫中,做了光绪皇帝;溥仪的父亲载沣,是第五子,所以奕譞死后,亲王的爵位就由载沣继承。

溥仪是载沣的长子,三岁那年的冬天,光绪与慈禧都病得很重,想到了国本问题。慈禧突然决定,将溥仪嗣立为皇帝。溥仪入宫仅两天,光绪与慈禧就相继去世。入宫第三天,十一月初九日,溥仪成了清朝的第十位皇帝,年号宣统,宫中举行了盛大的登极大典。

大典仪式在太和殿举行。按例,新皇溥仪要先在中和殿接受领侍卫大臣们的叩拜,然后到太和殿接受文武百官的朝贺。

那天天气较冷,溥仪被折腾了很长时间,作为一个才三岁的小孩，耐性固然是有限的，在龙椅上早已坐不住了。父亲载沣就上来跪下，叫他不要乱动。溥仪却哭闹起来："我不挨这儿！我要回家！我不挨这儿！我要回家！"文武百官的三跪九叩还没完没了地在进行，溥仪的哭声越来越响。载沣急得满头大汗，哄他说："别哭别哭，快完了，快完了！"这让典礼后的百官们议论纷纷，"快完了"、"要回家"在这样的场合都是极不适宜的话，一切好像是不祥的征兆。①

摄政王载沣像

众所周知，这个皇位真的没有永固，不到三年，爆发了辛亥革命，溥仪被迫退了位。

溥仪当上皇帝后，与他父亲真正认识的机缘，为时甚短。在溥仪做宣统帝的最后一年，两人才有较接近的认识。毕竟那时溥仪只是一个三岁的小孩，对事物的认识还是有限的。

宣统三年（1911）七月十八日辰刻，溥仪进入毓庆宫，开始读书了。这里曾是嘉庆、光绪两位皇帝小时候读书的地方。溥仪的课本主要是"十三经"，外加辅助教材《大学衍义》、《朱子家训》、《圣谕广训》、《大清开国方略》、《圣武记》等等。按规定，摄政王需来查看皇上的学习情况。第一次来看视溥仪读书时，溥仪只念了《孟子》中的两句，就念不下去了。载沣却连连点头，说："好，好，皇上好，好好地念，念书吧！"看来载沣也有点紧张，大概待了不到两分钟就走了。

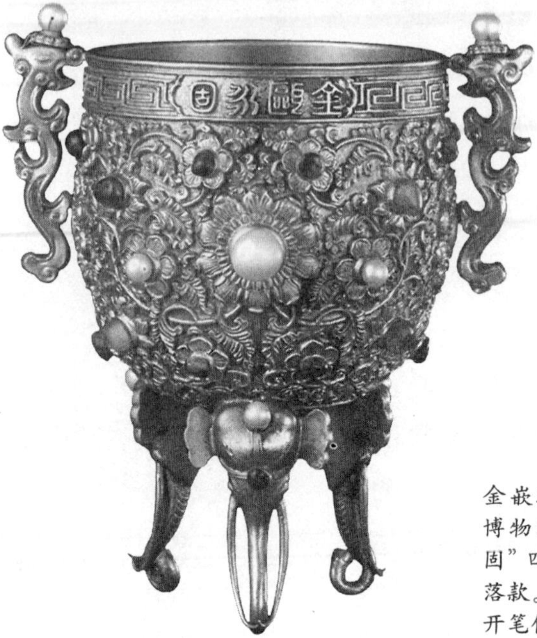

金嵌珠宝“金瓯永固”杯（故宫博物院藏）。阳文篆书“金瓯永固”四字，另一面以“乾隆年制”落款。为清代皇帝每年元旦举行开笔仪式时的专用酒杯。

从这天起，溥仪知道了自己父亲的样子：不像老师，没有胡子，脸上也没皱纹，脑后的花翎子总是在跳动，说话还有点结巴。此后，载沣每隔一个月来一次，每次来的时间都不过两分钟。

宫廷生活

少儿时代溥仪的生活世界中，都被一片金黄色包围着：琉璃瓦顶是黄的，轿子是黄的，椅垫子是黄的，衣服帽子的里子、腰带是黄的，吃饭喝茶用的瓷制碗碟是黄的，包盖稀饭锅子的棉套、裹书的包袱皮是黄的，窗帘是黄的……这种明黄色，是溥仪生活中的独有之物。

但在溥仪看来，最费事的，就属吃饭，连吃饭的术语，也有一套严格的用语。饭叫“膳”，吃饭叫“进膳”，开饭叫“传膳”，厨房叫“御膳房”，等等。这是自古传下来的规矩，绝不容许出错。宫中一般只吃早晚两餐，“早膳”就是一般所说的午饭，但在早晨或下午有时也吃一顿点心。

溥仪朝服像

至于吃饭的具体时间，基本上由皇帝决定。只要吩咐“传膳”，由几十个太监组成的御膳房队伍，很有序地向养心殿进发。平时菜肴有两桌，冬天增加一桌火锅；此外有各种点心、米膳、粥品三桌，咸菜一小桌。每个菜碟和菜碗都有一个银牌，是为防止下毒用的。当然，在送菜之前，已有太监尝过，叫作“尝膳”，也是为了防毒。

隆裕太后的排场更大，据说是从慈禧那里学来的，菜肴有一百样左右，需要六张膳桌来放。溥仪虽是皇帝，却比太后少，大概有三十样左右的菜肴。溥仪曾找到过一份菜单草稿，即“宣统四年二月糙卷单”(其实已是民国元年3月)。内里记录了一次“早膳”(午饭)，配菜十分详细：②

口蘑肥鸡	三鲜鸭子	五绺鸡丝
炖肉	炖肚肺	肉片炖白菜

黄焖羊肉	羊肉炖菠菜豆腐	樱桃肉山药
炉肉炖白菜	羊肉片川小萝卜	鸭条溜海参
鸭丁溜葛仙米	烧茨菇	肉片焖玉兰片
羊肉丝焖跑跶丝	炸春卷	黄韭菜炒肉
熏肘花小肚	卤煮豆腐	熏干丝
烹掐菜	花椒油炒白菜丝	五香干
祭神肉片汤	白煮塞勒	烹白肉

这些饭菜，溥仪都不太喜欢吃。一则饭菜都是提前做好，煨在火上的，时间长了味道差。二则厨师的手艺并不最佳。溥仪每餐吃的，实际都是给太后送的饭菜，太后死后仍由四位太妃接着送。太后、太妃们有独立的厨房，用的都是高级厨师，做出来的菜十分美味可口。“御膳房”出来的饭菜，因此常常被冷落了。

太监们也会经常向太妃们汇报溥仪的饮食情况，有时可能溥仪没吃什么，太监们仍会照常汇报说：“奴才禀老主子：万岁爷进了一碗老米膳（或者白米膳），一个馒头（或者一个烧饼）和一碗粥。进得香！”

这样的吃法，要花多少钱呢？溥仪也找到过一本菜价单，即《宣统二年九月初一至三十日内外膳房及各等处每日分例肉斤鸡鸭清册》，上面有记载了一个月的开销：③

皇上前分例菜肉二十二斤，计三十日，分例共六百六十斤

汤肉五斤　　共一百五十斤；

猪油一斤　　共三十斤；

肥鸡二只	共六十只；
肥鸭三只	共九十只；
菜鸡三只	共九十只。

这本清册中，还记有后妃们的分例，溥仪列成了表格，十分清楚，也是一个月的：

后妃名	肉斤	鸡只	鸭只
太后	1 860	30	30
瑾贵妃	285	7	7
瑜皇贵妃	360	15	15
皇贵妃	360	15	15
贵妃	285	7	7
合计	3 150	74	74

溥仪说，除了他和后妃们的开销外，还有一大批在宫中为他们服务的人员，也各有分例。一个月中，合计起来，就要吃猪肉 14 642斤，合计用银2 342.72两。其他还有许多辅助食品方面的开销，为数很大。

溥仪的弟弟听母亲说过，1911年时载沣辞了摄政王，从宫里回到家就说："从今天起我可以回家抱孩子了！"三年的摄政王生涯没有什么大的功绩，对政敌或国家隐患的排除工作更是不顺心。他最大的政敌，当然是庆亲王奕劻及其身后的袁世凯等人。他的辞官隐退，似乎意味着奕劻的胜利，也就是袁世凯的胜利。在1909年的时候，袁世凯被载沣等人罢了官，退居到彰德洹水（今安阳河），曾经穿着蓑衣，像渔夫一样在洹水边垂钓，仿佛姜太公钓鱼之态。但在暗地里，他密切注意朝廷政治动向，与旧部时刻保持联系。所以在武昌起义发生时，徐世昌等人策动奕劻等军机大臣，向摄政王载沣联名保举袁世凯出来挽救国事，载沣已无力抵制了，最后被迫签发了谕旨，下令授予袁世凯为钦差大臣，节制各军，并委任冯国璋、段祺瑞为两军统领。冯、段都是袁的亲信。

帝国的终结

在最后的日子里，有一天溥仪在养心殿的东暖阁，隆裕太后坐在靠南窗的炕上，正在用绢擦眼泪。前面的红地毯上跪着一个粗胖的老头，也是泪流满面。溥仪一直不明白这两个人为什么哭，殿里也没有其他人，安静得很。胖老头说了什么话，溥仪根本都没听懂。后来他才知道，胖老头就是袁世凯，是他与袁的唯一一次见面。听别人讲，溥仪才明白，太后哭的原因，是袁世凯要今上退位。这一天，是1911年11月28日。

清廷已经摇摇欲坠，一切的财、政、军大权都落到袁世凯的手中。袁世凯还在表示他对清廷的忠心，说“决不辜负孤儿寡妇”（指溥仪和隆裕太后）。袁世凯的弟弟世续曾指着自己脑后的长辫子，笑着问袁道：“大哥，您对这个打算怎么办？”袁很严肃地回答：“您放心，我很爱惜它，总要设法保全它！”当然，多数人已不相信，认为他的野心决不会满足于当曹操。

1912年1月16日，袁世凯退朝回家，等候在东华门大街便宜坊酒

金陵制造局原址

楼的三个革命党人，向袁扔出了炸弹，袁的侍卫长袁金标和几名护卫当场炸死。袁世凯死里逃生，后以得病为由，再也不入朝了。

北洋军攻下汉阳之后，英国公使朱尔典得到英国外相格雷的电文，说是英国政府“对袁世凯已发生了极友好的感情和崇敬。我们愿意看到一个足够有力的政府，可以不偏袒地处理对外关系，维持国内秩序以及革命后在华贸易的有利环境。这样的政府将要得到我们所能给予的一切外交援助”。[4]

孙中山像

南方的革命军在孙中山的领导下，在南京成立了临时政权后，孙担任临时大总统，袁世凯代表清廷与南京谈判，同时向清廷提出要清帝退位的要

武昌起义军攻破总督衙门

求，使清皇室大为震惊。清廷内部开始争论共和与君主立宪的国体问题，共和派要求隆裕太后效法日本，隆裕基本表示同意，只是担心优待清室的条件是否能够达成。私下与袁世凯往来密切的总管太监小德张，不失时机地向隆裕提出赞成共和："照奴才看，共和也罢，君

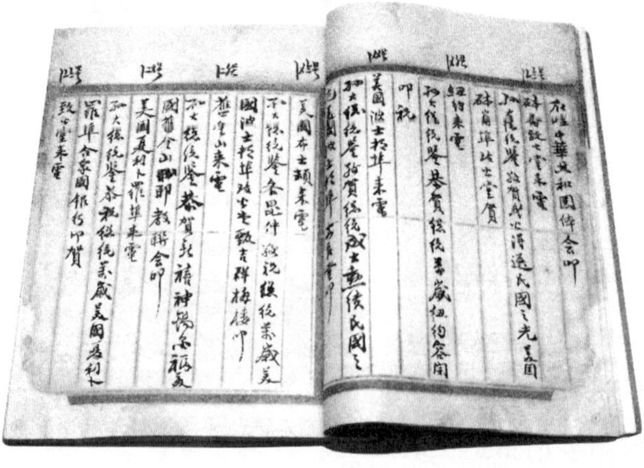

孙中山当选临时大总统后海外来电稿

孙中山主持中华民国临时政府第一次内阁会议

主也罢，老主子全是一样。讲君主，老主子管的事不过是用用宝。讲共和，太后也还是太后。不过这可得答应了那‘条件’。要是不应啊，革命党打到了北京，那就全完啦！”最后，清廷内部的绝大部分人，都赞成共和。

1912年2月12日，隆裕太后终于颁布了溥仪退位的诏书。袁世凯开始组织民国临时共和政府，一边根据与南方革命党达成的协议，他由大清帝国内阁总理大臣变身为中华民国的临时大总统。溥仪变成了大总统的邻居，根据讨论定下的《关于清帝逊位后优待之条件》的规定，溥仪等人在宫中仍可得到优裕的生活。具体条件如下：⑤

第一款：大清皇帝辞位之后，尊号仍存不废；中华民国以待各外国君主之礼相待。

第二款：大清皇帝辞位之后，岁用四百万两，俟改铸新币后，改为四百万元，此款由中华民国拨用。

第三款：大清皇帝辞位之后，暂居宫禁，日后移居颐和园；侍卫人等，照常留用。

第四款：大清皇帝辞位之后，其宗庙陵寝永远奉祀，由中华民国酌设卫兵，妥慎保护。

第五款：德宗崇陵未完工程，如制妥修；其奉安典礼，仍如旧制；所有实用经费，均由中华民国支出。

京師公報

號外

《京师公报》清帝退位号外

第六款：以前宫内所用各项执事人员，可照常留用，惟以后不得再招阉人。

第七款：大清皇帝辞位之后，其原有之私产由中华民国特别保护。

第八款：原有之禁卫军，归中华民国陆军部编制，额数俸饷，仍如其旧。

对于清贵族的待遇，也有规定：

一、清王公世爵，概仍其旧；

二、清皇族对于中华民国国家之公权及私权，与国民同等；

三、清皇族私产，一体保护；

四、清皇族免当兵之义务。

就这样，大清国最后一位帝王溥仪根据上述优待条件，一直生活到民国十三年被国民军驱逐出宫为止。

其间，还出现了张勋复辟的闹剧。

张勋（1854—1923），江西奉新人，北洋军阀之一。原为清朝军官，辛亥革命后，他和所辖官兵仍然留着辫子，表示忠于大清王朝，因此被称为“辫子军”。1917年7月1日，他在北京扶持废帝溥仪复辟，7月12日即告失败，仅仅维持了十天。

鲁迅著名的小说《风波》，讲的就是这个历史插曲对南方乡村产生的风波。

武昌起义旧址

无论怎样，1912年2月12日，是清朝寿终正寝的日子，大清帝国已成前尘往事，尽管有人出于不同的目的，还在为它的复兴，在梦想，在努力。但是这一切已一去不返了。

注释：

①②③④ 爱新觉罗·溥仪:《我的前半生》,群众出版社1980年版。

⑤《宣统政纪》卷七十,宣统三年十二月。

附
录

附录一　清大事记

顺治元年(1644),李自成攻入北京,多尔衮率清军入关,顺治帝在北京登基。

顺治二年(1645),清兵下江南,南明弘光政权覆灭,先后发生“扬州十日”、“嘉定三屠”等惨祸。

顺治十八年(1661),康熙继位,吴三桂率军俘杀永历帝朱由榔,“南明”政权最后覆灭;郑成功率军驱逐荷兰殖民者,进入台湾。

康熙十二年(1673),吴三桂、耿精忠、尚之信为首的三藩之乱发生。

康熙二十二年(1683),郑克塽降清,台湾统一。

康熙二十四年(1685),与沙俄侵略者发生雅克萨之战。

康熙二十八年(1689),中俄《尼布楚条约》签订,划分中俄东段边界。

康熙五十一年(1712),始行“滋生人丁,永不加赋”。

雍正元年(1723),雍正帝秘密立储,诏令次年实行“摊丁入地”制度。

乾隆十二年（1747），大金川土司沙罗奔举兵反，两年后被平定。

乾隆二十七年（1762），设伊犁将军，总管新疆南北两路事务。

乾隆三十八年（1773），开设《四库全书》馆。

乾隆五十一年（1786），台湾爆发天地会领袖林爽文领导的汉族、高山族农民起义，两年后失败。

乾隆五十七年（1792），乾隆帝定金奔巴瓶掣签决定达赖、班禅转世灵童之制度。

乾隆五十八年（1793），颁布《钦定西藏章程》；乾隆帝在热河行宫接见英国马戛尔尼使团。

嘉庆元年（1796）正月，乾隆退位，被尊为太上皇帝；川、楚、陕、甘、豫五省白莲教起义爆发，九年后失败。

嘉庆四年（1799），乾隆帝卒，嘉庆帝颙琰亲政；和珅被抄家，处死。

嘉庆二十五年（1820）七月，旻宁继位，改元道光；大和卓之孙张格尔在英国殖民者支持下，潜入南疆发动叛乱，七年后被平定。

道光二十年（1840），鸦片战争爆发，林则徐被革职。

道光二十二年（1842），清廷被迫与英国签订《南京条约》。

道光三十年（1850）一月，奕詝继位，改元咸丰；太平天国金田起义开始。

咸丰三年（1853）二月，太平军攻占南京，定为首都，派林凤祥、李开芳率军北伐，并颁布《天朝田亩制度》；上海小刀会起义，两年后失败。

咸丰六年（1856），天京事变，韦昌辉诛杀东王杨秀清；英国借口亚罗号事件，挑起第二次鸦片战争。

咸丰十年（1860），美国人华尔组成“洋枪队”协助清廷镇压太平军；英法联军攻陷北京，火烧圆明园，恭亲王奕䜣与英、法、俄分别签订《北京条约》；清廷设立总理各国事务衙门。

咸丰十一年（1861），咸丰帝卒，慈禧发动政变，载淳即皇帝位，改元同治，慈禧、慈安两太后垂帘听政，是为辛酉政变；洋务运动开始。

同治三年（1864），洪秀全病逝；清军攻陷南京，太平天国起义失败。

同治十一年（1872），李鸿章在上海创办轮船招商局，侨商陈启源在广东南海县创办继昌隆缫丝局，民族资本主义近代工业开始出现；容闳等奉命率一批幼童到美国留学，成为近代第一批留学生。

光绪九年（1883），中法战争爆发。

光绪十三年（1887），清政府与葡萄牙签订《中葡友好通商条约》，使葡萄牙获得了"永居澳门"的地位，中国丧失了对澳门的管辖权。

光绪二十年（1894），中日甲午战争爆发；孙中山在檀香山创立兴中会，提出"驱逐鞑虏，恢复中华，创立合众政府"的革命纲领。

光绪二十一年（1895），《马关条约》签订，割辽东半岛、台湾等地给日本，不久，俄、德、法三国为了各自的利益出面干涉，迫使日本把辽东半岛归还中国，但清政府要给日本三千万两白银作为"赎辽费"；康有为联合十八省会试举人一千三百余人"公车上书"；全国十多省发生民众抗租、抗税与抢米风潮。

光绪二十四年（1898），戊戌变法。

光绪二十六年（1900），义和团进入京津地区，八国联军攻占北京，慈禧挟光绪帝出逃；沙俄制造海兰泡与江东六十四屯惨案，入侵东北。

光绪二十七年（1901），与俄、英、美、日、德、法、意、奥、比、西、荷十一国公使签订《辛丑条约》。

光绪二十九年（1903），《苏报》案发生；日俄战争爆发，清政府宣布“局外中立”。

光绪三十一年（1905），废除科举考试制度；同盟会在东京召开成立大会，孙中山被选为总理。

光绪三十四年（1908），清廷颁布《钦定宪法大纲》；光绪帝卒，溥仪继位，改元宣统，摄政王载沣监国；慈禧卒。

宣统三年（1911），广州黄花岗起义失败，先后有四川保路运动、武昌起义，发生辛亥革命。

中华民国元年（1912），南京临时政府成立，孙中山就任临时大总统，宣统帝溥仪宣布退位，清朝结束。

附录二　清朝世系表

庙　号	姓　名	在位时间	年　号
太祖	爱新觉罗·努尔哈赤	1616—1626	天命
太宗	爱新觉罗·皇太极	1627—1643	天聪/崇德
世祖	爱新觉罗·福临	1644—1661	顺治
圣祖	爱新觉罗·玄烨	1662—1722	康熙
世宗	爱新觉罗·胤禛	1723—1735	雍正
高宗	爱新觉罗·弘历	1736—1795	乾隆
仁宗	爱新觉罗·颙琰	1796—1820	嘉庆
宣宗	爱新觉罗·旻宁	1821—1850	道光
文宗	爱新觉罗·奕詝	1851—1861	咸丰
穆宗	爱新觉罗·载淳	1862—1874	同治
德宗	爱新觉罗·载湉	1875—1908	光绪
(无庙号)	爱新觉罗·溥仪	1909—1911	宣统

附录三　主要参考书目

阿兰·佩雷菲特:《停滞的帝国:两个世界的撞击》,王国卿等译,三联书店1998年版。

爱新觉罗·溥仪:《我的前半生》,群众出版社1980年版。

白寿彝主编:《中国通史》,上海人民出版社2004年版。

戴逸:《简明清史》,中国人民大学出版社2006年版。

德龄:《清宫二年记》,江苏教育出版社2006年版。

邓之诚:《中华二千年史》,中华书局1983年版。

范文澜、蔡美彪等编:《中国通史》,人民出版社2009年版。

费正清等编:《剑桥中国晚清史》,中国社会科学出版社2006年版。

冯尔康:《雍正传》,人民出版社1985年版。

傅乐成主编、姜公韬著:《中国通史·明清史》,九州出版社2010年版。

翦伯赞等:《中国史纲要》,人民出版社2005年版。

李洵:《明清史》,人民出版社1956年版。

李治亭:《清史》,上海人民出版社2003年版。

罗威廉(William T. Rowe):《中国最后的帝国:大清王朝》,台湾大学出版中心2013年版。

孟森:《满洲开国史》,上海古籍出版社1992年版。

孟森:《明清史讲义》,中华书局1981年版。

孟森等著:《清代野史》,中国人民大学出版社2006年版。

史景迁:《"天国之子"和他的世俗王朝:洪秀全与太平天国》,

上海远东出版社2001年版。

斯当东:《英使谒见乾隆纪实》,上海书店出版社2005年版。

王德昭:《清代科举制度研究》,中华书局1984年版。

魏斐德著:《洪业:清朝开国史》,陈苏镇、薄小莹等译,江苏人民出版社1998年版。

萧一山:《清代通史》,华东师范大学出版社2006年版。

萧一山:《清史大纲》,上海古籍出版社2005年版。

岩见宏:《传统中国的完成——明·清》,稻乡出版社1998年版。

杨启樵:《雍正帝及其密折制度研究》,上海古籍出版社2003年版。

郑天挺:《清史简述》,中华书局2005年版。

郑天挺编:《清史》,天津人民出版社2011年版。

中国人民大学清史研究所编:《清史编年》,中国人民大学出版社2000年版。

清时期形势图
俄
额尔齐斯河
斋桑泊
塔尔巴哈台
科布多
巴勒喀什湖
伊犁河
伊犁
图斯池
乌鲁木齐
天山
吐鲁番
哈密
纳林河
乌什
库车
新疆
喀什噶尔
乌孜别里
叶尔羌
塔里木河
罗布淖尔
安西州
和阗
尼雅
锡尔河
阿姆河
布哈尔
霍罕
阿布哈尔
爱乌罕
喀布尔
青海
青海厄鲁特
玉树等
西藏
阿里
喜马拉雅山
补人宗
纳仓
喀喇乌苏
藏
卫
喇萨
察木多
协噶尔宗
日喀则
雅鲁藏布江
阳布
德里
印度
哲孟雄
纳城
明牙喇海
缅甸
阿摩罗补罗
乌里雅苏台
图例
都城
省级驻所
府级驻所
其他居民点
国界
省界
地区界
长城
科布多 少数部族名称

嘉庆二十五年(1820)

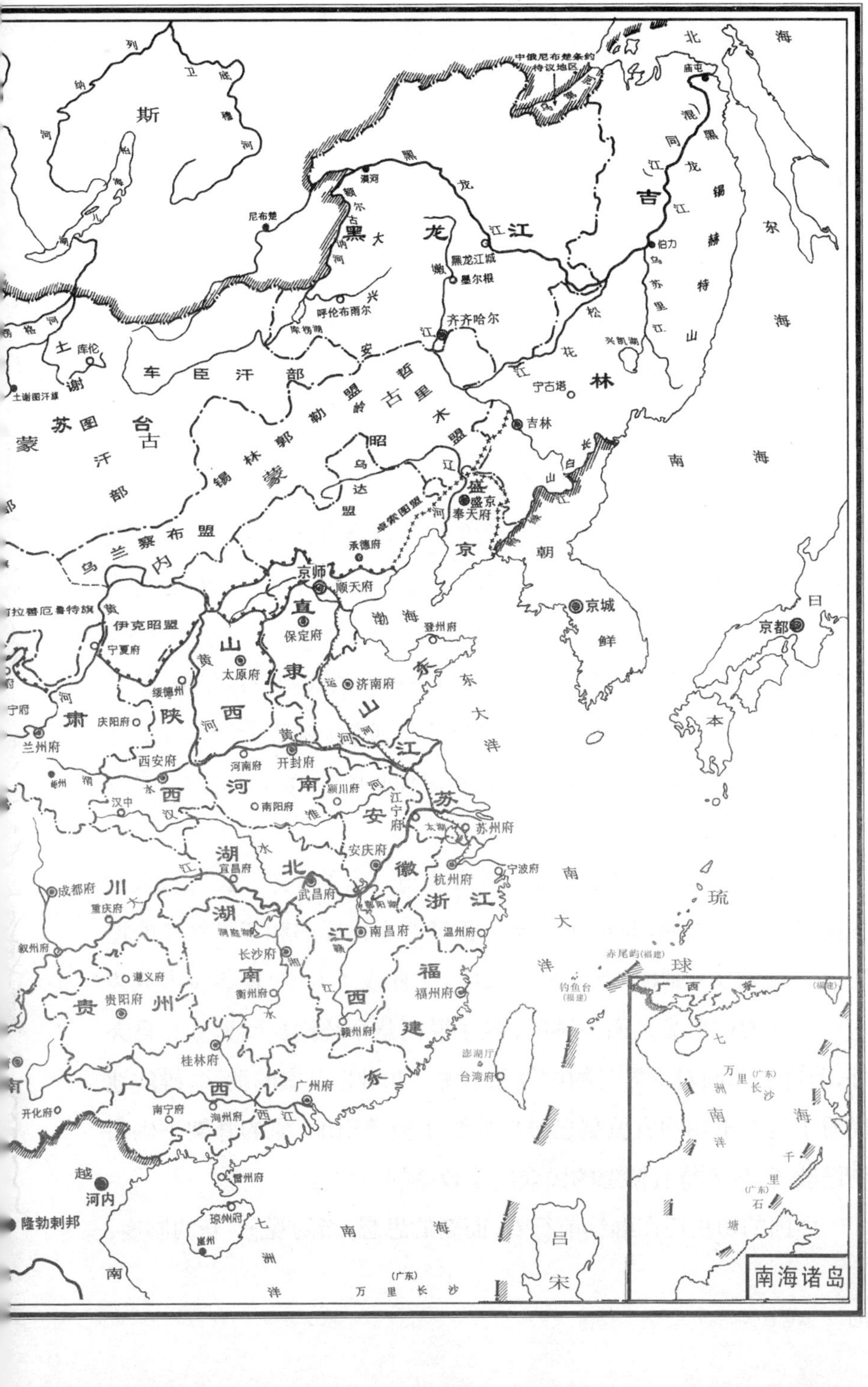

中俄尼布楚条约
待议地区
北
海
庙屯
混
同
江
黑
龙
江
锡
赫
特
山
吉
伯力
乌
苏
里
江
尔
海
漠河
额
尔
古
纳
河
尼布楚
黑
大
龙
江
江
黑龙江城
嫩
墨尔根
兴
呼伦布雨尔
库楞湖
齐齐哈尔
江
兴凯湖
松
花
江
宁古塔
林
安
哲
里
木
盟
古
岭
盟
勒
郭
林
锡
蒙
昭
乌
达
盟
吉林
长
白
山
辽
盛
盛京
奉天府
京
卓索图盟
河
承德府
朝
京城
鲜
南
海
日
京都
本
斯
列
纳
卫
底
穆
河
河
伯
海
儿
湖
库伦
土
谢
车
臣
汗
部
土谢图汗旗
苏
图
台
蒙
古
汗
部
乌
兰
察
布
盟
内
京师
顺天府
阿拉善厄鲁特旗
伊克昭盟
宁夏府
黄
直
保定府
隶
山
太原府
西
黄
河
绥德州
陕
庆阳府
西安府
渤
海
登州府
济南府
运
东
山
东
大
洋
河
黄
河
宁府
兰州府
肃
河
渭
水
西
汉中
汉
河
南
河南府
开封府
颍川府
南阳府
河
淮
江
苏
江宁府
安
太湖
苏州府
徽
安庆府
湖
宜昌府
北
武昌府
川
成都府
重庆府
大
江
杭州府
宁波府
浙
江
鄱阳湖
南昌府
温州府
湖
洞庭湖
长沙府
叙州府
南
衡州府
湖
江
西
赣州府
福
福州府
建
赣
遵义府
贵
贵阳府
州
水
桂林府
广
西
广州府
东
开化府
南宁府
海州府
西
江
雷州府
琼州府
崖州
越
河内
隆勃剌邦
南
七
洲
洋
南
海
（广东）
万
里
长
沙
吕
宋
南
大
洋
琉
球
赤尾屿（福建）
钓鱼台
（福建）
澎湖厅
台湾府
广
西
东
（福建）
七
万
洲
里
（广东）
长
沙
南
洋
海
千
里
（广东）
石
塘
南海诸岛

结束语

十六、十七世纪的中国，正处于社会剧变的前夜，即所谓的“山雨欲来风满楼”的时期。除了民众和作为社会脊梁的志士仁人继续用自己的血汗书写着历史外，一切都在说明着，这个古老帝国已经走上了它的末路。它的灭亡和新的社会制度的产生，已呈必然之势。如果没有有清一代，新制度的到来会更快些。清代两三百年来，延续了行将就木的这种制度的寿命，加剧了旧制度下呻吟着的民众的痛苦。清代的康乾盛世的“强大”，只是这种制度的稍纵即逝的回光返照而已。

前所未有的严酷到了毫无人性和人道可言的“文字狱”，把人们推向了苦难的深渊，折射出了这一王朝的无比虚弱和不可终日的惶恐。“八股取士”制度，既桎梏了人性，又摧残了人才，使多少人成为这一制度的殉葬品。闭关锁国，除了说明整个统治层的无知与自大外，只能表明面对世界时的虚脱和不安。和珅巨贪案的披露，雄辩地说明了这个王朝的官僚层已经腐败到了何等田地，它的骨架子确实全已散了，只等待着愤怒的民众给予致命的一击。

中国的历史还在继续前行着，而新的思想、新的观念、新的制度、新的治世方案，也正在历史的阵痛中孕育。

历史总是按照它自身的辩证法前行的。明、清两朝，一方面，走向末路的专制皇权，实施着近乎疯狂的残酷统治，对内是失去人性的虐杀和空前绝后的文化专制主义，对外则从盲目的自大，逐步走向屈辱投降，甚至认贼作父，反过来与入侵者一起搜刮民财，鱼肉民众。另一方面，在没落帝国铁蹄下呻吟着的广大民众日益觉醒着，寻找着救国救民的良方。

一些人把目光投射向了更加广阔的天地，产生了新的“天下观”。他们开始用世界的眼光来看待中国和世界。

一些人“大觉大悟”，试图通过自己的不懈努力，在中华大地上构筑起人间的“天国”。

一些人“采西学”，“制洋器”，办起了“洋务运动”，并把这看作是“今日救时之第一要务”。

一些人出于民族的义愤和个体的英雄主义，以自己的血肉之躯去直面“洋鬼子”的洋枪洋炮，并大义凛然地献出了自己宝贵的生命。

一些人从西方引进了自由、民主、平等的先进思想，提出了“振兴中华”的伟大口号，竖立起了建设“新中国”的伟大旗帜。

几乎中国所有的阶级、阶层都曾经站到了历史的前台，出演了一出出悲壮雄伟的历史活剧。但是，一次次的努力最后都归于失败，失败，失败……不屈的中国民众在继续探索着，不倦地奋进着。

“路漫漫其修远兮，吾将上下而求索。”

图书在版编目(CIP)数据

从康乾盛世到惊天巨变：清/冯贤亮著. -- 上海：
上海人民出版社，2018
(细讲中国历史丛书/李学勤，郭志坤主编)
ISBN 978-7-208-15099-7

Ⅰ.①从… Ⅱ.①冯… Ⅲ.①中国历史-清代-通俗
读物 Ⅳ.①K249.09

中国版本图书馆CIP数据核字(2018)第068385号

总 策 划　郭志坤
策　　划　上海文柏文化传播有限公司
出版统筹　孙　瑜
责任编辑　高笑红
装帧设计　范昊如　夏　雪　等
地图绘制　陈伟庆
地图审图号　GS(2014)1228号

细讲中国历史丛书
李学勤　郭志坤主编
从康乾盛世到惊天巨变——清
冯贤亮　著

出　　版　上海人民出版社
　　　　　(200001　上海福建中路193号)
发　　行　上海人民出版社发行中心
印　　刷　江苏苏中印刷有限公司
开　　本　890×1240　1/32
印　　张　10.25
插　　页　5
字　　数　224,000
版　　次　2018年6月第1版
印　　次　2018年6月第1次印刷
ISBN 978-7-208-15099-7/K·2732
定　　价　68.00元